여러분의 합격을 응원하는
해커스공무원의 특별 예백

FREE 공무원 한국사 **특강**

해커스공무원(gosi.Hackers.com) 접속 후 로그인 ▶ 상단의 [무료강좌] 클릭 ▶ [교재 무료특강] 클릭 후 이용

해커스공무원 온라인 단과강의 **20% 할인쿠폰**

E9CF4A3AAFF397GR

해커스공무원(gosi.Hackers.com) 접속 후 로그인 ▶ 상단의 [나의 강의실] 클릭 ▶
좌측의 [쿠폰등록] 클릭 ▶ 위 쿠폰번호 입력 후 이용

* 등록 후 7일간 사용 가능(ID당 1회에 한해 등록 가능)

합격예측 **온라인 모의고사 응시권 + 해설강의 수강권**

3E2CE885BB7B342U

해커스공무원(gosi.Hackers.com) 접속 후 로그인 ▶ 상단의 [나의 강의실] 클릭 ▶
좌측의 [쿠폰등록] 클릭 ▶ 위 쿠폰번호 입력 후 이용

* ID당 1회에 한해 등록 가능

해커스 회독증강 콘텐츠 **5만원 할인쿠폰**

3EA6E4D74D466A2F

해커스공무원(gosi.Hackers.com) 접속 후 로그인 ▶ 상단의 [나의 강의실] 클릭 ▶
좌측의 [쿠폰등록] 클릭 ▶ 위 쿠폰번호 입력 후 이용

* 등록 후 7일간 사용 가능(ID당 1회에 한해 등록 가능)
* 특별 할인상품 적용 불가
* 월간 학습지 회독증강 행정학/행정법총론 개별상품은 할인대상에서 제외

쿠폰 이용 관련 문의 1588-4055

단기 합격을 위한
해커스공무원 커리큘럼

입문

▼

기본+심화

▼

**기출+예상
문제풀이**

▼

동형문제풀이

▼

최종 마무리

탄탄한 기본기와 핵심 개념 완성!

누구나 이해하기 쉬운 개념 설명과 풍부한 예시로 부담없이 쌩기초 다지기

TIP 베이스가 있다면 **기본 단계**부터!

필수 개념 학습으로 이론 완성!

반드시 알아야 할 기본 개념과 문제풀이 전략을 학습하고
심화 개념 학습으로 고득점을 위한 응용력 다지기

문제풀이로 집중 학습하고 실력 업그레이드!

기출문제의 유형과 출제 의도를 이해하고 최신 출제 경향을 반영한
예상문제를 풀어보며 본인의 취약영역을 파악 및 보완하기

동형모의고사로 실전력 강화!

실제 시험과 같은 형태의 실전모의고사를 풀어보며 실전감각 극대화

시험 직전 실전 시뮬레이션!

각 과목별 시험에 출제되는 내용들을 최종 점검하며 실전 완성

PASS

단계별 교재 확인 및
수강신청은 여기서!

gosi.Hackers.com

* 커리큘럼 및 세부 일정은 상이할 수 있으며,
자세한 사항은 해커스공무원 사이트에서 확인하세요.

해커스공무원

임진석
眞한국사
시크릿 노트

해커스공무원

차례

PART 3 중세 시대

PART 4 근세 시대

차례

PART 7 일제 강점기

PART 8 현대

📖 부록

해커스공무원

gosi.Hackers.com

PART 1

선사 시대와 국가의 형성

01 역사의 의미와 한국사

🔗 해커스공무원 임진석 眞한국사 기본서: p.10

1 역사를 바라보는 두 가지 시각

¹ 로서의 역사	² 으로서의 역사
· ³ 적 사실	· 역사가가 ⁴ 적으로 해석, 재구성한 것
· 실증주의 역사 인식	· 상대주의 역사 인식
· Geschichte / · 역(歷)	· Historia / · 사(史)
· 랑케(L. Ranke) 사관	· 카(E.H. Carr)의 인식
· 역사가는 과거 사실을 밝히는 것	· 역사는 과거와 현재와의 끊임없는 대화

2 역사학과 사료 비판

외적 비판	내적 비판
사료의 진위 파악	사료 내용의 신뢰성 파악

3 한국사와 세계사

보편성	한국사의 특수성
· 인류 보편적 가치 · 자유, 평등, 평화 등	· 주체성, 자주성, 민족 정신 · 유교: 충(忠), 효(孝), 의(義) 강조 / 의병 활동 · 불교: 호국 사상, 승병 출현, 현세 구복적 성격 · 공동체 조직 발달: 두레, 계, 향도 · 서양의 봉건제와 별개로 발전

정답 **1** 사실 **2** 기록 **3** 객관 **4** 주관

02 구석기 시대와 신석기 시대

🔗 해커스공무원 임진석 眞한국사 기본서: p.13

1 우리 민족의 기원

시대 구분: 선사 시대(문자 X) vs 역사 시대(문자 O)

· 신석기 ~ 청동기 시대를 거쳐 민족 기틀이 형성됨
· 우리 민족: 예족, 맥족, 동이족, 한(韓)족 등으로 불림

2 구석기 시대

			¹ 시대: 70만년 전	² 시대(B.C. 12,000년 전): 빙하기 이후
먹을 것			³ 경제(수렵, 어로, 채집)	채집 경제(기후 변화로 작고 빠른 동물 출현)
입을 것			동물 가죽	
사는 곳			동굴, 막집, 바위 그늘	
도구	뗀석기		· 전기: ⁴ , 아슐리안계 ⁵ (다용도 석기) · 중기: 긁개, 밀개(용도별 석기) · 후기: ⁶ 찌르개, 형태가 같은 돌날 격지 제작	· ⁷ , ⁸ 도구 · 톱, 화살, 작살
	· 뼈도구, 불의 사용			
사상·예술			그림, 조각품(주술적 의식)	
사회			평등 사회 / ⁹ 생활, 무리 사회 / 교역의 흔적(다른 지역에서 생산된 흑요석기 출토)	
유적	전기		단양 금굴(최고), ¹⁰ (아슐리안 주먹 도끼), 상원 검은모루 동굴	웅기 부포리, 평양 만달리, 통영 상노대도
	중기		웅기 굴포리(광복 이후 북한 최초 발견, 1960년대), ¹¹ 동굴(승리산인), 평양 대현동 동굴(역포인), ¹² 동굴, 양구 상무룡리, 제주 빌레못 동굴	
	후기		단양 수양개(슴베), ¹³ (광복 이후 남한 최초 발견, 1960년대, 전기~후기),종성 동관진(한반도 최초 발견, 일제 강점기), ¹⁴ 동굴(홍수 아이, 장례 풍습)	

▲ 찍개   ▲ 주먹 도끼   ▲ 슴베찌르개   ▲ 홍수 아이

정답 1 구석기 2 중석기 3 채집 4 찍개 5 주먹 도끼 6 슴베 7 잔석기 8 이음 9 이동 10 연천 전곡리 11 덕천 승리산 12 제천 점말 13 공주 석장리 14 청원 두루봉

3 신석기 시대

		_____ [15] 시대: B.C. 8000년

먹을 것	· _____ [16] 의 시작(신석기 혁명): 조, 피, 수수(탄화 좁쌀) · 목축(+ 수렵, 어로, 채집)
입을 것	원시 수공업(직조 기술): _____ [17], 뼈바늘
사는 곳	움집(_____ [18], 화덕이 _____ [19] 에 위치. 원형 또는 모서리가 둥근 사각형 형태): 강가, 바닷가

도구	**간석기**	돌괭이·돌삽·돌낫·돌보습(농경 도구), 갈돌·갈판	
	토기	· **초기**: _____ [20] 토기, _____ [21] 토기, 눌러찍기무늬 토기 · **후기**: _____ [22] 토기가 많이 제작됨	

사상·예술	· _____ [23] : 무생물에 정령이 있음을 믿음 · _____ [24] : 특정 동물을 징표로 여김 · _____ [25] : 무당, 주술 행위	흙으로 빚은 얼굴, 조개 껍데기 가면, 치레걸이

사회	평등 사회 / _____ [26] 생활: 씨족, 부족 사회 형성(족외혼) _____ [27] 의 흔적: 흑요석기 출토

유적	제주 고산리(최고), 웅기 굴포리, 양양 오산리, 고성 문암리, 부산 동삼동(패총), _____ [28] (빗살무늬 토기), 김해 수가리, 평양 남경, 봉산 지탑리(탄화된 좁쌀), _____ [29] (흙으로 만든 여성 조각)

▲ 가락바퀴   ▲ 움집의 모습과 움집터   ▲ 돌갈판

▲ 덧무늬 토기   ▲ 빗살무늬 토기   ▲ 조개 껍데기 가면   ▲ 치레걸이

정답 **15** 신석기 **16** 농경 **17** 가락바퀴 **18** 반지하 **19** 중앙 **20** 이른 민무늬 **21** 덧무늬 **22** 빗살무늬 **23** 애니미즘 **24** 토테미즘 **25** 샤머니즘 **26** 정착 **27** 교역 **28** 서울 암사동 **29** 청진 농포동

03 청동기 시대와 철기 시대

🔗 해커스공무원 임진석 眞한국사 기본서: p.19

1 청동기 시대

	ˡ 시대: B.C. 2000년, 북방 계통		
먹을 것	² 의 시작: 탄화미 발견		
사는 곳	· ³ 의 취락 구조: 구릉, 야산 / 목책, 환호, 공공 시설(창고, 작업장) 설치 · 움집(점차 ⁴, 주춧돌, 화덕이 ⁵ 로 이동, 독립된 저장 시설 마련, 직사각형)		
도구	청동기 (지배자의 권위)	⁶ 동검(요령식), ⁷ 거울, 장신구, 의식용 도구	
	간석기	바퀴날 도끼, 홈자귀, ⁸ (수확) / 간돌검	
	토기	덧띠새김무늬 토기(신석기 시대 말 등장), ⁹ 토기, ¹⁰ 토기, ¹¹ 간토기	
사상·예술	· 천손 사상, ¹² 사상	· ¹³ 바위 그림(고기잡이, 풍요 기원) · ¹⁴ 바위 그림(기하학 동심원: 태양 숭배) · 울산(울주) 천전리 암각화, 영일 칠포리 암각화(기하학 무늬)	
사회 모습	· 잉여 생산, ¹⁵ 재산 발생 · 지배와 피지배 ¹⁶ 분화, 군장 등장, 정복 전쟁 시작 · 여성 지위↓, 가부장적 사회(여성이 집안일 담당), 전문 ¹⁷ 등장과 ¹⁸ 분화 · ¹⁹ (탁자식, 바둑판식), 돌널무덤, 선돌 제작		
유적	부여 송국리, 여주 흔암리, 강화 부근리, 의주 미송리, 평양 남경		

▲ 청동기 집터   ▲ 반달 돌칼   ▲ 미송리식 토기

▲ 반구대 암각화   ▲ 북방식(탁자식), 남방식(바둑판식) 고인돌

정답 **1** 청동기 **2** 벼농사 **3** 배산임수 **4** 지상 가옥화 **5** 가장자리 **6** 비파형 **7** 거친무늬 **8** 반달 돌칼 **9** 민무늬 **10** 미송리식 **11** 붉은 **12** 선민 **13** 울산(울주) 반구대
14 고령 양전동 알터 **15** 사유 **16** 계급 **17** 장인 **18** 직업 **19** 고인돌

2 철기 시대

		20 시대: B.C. 5C, 중국 수용

도구	철기	철제 무기, 철제 농기구
	청동기	제사, 의식용 도구에 한정
	한반도 독자적 청동기 발전 (후기 청동기~초기 철기)	**21** 동검(한국식 동검), **22** 거울, 거푸집
	중국 교류	· **23** , **24** , 오수전(중국 화폐) · 붓(**25** 사용, 창원 다호리)
	토기	**26** 간토기, **27** 토기

사회 모습	정복 전쟁 확대: 여러 나라의 성립 / **28** 무덤, **29** 무덤 제작

※ 청동기 ~ 철기 시대 청동 도구의 변화

▲ 비파형동검   ▲ 거친무늬 거울   ▲ 세형동검   ▲ 잔무늬 거울

▲ 명도전   ▲ 반량전   ▲ 오수전   ▲ 붓

▲ 독무덤   ▲ 널무덤

정답 **20** 철기 **21** 세형 **22** 잔무늬 **23** 명도전 **24** 반량전 **25** 한자 **26** 검은 **27** 덧띠 **28** 독 **29** 널

04 고조선의 성립

🔗 해커스공무원 임진석 眞한국사 기본서: p.23

1 고조선의 변천: 청동기~철기 시대(고조선 관련 중국 문헌: 『관자』-최초 기록, 『산해경』, 『위략』)

1) 고조선 관련 기록

· 단군 신화 기록: 『 ¹ 』(우리나라 최초 기록), 『제왕운기』, 『응제시주』, 『세종실록』 「지리지」, 『동국여지승람』 등	
① 환웅, 환인	² 사상, ³ 사상
② 풍백, 우사, 운사	농경 중심의 사회
③ 홍익인간	사람 중시 통치 이념
④ 곰, 호랑이	⁴ 신앙 / 환웅 부족 + 곰 부족의 연합, 족외혼
⑤ 단군왕검	⁵ (단군: 제사장, 왕검: 정치 지배자)
· 그 외 우리나라의 고조선 관련 기록: 『삼국사절요』, 『동국통감』, 『표제음주동국사략』 등	

2) 8조법: 현재 3개 조항만 전해짐, 『한서』 「지리지」

① 살인죄	⁶ 과 ⁷ 중시
② 상해죄	⁸ 재산 존재, 농경 위주 경제 활동
③ 절도죄	형벌 노비(⁹ 의 발생) / ¹⁰ 사용
기타	여성의 정절 강조 → ¹¹ 사회, 간음죄 추정

3) 고조선의 세력 범위

· 청동기 시대 유적·유물인   ¹² 동검,   ¹³ ,   ¹⁴ 거울,
            ¹⁵ 토기 출토 지역을 통해 짐작 가능

· 초기 요령 지방 중심 성장 ⇨ 한반도 지역으로 세력 확대

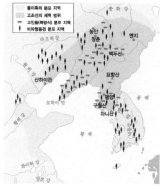

▲ 고조선의 세력 범위

---

4) 시대별 변천 과정

단군 조선
· 청동기 기반 → 철기 도입(B.C. 5C)

· B.C. 4C ~ B.C. 3C
  - 중국 [16] 와 대립, 진개의 침입 ⇨ 이후 한반도로 중심지 이동
  - [17], [18] 왕위 부자 상속
  - 상, 경, 대부, 장군 관직 설치

↓

위만 조선(B.C. 2C)
· [19] 의 망명(흰옷, 상투, 국호 유지)
· 위만 집권 → [20] 은 한반도 남부로 망명
· [21] 의 본격적 보급 시작
· [22] 무역([23] - 예·진)
· 고조선과 한의 갈등·전쟁: 예의 남려가 한에 투항, 한이 창해군을 설치 ⇨ 고조선이 한의 섭하 살해 　　　　　　　⇨ 한 무제의 침략 ⇨ 초기 고조선 승리 　　　　　　　⇨ 고조선의 [24] 함락, 멸망([25])

↓

고조선 멸망 이후
· [26] 설치: 낙랑, 진번, 임둔, 현도군
· 8조법 ⇨ 60개조 법(풍속이 각박해짐)

05 초기 국가의 성립

🔗 해커스공무원 임진석 眞한국사 기본서: p.26

1 초기 국가의 형성과 발전(『삼국지』 「위서」 동이전)

1) 부여와 고구려

부여		
정치	·국가 형태: _____ ¹ 왕국 ·왕 + 마가, 우가, 저가, 구가: _____ ² ·부족장: 대사자, 사자 등의 관리 거느림 ·흉년 시 왕에게 책임 물음: 미약한 왕권	·4대 금법 - 살인죄: 사형, 가족 처벌(연좌제) - 절도죄: _____ ³ - 간음죄, 투기죄
경제	·반농업, 반목축업 / 특산물(말·모피·주옥)	·'동이 지역 중 가장 넓고 평탄'
사회	·제천 행사: _____ ⁴ (12월: 수렵 사회 전통)	·순장, 우제점법(소 발굽), _____ ⁵ (혼인)

고구려		
정치	·국가 형태: _____ ⁶ 왕국 / 졸본성 → 국내성 천도	·왕: 소노부 → 계루부 / 왕비: 절노부 ·왕 아래 상가, 고추가 등의 대가가 존재 ·부족장: 사자, 조의, 선인 등의 관리를 거느림
경제	산악 지대 위치: 약탈 경제(_____ ⁷ : 창고)	
사회	·제천 행사: _____ ⁸ (10월), '_____ ⁹ '에서 제사	·절도죄: _____ ¹⁰ / 투기죄(관나부인) ·혼인: _____ ¹¹ , _____ ¹² (데릴사위제)

2) 옥저와 동예

	옥저	
정치	·국가 형태: ¹³ 국가 - 후, 읍군, 삼로(군장)	
경제	특산물(해산물, 소금) → 고구려로 공납	
사회	· ¹⁴ 묘(골장제, 뼈를 취하여 목곽에 안치), 죽은 자를 위한 양식을 매달아 놓음 ·혼인: ¹⁵ (매매혼)	

	동예	
정치	·국가 형태: ¹⁶ 국가 - 후, 읍군, 삼로(군장)	
경제	·방직 기술 발달, 특산물(¹⁷ , ¹⁸ , ¹⁹) → 고구려로 공납 ·철(凸)자, 여(呂)자형 집터	
사회	·제천 행사: ²⁰ (10월) / ·혼인: 족외혼(씨족 사회 전통) · ²¹ (산과 내마다 구분, 영역 침범시 변상)	

3) 삼한

	삼한(여러 소국 집합체)		
정치	·국가 형태: ²² 국가 - 군장: 大 - 신지·견지, 小 - 부례·읍차 ·마한의 ²³ 왕이 삼한 주도 ·제정 ²⁴ (제사장: ²⁵ 이 다스리는 ²⁶ , 솟대) ·삼한의 변화 - 백제국: 마한 통합, 백제의 기틀 마련 - 사로국: 진한 통합, 신라의 기틀 마련 - 구야국: 변한을 토대로 성장, 가야 연맹의 기틀 마련		
경제	·벼농사 발달(김제 벽골제, 제천 의림지, 상주 공검지, 밀양 수산제, 의성 대제지 등) · ²⁷ : ²⁸ 의 생산 활발, 낙랑·왜에 수출, 덩이쇠를 화폐처럼 사용		
사회	·제천 행사: ²⁹ (5월), ³⁰ (10월) / ·두레 조직 ·마한의 토실(주거지), 주구묘(무덤 양식) / ·문신, 편두의 풍습		

※ 초기 국가의 발전 과정

씨족 사회	→	부족 사회	→	군장 국가	→	연맹 왕국	→	고대 국가
				옥저, 동예, 삼한,		부여, 고구려, 목지국, 백제, 신라, 가야 연맹 · 왕권 미약 · 왕위 교대 선출 · 군장: 독자적으로 관리를 거느림		고구려, 백제, 신라, · 왕권 성장 · 왕위 독점 · 기존 군장 ⇨ 왕의 관리로 흡수·재편

▲ 초기 국가

◀ 철자형 집터

◀ 여자형 집터

◀ 마한의 토실

정답 **13** 군장 **14** 가족 공동 **15** 민며느리제 **16** 군장 **17** 단궁 **18** 과하마 **19** 반어피 **20** 무천 **21** 책화 **22** 군장 **23** 목지국 **24** 분리 **25** 천군 **26** 소도 **27** 변한 **28** 철 **29** 수릿날 **30** 계절제

PART 1 선사 시대와 국가의 형성 | 05 초기 국가의 성립 **17**

1. ☐ 건국 신화 p.13

옛날 환인이 아들 환웅이 천부인 3개와 3천의 무리를 이끌고 태백산 신단수 밑에 내려왔는데 이곳을 신시라 하였다. 그는 풍백, 우사, 운사로 하여금 인간의 360여 가지 일을 주관하게 하였는데 그 중에서 곡식, 생명, 질병, 형벌, 선악 등 다섯 가지 일이 가장 중요한 것이었다. 이로써 인간 세상을 교화시키고 인간을 널리 이롭게 하였다. 이때 곰과 호랑이가 사람이 되기를 원하므로 환웅은 쑥과 마늘을 주고 이것을 먹으면서 100일간 햇빛을 보지 않는다면 사람이 될 것이라고 하였다. 곰은 금기를 지켜 21일 만에 여자로 태어났고 환웅과 혼인하여 아들을 낳았다. 이가 곧 단군왕검이었다.

― 「삼국유사」

2. 고조선의 ☐ p.13

백성들에게 금하는 법 8조를 만들었다. 그것은 대개 사람을 죽인 자는 즉시 죽이고, 남에게 상처를 입힌 자는 곡식으로 갚는다. 도둑질을 한 자는 노비로 삼는다. 용서를 구하는 자는 한 사람마다 50만 전을 내야 한다. 이러해서 백성들은 도둑질을 하지 않아 대문을 닫고 사는 일이 없었다. 여자들은 모두 정조를 지키고 신용이 있어 음란하고 편벽된 짓을 하지 않았다.

― 「한서」「지리지」

3. ☐ 집권 후 고조선의 중계무역 p.14

위만이 군사의 위엄과 재물을 얻게 되자 그 옆의 작은 고을을 침략하여 항복을 시키니 진번과 임둔도 모두 와서 복속하여 땅이 수천리나 되었다. …… 또 일찍이 들어와 천자를 뵙지 않으면서 진번의 곁에 있는 나라들이 글을 올려 천자를 뵙고자 해도 가로막아 통하지 못하게 했다.

4. ☐의 고조선의 정벌 p.14

원봉 3년 여름(B.C.108), 니계상 삼이 사람을 시켜서 조선왕 우거를 죽이고 항복했다. …… 이로써 드디어 조선을 평정하고 사군을 삼았다.

― 「사기」 조선전

5. ☐의 모습 p.15

나라에는 군왕이 있다. 여섯 가축 이름으로 관직명을 정하여 마가. 우가. 저가. 구가. 대사. 대사자. 사자가 있다. 제가들은 별도로 사출도를 주관하였다. 가뭄이나 장마가 계속되어 오곡이 영글지 않으면 그 허물을 왕에게 돌려 "왕을 바꾸어야 한다."고 하거나 "죽여야 한다."고 하였다. 형벌은 엄하여 살인자는 사형에 처하고 그 가족은 노비로 삼았다. 도둑질을 하면 12배로 변상케 하였다. …… 전쟁을 하게 되면 하늘에 제사를 지내고, 소를 잡아 발굽을 보고 길흉을 점친다. 12월에 지내는 제천 행사는 국중 대회로 날마다 마시고 먹고 노래하고 춤춘다. 이름을 '영고'라 하였다.

― 「삼국지」「위서」 동이전

6. ☐의 건국 p.15

옛날에 시조인 추모왕이 나라를 건립할 때에 그의 부친은 북부여 천제의 아들이고, 어머니는 하백여랑으로 알을 깨고 세상에 나왔다. …… 그는 남하하는 길에 부여의 엄리대수를 지나게 되었다. 왕은 나루에 이르러 말했다. "나는 황천의 아들이고 어머니는 하백의 딸이다. 나를 위해 거북을 띄워 배로 삼고 갈대로 다리를 만들어라" 소리에 따라 즉시 거북과 갈대로 이루어진 다리가 나타났다.

― 광개토 대왕릉비

7. ⬜ 7 의 모습 p.15

큰 산과 깊은 골짜기가 많고 넓은 들이 없어 산골짜기에 살면서 산골 물을 그대로 마신다. 좋은 땅이 없으므로 부지런히 농사를 지어도 식량이 충분하지 못하다. 큰 창고는 없고 집집마다 부경이라고 부르는 조그만 창고가 있다. 백성들은 노래와 춤을 좋아하여 촌락마다 밤이 되면 남녀가 떼지어 모여 서로 노래하며 즐긴다. 10월에 지내는 제천 행사는 국중 대회로서 동맹이라 한다. 혼인할 때에는 미리 약속을 하고 신부 집 뒤편에 작은 별채를 짓는다. 이것을 서옥이라 부른다. …… 아들을 낳아서 장성하면 남편은 아내를 데리고 자기 집으로 돌아간다.

- 『삼국지』 「위서」 동이전

8. ⬜ 8 의 모습 p.16

토질은 비옥하며, 산을 등지고 바다를 향해 있어 오곡이 잘 자라며 농사짓기에 적합하다. 대군왕은 없었다. 읍락에는 각각 대를 잇는 우두머리 격인 장수가 있다. 여러 읍락의 거수들은 스스로를 삼로라 일컬었다. 장사를 지낼 때는 큰 나무곽을 만든다. 사람이 죽으면 가매장을 한다. 겨우 시체가 덮일 만큼 묻었다가 가죽과 살이 다 썩은 다음에 뼈만 추려 곽 속에 넣는다. 온 집 식구를 모두 같은 곽에 넣어 둔다.

- 『삼국지』 「위서」 동이전

9. ⬜ 9 의 모습 p.16

단궁, 반어피, 과하마가 산출된다. 예에는 대군장이 없다. 후, 읍군, 삼로의 관직이 있어서 하호를 통치하였다. …… 언어와 예절 및 풍속은 대체로 고구려와 같지만 의복은 다르다. 풍속은 산천을 중요시하여 산과 내마다 각기 구분이 있어 함부로 들어가지 않는다. 동성끼리는 결혼하지 않는다. 부락을 함부로 침범하면 벌로 노비와 소, 말을 부과한다. 이를 책화라 한다. 해마다 10월이면 하늘에 제사를 지낸다. 주야로 술 마시고 노래 부르며 춤춘다. 무천이라 한다.

- 『삼국지』 「위서」 동이전

10. ⬜ 10 의 모습 p.16

토지는 비옥하여 오곡과 벼를 심기에 적합하다. 나라에서는 철이 생산되는데, 한, 예, 왜인들이 모두 와서 사간다. 낙랑과 대방 두 군에도 공급하였다. 나라마다 각각 장수가 있어서 세력이 강대한 사람은 스스로 신지라 하고, 그 다음은 읍차라 하였다. 초가에 흙집을 만들어 산다. 마치 무덤과 같다. 해마다 5월이면 씨뿌리기를 마치고 귀신에게 제사 지낸다. 떼지어 모여서 노래와 춤을 즐긴다. 술 마시고 노는데 밤낮을 가리지 않는다. 10월에 농사일을 마치고 나서도 이렇게 한다. 귀신을 믿기 때문에 국읍에 각각 한 사람씩 세워 천신의 제사를 주관하게 한다. 이를 천군이라 한다. 여러 나라에는 각각 소도라고 하는 별읍이 있다.

- 『삼국지』 「위서」 동이전

정답 1 고조선 2 8조법 3 위만 4 한나라 5 부여 6 고구려 7 고구려 8 옥저 9 동예 10 삼한

PART 2

고대 시대

01 고대 국가의 성립과 발전

🔗 해커스공무원 임진석 眞한국사 기본서: p.34

1 고대 국가의 성격

군장 국가 ↓ 연맹 왕국	→	고대 국가 형성 (중앙 집권 국가)	·왕위 독점, 부자 상속	·불교 수용
			·율령 반포, 관등제·신분제 마련	·지방관 파견, 행정 구역 정비

2 고구려: ___¹ 건국, ___² 유이민 + 압록강 토착민(→ 유리왕: ___³ 천도, 선비족 토벌)

1C	태조왕 (기틀)	·(동)옥저 정복, 동예 지역 공격, 요동 진출
		· ___⁴ 왕위 독점(왕위의 형제 상속)
2C	고국천왕	·왕위 ___⁵ 상속 확립 / 5부족 → 행정적 5부로 개편
		·을파소 국상 임명, ___⁶ 실시(농민 구휼책)
3C	**동천왕**	위나라 관구검의 침입, 국내성 함락
4C	미천왕	·서안평 점령(중국: 5호 16국 시대)
		· ___⁷ 정벌(한사군 완전 축출), 대동강 유역(평양) 확보
	고국원왕	· ___⁸ 의 침략, 백제 ___⁹ 의 공격으로 전사
	소수림왕	· ___¹⁰ 수용(전진, 순도) / ___¹¹ 반포 / ___¹² 설립(유학 교육)
5C	광개토 대왕	·백제 공격: 백제 아신왕 항복, 한강 이북 차지
		·신라 ___¹³ 의 요청으로 원군 파견: 신라에 대한 내정 간섭
		·만주와 요동 확보: 숙신(여진), 후연(선비), 비려(거란) 정복, 동부여 정벌
		<table><tr><td>광개토 대왕릉비</td><td>·연호 '영락'(최초) 사용, 고구려 중심 세계관 ·수묘인 언급 / 왜 정벌 소개</td></tr></table>
		· ___¹⁴ 그릇: 신라와의 관계, '광개토지호태왕호우십'
	장수왕 (전성기)	·중국 남·북조와 교류를 통한 외교 정책 / 지두우 분할 점령 → 흥안령 일대 장악
		·남진 정책, ___¹⁵ 천도
		·백제 ___¹⁶ 죽임(도림), 한강 유역 완전 차지 → 국경: 아산만~죽령
		· ___¹⁷ : 신라를 '동이 매금'으로 칭함, 고구려 중심 세계관
		·북연 풍홍의 망명, 살해
6C	**문자왕**	북부여 정복: 고구려 최대 영토 확보
	안원왕·양원왕	왕권 약화 / 신라에게 한강 유역 상실

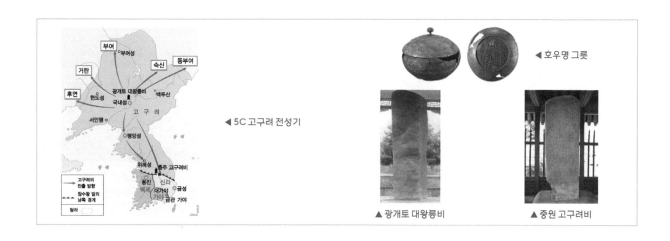

◀ 호우명 그릇

◀ 5C 고구려 전성기

▲ 광개토 대왕릉비

▲ 중원 고구려비

3 백제: ¹⁸ 건국, ¹⁹ 유이민 + 한강 토착민

3C	고이왕 (기틀)	·왕위 형제 상속 확립 / 3색 ²⁰ , 6좌평과 16 ²¹ 정비, ²² 반포 ·목지국 정복, 낙랑군·대방군 공격 → 한강 유역 장악
4C	근초고왕 (전성기)	·왕위 ²³ 상속 확립 / ·역사서 『서기』 편찬 ·마한 정복, 가야 지역에 영향력 행사 / ·고구려 공격: 고구려 ²⁴ 전사시킴(황해도 장악) ·요서·산동 진출 / 규슈 진출(왜와 교류, 칠지도)
	침류왕	²⁵ 수용(동진, 마라난타)·공인
5C	비유왕	고구려 남진 정책 → 신라와 나·제 동맹 체결(²⁶)
	개로왕	²⁷ 에 국서 보냄(원병 요청) → 고구려 장수왕에 의해 한성 함락, 전사
	문주왕	고구려 남하 정책으로 웅진 천도(한성 → 웅진), 왕권 약화
	동성왕	'나·제 동맹'을 ²⁸ 동맹으로 발전시킴(²⁹)
6C	무령왕	· ³⁰ 설치: 왕족을 파견하여 지방 통제 강화 ·중국 남조 ³¹ 와 교류(무령왕릉, 양직공도)
	성왕	· ³² 천도, 국호 ' ³³ ' ·수도 5부, 지방 5방 정비 / 중앙에 ³⁴ 설치 / 왜에 불교 전파(노리사치계) ·신라와 연합, 고구려를 공격 → 한강 유역 일시 회복 ·신라 진흥왕의 배신 → ³⁵ 전투에서 전사

정답 **1** 주몽 **2** 부여 **3** 국내성 **4** 계루부 고씨 **5** 부자 **6** 진대법 **7** 낙랑 **8** 전연 **9** 근초고왕 **10** 불교 **11** 율령 **12** 태학 **13** 내물 마립간 **14** 호우명 **15** 평양 **16** 개로왕 **17** 중원(충주) 고구려비 **18** 온조 **19** 고구려 **20** 공복 **21** 관등 **22** 율령 **23** 부자 **24** 고국원왕 **25** 불교 **26** 눌지 마립간 **27** 북위 **28** 결혼(혼인) **29** 소지 마립간 **30** 22담로 **31** 양나라 **32** 사비 **33** 남부여 **34** 22부 **35** 관산성

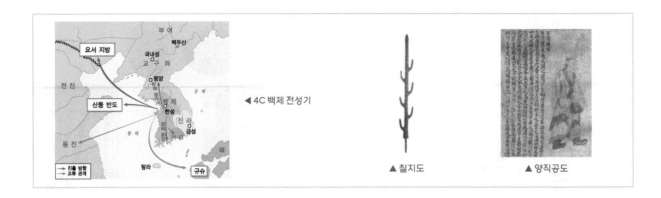

◀ 4C 백제 전성기

▲ 칠지도

▲ 양직공도

4 **신라:** ³⁶ 건국, 고조선 유이민 + 경주 토착 세력(→ 석탈해, 김알지 등장)

4C	내물 마립간 (기틀)	·기존 박·석·김씨의 왕위 세습 → ³⁷ 의 왕위 독점(형제 상속) / ' ³⁸ ' 칭호 사용			

거서간	→	차차웅	→	이사금	→	마립간
군장		제사장, 무당		연장자, 연맹장		대군장
➡ 중앙 집권화 반영						

·왜의 침입으로 위기 → 고구려 ³⁹ 의 도움을 받음(호우명 그릇)

5C	눌지 마립간	·백제와 ⁴⁰ 체결(백제 ⁴¹) ·왕위 부자 상속 확립 / ·불교 수용(고구려, 묵호자 / 공인 ×)
	소지 마립간	·'나·제 동맹'을 ⁴² 동맹으로 발전시킴(백제 ⁴³) ·6촌을 6부의 행정 구역으로 개편 ·경주(금성)에 시장 개설: ' ⁴⁴ ' / ' ⁴⁵ ' 설치(통신)

6C	지증왕	·' ⁴⁶ ' 국호의 사용 / ·중국식 ' ⁴⁷ ' 칭호 사용(마립간 → 왕) ·지방 제도: 주·군 정비, ⁴⁸ 소경 설치 · ⁴⁹ (울릉도, 독도) 정벌: 이사부 · ⁵⁰ 확대(가축 노동력) / ⁵¹ 설치(시장 감독 기관) / 순장 금지
	법흥왕	· ⁵² 반포(울진 봉평비), 17관등 설치, 4색 ⁵³ 제정, ⁵⁴ (신분) 정비 ·병부와 상대등 설치 / 연호 ' ⁵⁵ ' 사용 · ⁵⁶ 공인(이차돈 순교), 불교식 왕명 사용 · ⁵⁷ 와 결혼 동맹 → 금관가야(김구해) 항복

6C	진흥왕 (전성기)	· ⁵⁸ 를 국가 조직으로 개편 / ⁵⁹ 건립, 불교 교단 정비(혜량) · 한강 유역 장악 → 백제 ⁶⁰ 전사시킴 · 정복사업: 한강 상류(⁶¹) → 한강 하류(⁶²) → 대가야 지역 정벌 　(창녕비) → 함흥 평야(황초령비, 마운령비) · 연호 ' ⁶³ ', '대창', '홍제' 사용 / · 역사서 『국사』 편찬

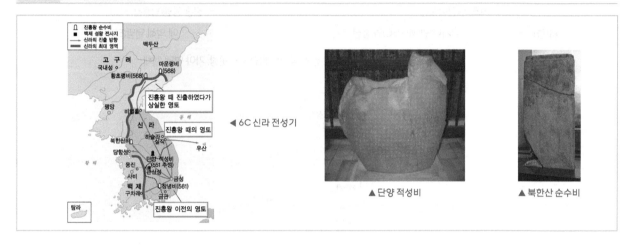

◀ 6C 신라 전성기

▲ 단양 적성비　　　　▲ 북한산 순수비

5 가야 연맹(시조: 금관가야 – 김수로왕 / 대가야 – 이진아시왕)

1) 변천 과정

___64___ (김해)	· 시조: 김수로 + 아유타국 허황옥 · ___65___ 가야 연맹(3~4C)의 중심	· 고구려 광개토대왕의 공격으로 쇠퇴 · ___66___ 에 의해 멸망(532)
___67___ (고령)	· 시조: 이진아시왕 · ___68___ 가야 연맹(5~6C)의 중심	· 신라와 결혼 동맹(법흥왕, 522) · ___69___ 에 의해 멸망(552)

백제와 신라의 압박 ⇨ 중앙 집권 국가로 발전하지 못함, 가야 연맹 해체

▲ 가야 연맹의 위치와 중심지 이동

2) 경제·문화

· 철이 풍부 → 덩이쇠를 화폐로 사용, 철제 갑옷 제작

· 수레바퀴형 토기 제작 → 일본 토기 제작에 영향을 줌

· ___70___ 대성동 고분군(금관가야) / ___71___ 지산동 고분군(대가야)

◀ 수레바퀴형 토기

---

02 삼국의 대립

🔗 해커스공무원 임진석 眞한국사 기본서: p.45

1 삼국 항쟁의 변화

1) 고구려

6C	영양왕	· 한강 유역 회복 노력: 아차산성(아단성)에서 ___¹ 전사
		· ___² 와 전쟁: 을지문덕, ___³ (612)
		· 역사서 『신집』 편찬
7C	**영류왕**	천리장성 축조 시작 → 연개소문 정변
	보장왕	· ___⁴ 의 정변으로 즉위(영류왕 폐위시킴)
		· ___⁵ 와 전쟁: ___⁶ 전투(645)
		· 나·당 연합군의 공격으로 멸망(668)

2) 백제

	무왕	___⁷ 천도 시도, 미륵사 건립
7C	의자왕	· 신라 공격, ___⁸ 함락
		· 나·당 연합군의 공격으로 멸망(660)

3) 신라

6C	**진평왕**	· 수나라와 연합(원광, 걸사표)
		· 화랑 세속오계 제정(원광)
	선덕 여왕	· 황룡사 9층 목탑 건립(___⁹ 건의), 첨성대 건립, 분황사 창건
		· 비담의 난: 김유신이 진압
		· 연호 '인평' 사용, 모란꽃 그림(지기삼사)
		· 백제 의자왕의 공격 받음(대야성 상실)
7C	진덕 여왕	· ___¹⁰, 창부, 좌이방부 설치
		· 나·당 동맹 체결(___¹¹), 친당 정책(중국 연호 사용, 의관제 도입, 오언태평송)
	무열왕	___¹² 공격 → 멸망
	문무왕	· ___¹³ 공격 → 멸망
		· 나·당 전쟁 승리, 삼국 통일 완성

03 삼국의 대외 항쟁과 신라의 삼국 통일

🔗 해커스공무원 임진석 眞한국사 기본서: p.47

1 십자형 외교의 성립

1) 남북 연합 세력: [　　　　¹, 돌궐] + [　　², 왜]

⇕ 대립

2) 동서 연합 세력: [　　³ + 수(당)]

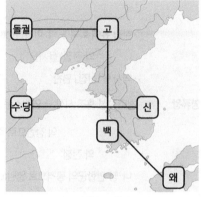

▲ 6C 후반~7C 국제 정세

2 삼국 통일의 과정

1) 고구려 vs 수

고구려	고구려 영양왕의 선제 공격 ⇒	수
	⇐ 수 문제·양제의 침입(별동대)	
	⁴의　　　　⁵ (영양왕, 612) ⇒	

2) 고구려 vs 당

고구려	⇐ 초기 친선, but 당 태종의 팽창 정책	당
	국경에 　　　⁶ 축조 시작 ⇒	
	⁷ (대당 강경파)의 정변 ⇒	
	⇐ 당 태종의 침입(요동성, 백암성 등 함락)	
	양만춘의 　　⁸ 전투 승리(보장왕, 645) ⇒	

3) 백제(의자왕) vs 신라(선덕 여왕~진덕 여왕)

백제		신라
	의자왕의 신라 ⁹ 함락 ⇨	
	⬅ 김춘추가 고구려에 원군 요청, but 실패	
	→ ¹⁰ 체결(대동강 이남: 신라 / 이북: 당)	

4) 백제 vs 나·당 동맹

백제		나·당 동맹
	⬅ 나·당 연합군의 공격(김유신, 소정방)	
	계백의 결사 항전: ¹¹ 전투 ⇨	
	⬅ 사비성 함락시킴, 백제 멸망(무열왕, 660)	
[백제 부흥 운동] - 주류성: 복신·도침 / 임존성: 흑치상지 - 지수신 항전, ¹² 의 지원(백강 전투) ⇨		

5) 고구려 vs 나·당 동맹(고구려: ¹³ 사후 권력 다툼↑)

고구려		나·당 동맹
	⬅ 나·당 연합군의 공격, 평양성 함락, 고구려 멸망(문무왕, 668)	
[고구려 부흥 운동] - 오골성: 고연무 / 한성: 검모잠·안승 - ¹⁴ 의 지원(안승이 ¹⁵ 수립, 익산 금마저) ⇨		

6) 신라 vs 당(당: 한반도 전체 지배 야심↑ ⇨ 나·당 전쟁)

신라		당
	⬅ ¹⁶ 도독부 → ¹⁷ 도독부 → ¹⁸ 도호부 설치	
신라가 ¹⁹ 부흥 운동 지원(안승, 보덕국) ⇨		
²⁰ · ²¹ 전투의 승리, 삼국 통일 (문무왕, 676 / 국경선: 대동강~원산만) ⇨		

정답 **1** 고구려 **2** 백제 **3** 신라 **4** 을지문덕 **5** 살수 대첩 **6** 천리장성 **7** 연개소문 **8** 안시성 **9** 대야성 **10** 나·당 동맹 **11** 황산벌 **12** 왜 **13** 연개소문 **14** 신라 **15** 보덕국 **16** 웅진 **17** 계림 **18** 안동 **19** 고구려 **20** 매소성 **21** 기벌포

3 삼국 통일에 대한 평가

의의	· 민족 문화 발전 토대 마련 · 당의 침입을 몰아낸 자주성
한계	· 영토의 축소, 불완전한 통일 · 외세(당)의 지원

▲ 7C 나·당 전쟁과 삼국 통일

04 삼국의 통치 체제

해커스공무원 임진석 眞한국사 기본서: p.49

1 삼국의 통치 체제

	고구려	백제	신라
귀족 회의	¹ 회의	² 회의	³ 회의
수상	⁴ , 막리지	⁵ (내신좌평)	⁶
관등	10여(14) 관등	⁷ 관등	⁸ 관등
수도 행정	5부	5부	6부
지방 행정	⁹ , 3경	¹⁰ , 22담로	¹¹ , 2소경
	말단 행정 단위 촌: 지방관 파견 되지 않음(토착 세력인 ¹² 가 담당)		
지방관 / 군 지휘관	¹³ /대모달, 말객	¹⁴ /방령(달솔)	¹⁵ /당주

2 백제의 제도(관등·관복, 6좌평제)

1) 백제의 관등·관복제

관등·관복	1~6 관등: ¹⁶	7~11 관등: ¹⁷	12~16 관등: ¹⁸
명칭	좌평, 솔 계열, 은화 장식	덕 계열	기타 무명 계열

2) 6좌평제

¹⁹ 좌평	수상, 왕명 출납	²⁰ 좌평	국방 담당	²¹ 좌평	재정 담당
²² 좌평	법무 담당	²³ 좌평	의례, 교육 담당	²⁴ 좌평	왕궁 수비 담당

3 삼국의 도성

고구려	백제	신라
· 졸본성: ²⁵ · 국내성: ²⁶ · 평양성	· 한성(위례성): 몽촌토성, 풍납토성 · 웅진성: ²⁷ · 사비성: 부소산성	· 금성: 북형산성, 남산성, 명활산성, 선도산성

정답 **1** 제가 **2** 정사암 **3** 화백 **4** 대대로 **5** 상좌평 **6** 상대등 **7** 16 **8** 17 **9** 5부 **10** 5방 **11** 5주 **12** 촌주 **13** 욕살 **14** 방령 **15** 군주 **16** 자색 **17** 비색 **18** 청색 **19** 내신 **20** 병관
21 내두 **22** 조정 **23** 내법 **24** 위사 **25** 오녀산성 **26** 환도성 **27** 공산성

1. [   ]¹과 고국원왕 p.22

겨울에 왕이 태자와 함께 정예 군사 3만 명을 거느리고 고구려에 쳐들어가 평양성을 공격하였다. 고구려의 왕 사유가 힘을 다해 싸워 막다가 빗나간 화살에 맞아 죽었다. 왕이 군사를 이끌고 물러났다.

2. [   ]²의 신라 원군 파병 p.22

(영락) 9년 기해에 백잔이 서약을 어기고 왜와 화통하므로, 왕은 평양으로 순수해 내려갔다. 신라가 사신을 보내 왕에게 말하기를, '왜인이 그 국경에 가득 차 성을 부수었으니, 노객은 백성된 자로서 왕에게 귀의하여 분부를 청한다.'고 하였다. 10년 경자에 보병과 기병 5만을 보내, 신라를 구원하게 하였다. 관군이 이르자 왜적이 물러가므로, 뒤를 급히 추격하여 임나가라의 종발성에 이르렀다. 성이 곧 귀순하여 복종하므로, 순라병을 두어 지키게 하였다. 신라의 농성을 공략하니 왜구는 위축되어 궤멸되었다.   – 광개토 대왕릉비

3. [   ]³과 개로왕 p.22

백제 개로왕은 장기와 바둑을 좋아하였는데, 도림이 고하기를 "제가 젊어서부터 바둑을 배워 꽤 묘한 수를 알게 되었으니 개로왕께 알려드리기를 원합니다."라고 하였다. …… 개로왕이 (도림의 말을 듣고) 나라 사람을 징발하여 흙을 쪄서 성(城)을 쌓고 그 안에는 궁실, 누각, 정자를 지으니 모두가 웅장하고 화려하였다. 이로 말미암아 창고가 비고 백성이 곤궁하니, 나라의 위태로움이 알을 쌓아 놓은 것보다 더 심하게 되었다. 그제야 도림이 도망을 쳐 와서 그 실정을 고하니 왕이 기뻐하여 백제를 치려고 장수에게 군사를 나누어 주었다.   – 『삼국사기』

4. [   ]⁴비 p.22

5월에 고려 대왕 상왕공은 신라 매금과 세세토록 형제처럼 지내기를 원하였다. …… 매금의 의복을 내리고 …… 상하(上下)에게 의복을 내리라는 교를 내리셨다. …… 12월 23일 갑인에 동이 매금의 상하가 우벌성에 와서 교를 내렸다.

5. [   ]⁵의 해외 진출 p.23

o 백제국은 본래 고구려와 함께 요동의 동쪽 천여리에 있었다. 그 후 고구려가 요동을 차지하니 백제는 요서, 진평 2군을 차지하고 통치하였다.   – 『송서』
o 그 나라는 본래 고구려와 함께 요동의 동쪽에 있었다. 진대에 고구려가 이미 요동을 차지하니 백제 역시 요서, 진평 두 군의 땅을 차지하여 스스로 백제군을 두었다.   – 『양서』

6. [   ]⁶국서 p.23

신은 고구려와 더불어 근원이 부여에서 나왔습니다. …… 추악한 무리들이 점차 성해져서 드디어 우리는 능멸과 핍박을 당하게 되었으며, 원한을 맺고 병화가 이어진 지 30여 년에 재물도 다하고 힘도 고갈되어 점점 약해지고 위축되었습니다. …… 만일 폐하의 인자하심과 간절한 긍휼이 멀리 가없는 데까지 미친다면 속히 한 장수를 신의 나라에 보내 구해 주십시오.   – 『삼국사기』

7. ⬚⁷ 대의 신라와 혼인 동맹 p.23

백제 동성왕은 신라 이벌찬 비지의 딸과 혼인 한 후 병사 3천 명을 보내 신라군을 도와 고구려 병사의 포위를 풀게 하였다. 『삼국사기』

8. 신라 ⬚⁸ 의 원군 요청 p.23

왕이 평양을 살피고자 내려오시니 신라가 사신을 보내어 말하였다. '왜인들이 가득히 몰려와 성을 부숩니다. 이 종은 왕의 백성으로 도와주시기를 바라옵니다.' …… 남거성부터 신라성까지 왜가 가득하더니 왕의 군대가 이르자 왜적이 도망을 쳤다. 도망하는 뒤를 급히 쫓아서 임나가라까지 따라가 공격을 하니 항복하였다. 광개토 대왕릉비

9. ⬚⁹ 의 신라 국호 확정 p.24

"시조가 창업한 이래로 나라 이름이 일정치 않아 혹은 사라라 하고 혹은 사로라 하고 혹은 신라라 하였으나, 신들은 생각컨대 '신'은 덕업이 날로 새롭다는 뜻이요, '라'는 사방을 망라한다는 뜻이니, 그것으로 국호를 삼는 것이 좋을 듯합니다. …… 지금 여러 신하들은 한 뜻으로 삼가 신라국왕이란 존호를 올립니다"라 하였다. 왕이 이에 따랐다. 『삼국사기』

10. ⬚¹⁰ 시기의 금관가야 병합 p.24

금관국주 김구해가 왕비와 세 아들, 곧 첫째 노종, 둘째 무덕 셋째 무력과 함께 국고 보물을 가지고 항복하였다. 왕은 김구해를 예로 대우하여, 상등의 위를 주고 본국을 식읍으로 삼게 하였다. 『삼국사기』

11. 신라 ⬚¹¹ , 관산성 전투 승리 p.25

백제왕 명농이 가량과 함께 관산성을 공격하였다. 각간 우덕과 이찬 탐지 등이 맞서 싸웠으나 전세가 불리하였다. 신주의 김무력이 주의 군사를 이끌고 나가서 교전하였는데, 비장인 삼년산군(충북 보은)의 고간 도도가 급히 쳐서 백제왕을 죽였다. 『삼국사기』

12. 신라의 ⬚¹² 정벌 (진흥왕) p.25

가야가 반란을 일으켰다. 왕은 이사부에게 교를 내려 공격하게 하였다. 사다함은 그 부장으로 기병 5천기를 거느리고 먼저 왕궁 정문으로 달려 들어가서 백기를 세우니 성안의 사람들은 두려워하였다. 이 때 이사부가 군사를 이끌고 나타났고, 모두 항복하였다. 『삼국사기』

정답 **1** 근초고왕 **2** 광개토대왕 **3** 장수왕 **4** 중원(충주) 고구려 **5** 근초고왕 **6** 개로왕 **7** 동성왕 **8** 내물 마립간 **9** 지증왕 **10** 법흥왕 **11** 진흥왕 **12** 대가야

13. ⬚ᵗʰ⁊ 의 건국 설화 p.26

북쪽 구지에서 수상한 소리가 들렸다. 9간들은 그 말을 따라 마을 사람들과 함께 모두 기뻐하면서 노래하고 춤을 추었다. 얼마 뒤 하늘을 우러러보니 자주색 줄이 하늘에서 드리워져 땅에 닿았다. 줄 끝을 찾아보니 붉은 단이 붙은 보자기에 금 그릇이 싸여 있었다. 열어보니 황금색 알 여섯이 있었는데 해처럼 둥글었다.
- 「삼국유사」

14. ⬚¹⁴ 의 시조 p.26

시조는 이진아시왕이고 그로부터 도설지왕까지 대략 16대 520년이다. …… 뇌질주일은 이진아시왕의 별칭이고, 뇌질청예는 수로왕의 별칭이다."라고 하였다.
- 「신증동국여지승람」

15. 신라(법흥왕)와 ⬚¹⁵ 의 결혼동맹 p.26

9년(522) 봄 3월 가야국(加耶國) 왕이 사신을 보내 혼인을 청하였으므로, 왕이 이찬(伊飡) 비조부(比助夫)의 누이를 그에게 보냈다.
- 「삼국사기」

16. ⬚¹⁶ 의 즉위 p.27

진덕왕이 죽자, 여러 신하들이 이찬 알천에게 섭정하기를 청하였다. 알천이 한결같이 사양하며 말하기를, "신은 늙고 이렇다 할 만한 덕행도 없습니다. 지금 덕망이 높은 이는 춘추공 만한 자가 없습니다. 실로 가히 빈곤하고 어려운 세상을 도울 영웅호걸입니다." 마침내 (김춘추를) 봉하여 왕으로 삼았다. 김춘추는 세 번 사양하다가 부득이하게 왕위에 올랐다.

17. ⬚¹⁷ 전투 (나·당 전쟁) p.29

이근행이 군사 20만 명을 거느리고 매소성에 주둔하였는데, 우리 병사가 공격하여 쫓아버리고 말 3만3백8십 필을 얻었으며 그 밖에 얻은 병장기도 그만큼 되었다.
- 「삼국사기」

18. 삼국의 ⬚¹⁸ p.31

o 고구려 : 감옥이 없고, 범죄자가 있으면 제가들이 모여서 논의하여 사형에 처하고 처자는 몰수하여 노비로 삼는다.
o 백제 : 호암사에는 정사암이 있다. 국가에서 장차 재상(宰相)을 의논할 때에 뽑을 만한 사람 서너 명의 이름을 써서 상자에 넣고 봉하여 바위 위에 두었다가 얼마 후에 열어 보아 이름 위에 도장이 찍힌 자국이 있는 사람을 재상으로 삼았기 때문에 그렇게 이름하였다.
o 신라 : 큰 일이 있을 때에는 반드시 중의를 따른다. 이를 화백이라 부른다. 한 사람이라도 반대하면 통과하지 못하였다.

정답 **13** 가야 **14** 대가야 **15** 대가야 **16** 무열왕 **17** 매소성 **18** 귀족회의

05 신라 중대

🔗 해커스공무원 임진석 眞한국사 기본서: p.52

1 신라의 시대 구분

	상대: 박혁거세 ~ ____ ¹	중대: ____ ² ~ 혜공왕	하대: 선덕왕 ~ 경순왕
『삼국사기』	·왕권 미약 → 성장, 중앙 집권화 · ____ ³ 왕위 계승	·왕권 ↑, 진골 귀족 권한 ↓ ·진골, ____ ⁴ 직계 왕위 독점	·왕권 ↓, 진골 귀족 권한 ↑ ·진골, 내물왕 방계 왕위 쟁탈전
『삼국유사』	상고: 박혁거세 ~ 지증왕	중고: ____ ⁵ ~ 진덕여왕	하고: 무열왕 ~ 경순왕
	신라 고유 왕명 사용기	____ ⁶ 사용기	중국식 시호 사용기

2 신라 중대

1) 신라 중대의 주요 왕

	태종 무열왕	·최초의 ____ ⁷ 출신 왕, 중국식 시호 사용 / · ____ ⁸ 를 멸망시킴 ·집사부 ____ ⁹ 의 권한 강화(상대등 세력 억제), 갈문왕 제도 폐지
7C	문무왕	· ____ ¹⁰ 를 멸망시킴 → 나·당 전쟁 승리 ⇒ 삼국 통일 완성, 외사정 파견 / ·문무대왕릉(대왕암, 수중릉)
	신문왕	· ____ ¹¹ 의 난 진압: 전제 왕권의 확립, 귀족 세력 약화 · ____ ¹² 지급, ____ ¹³ 폐지 / · ____ ¹⁴ 설치(유학 교육 기관) / 14부 완비(중앙 통치 기구) · ____ ¹⁵ 정비(지방 행정) / ____ ¹⁶ 설치(군사 조직) ·만파식적 설화: 전제 왕권의 확립 / ·감은사 창건, ____ ¹⁷ 천도 시도
8C	성덕왕	· ____ ¹⁸ 지급 → 국가의 토지 지배력 강화 / ·상원사 동종 주조 / ·당과 국교 재개
	경덕왕	· ____ ¹⁹ 정책: 관료 칭호와 지방 군현 명칭을 한자명으로 고침 / 국학 → ____ ²⁰ · ____ ²¹ 부활 ·불국사·석굴암 건립, 성덕 대왕 신종 주조 시작
	혜공왕	·대공의 난(96각간의 난), 김지정의 난 → 혜공왕 피살 / ·성덕 대왕 신종 완성

2) 신라 중대의 특징

- 강력한 왕권과 정국의 안정 / ·집사부 시중의 권력 강화
- 왕권과 ____ ²² 의 결탁: 6두품은 왕의 정치적 조언자로 활동

정답 **1** 진덕 여왕 **2** 무열왕 **3** 성골 **4** 무열왕 **5** 법흥왕 **6** 불교식 왕명 **7** 진골 **8** 백제 **9** 시중(중시) **10** 고구려 **11** 김흠돌 **12** 관료전 **13** 녹읍 **14** 국학 **15** 9주 5소경
16 9서당 10정 **17** 달구벌 **18** 정전 **19** 한화 **20** 태학(감) **21** 녹읍 **22** 6두품

06 신라 하대

🔗 해커스공무원 임진석 眞한국사 기본서: p.55

1 신라 하대의 주요 왕

8C 후반	선덕왕	김양상, 신라 하대 최초 왕
	원성왕	김경신 / _____ [1] 시행(유학 능력에 따른 관리 선발 목적)
9C	헌덕왕	_____ [2] 의 난 발생(김주원의 아들, _____ [3] 도독) – 국호: _____ [4], 연호: _____ [5] / 아들 김범문의 난
	흥덕왕	청해진 설치(_____ [6]) / 사치 금지령 반포
	신무왕	김우징(장보고가 옹립) → 이후 문성왕(신무왕의 子) 때 장보고의 난 발생
	진성 여왕	· _____ [7] : 『삼대목』 편찬 · _____ [8] (6두품)이 시무 10조 건의 → 수용되지 않음 · 국가 재정 문제, 농민에 대한 세금 독촉 → 농민 봉기 확산: _____ [9] 의 난(사벌주), 적고적, 기훤·양길의 난(북원) · _____ [10] + _____ [11] 결탁 ⇒ 이후 후삼국 시대 개막
10C	후삼국	· _____ [12] 의 후백제 건국: _____ [13] (전주) - 군진 세력 출신 / 중국(후당, 오월)과 외교 관계 수립, 신라에 적대 · _____ [14] 의 후고구려 건국: _____ [15] (개성) → _____ [16] 천도 - 신라 왕족 출신 / 광평성 설치, 미륵불을 자처하며 전제 정치 - 국호: 후고구려 → 마진 → _____ [17] - 연호: 무태, 성책, 수덕만세, 정개

2 신라 하대의 특징

	· _____ [18] 귀족들의 왕위 쟁탈전	· 화백 회의와 _____ [19] 의 권한 강화, 집사부 시중의 권한 약화
호족	· _____ [20] 세력, 중앙 정부의 통제력에서 벗어난 독립 세력 / 성주, 장군으로 칭함 · 사상: _____ [21] , _____ [22] 을 기반으로 함 / · _____ [23] 과 결탁 → 반 신라적 태도	
6두품	· _____ [24] 의 모순 비판 → 반 신라적 태도 · 도당 유학생 빈공과 출신 다수, 학문과 종교 분야 활약, 은둔 생활 · _____ [25] (진성 여왕, 시무10조), _____ [26] (왕건), _____ [27] (견훤)	

정답 **1** 독서삼품과 **2** 김헌창 **3** 웅천주 **4** 장안 **5** 경운 **6** 장보고 **7** 위홍 **8** 최치원 **9** 원종·애노 **10** 호족 **11** 6두품 **12** 견훤 **13** 완산주 **14** 궁예 **15** 송악 **16** 철원 **17** 태봉 **18** 진골 **19** 상대등 **20** 지방 **21** 선종 **22** 풍수지리설 **23** 6두품 **24** 골품제 **25** 최치원 **26** 최언위 **27** 최승우

07 발해

🔗 해커스공무원 임진석 眞한국사 기본서: p.58

1 고구려 계승과 당 문물 수용

고구려 계승	· __¹__ 인: 지배층(소수) / __²__ 인: 피지배층(다수): 이원적인 주민 구성		
	일본에 보낸 국서	· __³__ : '고구려 옛 땅을 회복하고, 부여 전통을 이어받음'	
		· __⁴__ : '고려 국왕 대흠무'	
	· __⁵__ 묘(모줄임 천장), 석등, 온돌, 수막새, 치미, 이불 병좌상 등		
당 문물 수용	· 당의 중앙 정치 조직인 __⁶__ 수용 / · __⁷__ (내성과 외성의 구조, 주작대로 ≒ 당의 장안성)		
	· __⁸__ 묘(벽돌 무덤 양식), 영광탑, 한학과 유학		

2 발해의 발전과 멸망

7C	고왕	· 대조영 / __⁹__ 에 건국(국호: __¹⁰__ / 연호 '__¹¹__ ')
		· __¹²__ 로 국호 개칭 / 당으로부터 '발해 __¹³__ '으로 봉해짐
8C	무왕	· 대무예 / 연호: '__¹⁴__ '
		· 당 공격 (__¹⁵__ 가 산둥 지방 공격, 요서에서도 전투), 흑수말갈 공격
		· 당이 발해 견제 위해 흑수말갈·신라(__¹⁶__)와 연합 → 발해는 돌궐·일본과 친선 관계를 맺어 대응
	문왕	· 대흠무 / 연호: '__¹⁷__ ', '보력'
		· 왕권 강화책: 황상, 천손 칭호 사용 / 불교식 전륜성왕 자처함
		· 당 친선 정책, 문물 수용: __¹⁸__ (교역로), 발해관 개설 / 발해 __¹⁹__ (762) 칭호
		· 신라와 교류: __²⁰__ (교역로) / · 일본과 교류·갈등: 장인과 사위 관계 설정
		· 상경 용천부와 동경 용원부로 천도[중경 → 상경(755) → 동경]
		· 3성 6부 정비 / __²¹__ (유학 교육 기관) 설치
	성왕	상경 용천부로 천도
9C	선왕	· 대인수 / 연호 '__²²__ ' / · __²³__ 으로 불림
		· 대부분의 말갈 정벌 / 연해주·요동 차지, 대동강 유역(신라와 국경선) 진출
		· 지방을 __²⁴__ 로 완비
10C	대인선	· __²⁵__ 야율아보기의 침입 → 멸망
		· 부흥 운동의 전개: __²⁶__ 수립

정답 **1** 고구려 **2** 말갈 **3** 무왕 **4** 문왕 **5** 정혜 공주 **6** 3성 6부 **7** 상경 용천부 **8** 정효 공주 **9** 동모산 **10** 진 **11** 천통 **12** 발해 **13** 군왕 **14** 인안 **15** 장문휴 **16** 성덕왕 **17** 대흥
18 영주도·조공도 **19** 국왕 **20** 신라도 **21** 주자감 **22** 건흥 **23** 해동성국 **24** 5경 15부 62주 **25** 거란 **26** 정안국

08 남북국의 통치 체제

🔗 해커스공무원 임진석 眞한국사 기본서: p.61

1 통일 신라의 통치 체제

1) 중앙 정치 조직의 정비: 14부

¹ (장관: ²)						
왕명 출납 최고 기구: ³ 때 설립(진흥왕 때 설립된 품주 개편)						
그 외 13부(장관: 령, 감)						
⁴	진평왕	이부(인사)		⁵	무열왕	관리 감찰
⁶	진덕 여왕	호부(재정)		조부	진평왕	호부(공부)
⁷	진평왕	예부(의례)		승부	진평왕	수레, 말
⁸	⁹	병부(군사)		선부	문무왕	선박
¹⁰	진덕 여왕	형부(법무)		영객부	진평왕	예부(외빈)
¹¹	문무왕					
예작부	신문왕	공부(토목)				
공장부						

2) 지방 행정

5주(장관: 군주)	→	¹² (장관: 총관, ¹³)
통일 이전: 행정 + 군사 지휘관		통일 이후(신문왕): 행정적 성격 ↑
2소경		¹⁴ (장관: ¹⁵) ⇨ 수도의 편재성 극복 북원경(원주), 중원경(충주), 서원경(청주), 남원경(남원), 금관경(김해)

그 외	· ¹⁶ 제도: 지방 세력 견제 목적의 인질 제도
	· ¹⁷ : 지방관 감시 목적으로 파견
	· 말단 촌락: 토착 지방 세력인 촌주가 지배
	· ¹⁸ 의 존재: 특수 행정 구역, 무거운 수취 부담

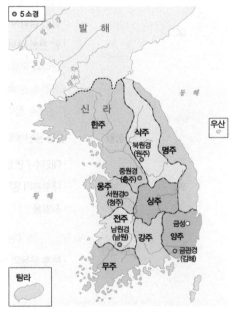

○ 5소경

발해

신라

한주

삭주

북원경(원주)

명주

웅주

중원경(충주)

서원경(청주)

상주

전주

남원경(남원)

금성

강주

양주

금관경(김해)

무주

우산

탐라

▲ 통일 신라의 지방 행정 제도 정비

3) 군사 제도

___19 (중앙군)	· 신라인 뿐 아니라 고구려, 백제인, 말갈인도 포함	· 민족 통합과 융합 목적
___20 (지방군)	· 9주에 각각 1정씩 설치	· 한주(한산주)에는 2정 설치

2 발해의 통치 체제

1) 중앙 정치 제도(___21 의 3성 6부 수용, 독창적 변형)

3성	· ___22 : 최고 기구, 대내상(수상)
	· 선조성, 중대성
	독창적 정당성 중심의 운영
6부	· 좌사정: 충부(인사), 인부(재정), 의부(의례)
	· 우사정: 지부(군사), 예부(형률), 신부(토목)
	독창적 ___23 명칭 / 이원적 운영
그 외	· ___24 : 감찰 기구
	· ___25 : 도서 편찬, 관리
	· ___26 : 최고 교육 기관

▲ 발해의 3성과 6부

2) 지방 행정·군사

지방 행정	· ___27 - 수도, 전략 요충지
	- 상경, 동경, 중경, 서경, 남경
	· ___28 - 지방 행정의 중심
	- 도독 파견
	· ___29 - 현 - 촌(토착 세력가)
군사 제도	· 중앙군: ___30
	· 지방군: 독립 부대

▲ 발해의 지방 행정 제도

정답 **1** 집사부 **2** 시중 **3** 진덕 여왕 **4** 위화부 **5** 사정부 **6** 창부 **7** 예부 **8** 병부 **9** 법흥왕 **10** 좌이방부 **11** 우이방부 **12** 9주 **13** 도독 **14** 5소경 **15** 사신 **16** 상수리 **17** 외사정 **18** 향·부곡 **19** 9서당 **20** 10정 **21** 당 **22** 정당성 **23** 유교식 **24** 중정대 **25** 문적원 **26** 주자감 **27** 5경 **28** 15부 **29** 62주 **30** 10위

1. [1   ]**의 난** p.36

3월 웅천주 도독 헌창이 그의 아버지 주원이 왕이 되지 못한 것을 이유로 반란을 일으켜 나라 이름을 장안이라 하고 연호를 세워 경운 원년이라고 하였다. 무진·완산·청주·사벌의 네 주 도독과 국원경·서원경·금관경의 사신과 여러 군현 수령을 위협하여 자기 소속으로 삼으려하였다. - 『삼국사기』

2. [2   ]**대의 농민 봉기** p.36

나라 안의 여러 주·군에서 공부(貢賦)를 바치지 않으니 창고가 비어 버리고 나라의 쓰임이 궁핍해졌다. 왕이 사신을 보내어 독촉하자, 이로 말미암아 도적이 벌떼처럼 일어났다. 이에 원종, 애노 등이 상주에 의거하여 반란을 일으키니 왕이 나마 벼슬의 영기에게 명하여 잡게하였다. - 『삼국사기』

3. [3   ]**의 후백제 건국** p.36

견훤은 상주 가은현 사람이다. 본래의 성은 이씨였으나 후에 견으로 씨를 삼았다. 아버지 아자개는 농사를 지으며 살다가 후에 가문을 일으켜 장군이 되었다. …… 견훤이 서쪽으로 순행하여 완산주에 이르니 그 백성이 환영하고 위로하였다. …… 드디어 후백제 왕을 자칭하고 관직을 마련하니, 이때는 신라 효공왕 4년(900)이었다.

4. [4   ]**의 후고구려 건국** p.36

궁예는 신라 사람이다. 성은 김씨이고, 아버지는 제47대 헌안왕 의정이며, 어머니는 헌안왕의 후궁이었는데, 그 성과 이름은 전하지 않는다. …… 머리를 깎고 중이 되어 스스로 선종이라고 이름 하였다. …… 선종은 이런 혼란기를 타서 무리를 모으면 자신의 뜻을 이룰 수 있다고 생각하여 진성왕 즉위 5년 신해에 죽주의 도적 괴수 기훤에게 의탁하였다. …… 북원의 도적 양길에게 의탁하니, 양길이 잘 대우하며 일을 맡기고 드디어 군사를 나누어 주어 동쪽으로 땅을 점령하도록 하였다.

5. **대조영의** [5   ] **건국** p.37

마침내 그 무리를 거느리고 동쪽으로 가서 계루부(桂婁部)의 옛 땅을 차지하고, 동모산(東牟山)에 웅거하여 성을 쌓고 살았다. 대조영이 굳세고 용맹스러우며 병사를 잘 운용하자 말갈의 무리와 고구려의 나머지 무리들이 점점 모여들었다. 스스로 진국왕(振國王)에 오르고 돌궐에 사신을 보내어 통교하였다. 그 땅은 영주의 동쪽 2000리 밖에 있으며, 남쪽은 신라와 서로 접하고 있다. - 『구당서』

6. 발해 [　　6　　]의 팽창 정책 p.37

개원 20년 무예가 장수 장문휴를 보내 해적을 이끌고 등주자사(登州刺史) 위준을 공격하자, 당이 문예를 보내 병사를 징발하여 토벌하게 하였다. 이어 김사란을 신라로 보내 병사를 일으켜 발해 남쪽 국경을 공격하게 하였다.　　　　　　　　　　　－「신당서」

7. 발해 [　　7　　]대의 일본과의 관계 정책 p.37

지금 보내온 국서(國書)를 살펴보니 부왕(父王)의 도를 갑자기 바꾸어 날짜 아래에 관품(官品)을 쓰지 않았고, 글 끝에 천손(天孫)이라는 참람된 칭호를 쓰니 법도에 어긋납니다. 왕의 본래의 뜻이 어찌 이러하겠습니까. …… 고씨의 시대에 병난이 그치지 않아 조정의 위엄을 빌려 저들이 형제를 칭하였습니다. 지금 대씨는 일없이 고의로 망령되이 사위와 장인을 칭하였으니 법례를 잃은 것입니다.

정답 **1** 김헌창 **2** 진성여왕 **3** 견훤 **4** 궁예 **5** 발해 **6** 무왕 **7** 문왕

09 고대의 수취 제도

🔗 해커스공무원 임진석 眞한국사 기본서: p.64

1 삼국의 수취 제도

인두세의 비중 높음	토지 측량 단위	노동력
농업 생산력이 낮기 때문	고구려-경무법 / 백제-두락제 신라-결부법(수확량 기준) → 고려, 조선으로 이어짐	15세 이상의 남자를 동원

2 남북국 시대의 수취 제도

당
조(租)
용(庸)
조(調)

→

신라
전세(토지세): 1/10
노동력: 16세 이상 남자
공납(특산물, 공물)

3 민정 문서(= 촌락 문서, 신라 장적)

발견 장소	· 발견 장소: 일본 도다이사 쇼소인(동대사 정창원) · _____¹ (청주) 인근의 4개 자연촌(사해점촌 등)에 대한 기록 · 자연촌을 행정촌으로 편제, 파악
작성 목적	· _____² (조세 수취 및 노동력 징발) 근거 마련
작성자	· _____³ 가 매년 조사하여 _____⁴ 마다 기록 / 촌주에게 '촌주위답' 지급
내용	· 인구: 남녀별로 구분, 연령별 _____⁵ 등급

▲ 민정 문서

남자	소자	추자	조자	정	제공	노공
여자	소녀	추녀	조녀	정녀	제모	노모

- 어린이, 노인, 여자의 수도 파악 / 노비는 소수였음 / 당시 노동력을 중시했음을 알 수 있음
- 호구: 인구의 다소에 따라 상상호 ~ 하하호 → _____⁶ 등급
- **토지**: 촌주위답, _____⁷ (정전), 관모답(관청), 마전, 내시령답(관리)
- 수목, 가축 등 재산 현황까지 기록

정답 *1* 서원경 *2* 세금 수취 *3* 촌주 *4* 3년 *5* 6 *6* 9 *7* 연수유전·답

10 고대의 토지 제도 및 경제 생활

🔗 해커스공무원 임진석 眞한국사 기본서: p.66

1 신라의 토지 제도

1) 녹읍과 관료전

[　　　]1	조세, 공납, 역에 대한 수취 권리 설정 토지(왕족, 공신에게 지급)		
[　　　]2	조세, 공납, 역에 대한 수취 권리 설정 토지	[　　　]3 폐지	[　　　]4 부활
[　　　]5	노동력 징발 불가, 수조권에 한정	[　　　]6 실시	
	왕권과 귀족의 권력 갈등과 변화	왕권↑ 귀족 권력↓	왕권↓ 귀족 권력↑

2) 정전

- [　　　]7 (실제가 아닌 관념)에 입각하여 농민에게 지급한 토지
- [　　　]8 실시: 국가가 개인의 토지 인정(국가의 토지 지배권 강화, 왕권 강화)

2 산업의 발달

농업	· 시비법의 미발달, [　　　]9 존재 → 생산력 낮음 / · 우경 실시(지증왕)
수공업	관청 수공업
상업	· 소지 마립간: 시사 설치 / · 지증왕: 동시(동시전) 설치 · **통일 이후**: 서시(서시전), 남시(남시전) 설치

3 귀족과 농민의 경제 생활

귀족	· 경제적 기반: 식읍, 녹읍, 자기 소유 토지, 노비, 목장, 고리대업 · 아라비아에서 수입한 사치품 사용, 기와집	
농민	· [　　　]10 (토지 소유), [　　　]11 (토지 미소유) · [　　　]12 의 주민: 일반 농민보다 더 많은 공물 부담 · 몰락: 자영농 → 소작농 → 도적, 유랑민, 노비 · 신라 말기에 들어 농민 몰락이 확대	· 구휼 정책의 시행 - 고구려 [　　　]13 : 춘대추납(春貸秋納)

정답 **1** 식읍 **2** 녹읍 **3** 신문왕 **4** 경덕왕 **5** 관료전 **6** 신문왕 **7** 왕토 사상 **8** 성덕왕 **9** 휴경지 **10** 자영농 **11** 소작농 **12** 향·부곡 **13** 진대법

11 삼국과 통일 신라의 대외 교류

⊘ 해커스공무원 임진석 眞한국사 기본서: p.68

1 삼국의 대외 교류

[ ] [1]	남북조 및 북방 유목 민족과 교류(모피 수출)	
[ ] [2]	남조 및 왜와 교류	
[ ] [3]	고구려, 백제 통해 중국과 교류 → 한강 진출 후 [ ] [4] 활용	

```
                                    북방 민족
                              곡식↑  ↓토산물(모피)

   중국      ← [      ] [5], 직물, 세공품    우리나라
          비단, 장식품, 약재, 서적([  ] [6] 수요품) →
                              곡식, 비단↓  ↑토산물
                                    일본
```

2 통일 신라의 대외 교류

당과 교류	· [ ] [7] : 통일 이후 신라의 국제 무역항 · 대당 진출지(산둥 반도 덩저우) 　- 신라방, 신라소, 신라원, 신라관 / [ ] [8] (장보고가 세운 신라원)
일본·아라비아	향료, 장신구(유리그릇)
	※ **장보고**: [ ] [9] 설치, 법화원 창건, 견당매물사·회역사 파견, 일본 승려 [ ] [10] 이 뱃길 부탁

12 발해의 경제

🔗 해커스공무원 임진석 眞한국사 기본서: p.69

산업	**농업**: 밭농사 중심 / 목축, 수렵의 발달	
대외 교류	・**주요 수출품**: ¹, 솔빈부의 ², 인삼 ・**주요 수입품**: 비단, 서적(귀족 사치품)	
	문왕 이후	・당과 교역 - 산둥 반도 덩저우에 ' ³'(숙소) 설치 - ⁴ ・ ⁵ (서경을 거침) ・신라와 교역 - ⁶ (남경을 거침), - 양국 간 경쟁 의식 존재
	・**일본과 교역**: 일본도(동경) ・**거란과 교역**: 거란도	

▲ 남북국 시대의 무역로

13 삼국 시대의 신분 제도와 사회

∂ 해커스공무원 임진석 眞한국사 기본서: p.71

1 삼국 시대의 신분 제도

초기 국가
가(加), 대가(大加) → 귀족
호민(부유층) /   ¹ (평민, 생산)
노비

→

삼국 시대 이후
귀족(옛 부족장 세력)
평민(양인): 조세, 공납, 역 의무
천민(노비): 전쟁 노비, 형벌 노비, 고리대로 인한 노비

2 삼국 시대의 사회 모습

고구려	· 왕족 ² + 5부의 귀족(상무적 기풍, 빠른 행동) · 반역: 사형, 가족 처벌 / 절도: ³ · 구휼 제도: 진대법(고국천왕)
백제	· 왕족 ⁴ + 8성의 귀족(상무적 기풍, 세련됨) · 관리 부정: 종신 금고형, 1책 3법 / 절도: 귀양 + ⁵
신라	왕족: 박씨, 석씨, 김씨 → ⁶ 왕위 독점(내물 마립간)

정답 **1** 하호 **2** 고씨 **3** 1책 12법 **4** 부여씨 **5** 1책 2법 **6** 김씨

14 신라의 사회 제도

🔗 해커스공무원 임진석 眞한국사 기본서: p.74

1 골품제

성립과 변천	중앙 집권적 고대 국가 확립 과정: 편입된 부족의 크기 → 귀족 신분의 등급을 결정			
	왕족(골)	·성골 소멸 / 진골 귀족	**귀족(두품)**	·6, 5, 4 두품: 귀족 / 3, 2, 1 두품: 평민
성격	·정치 활동 범위 제약: 골품 → 관등 승진 ¹ 규정 / ·일상 생활 범위까지 규제			

내용	☐ ²	·중앙과 지방의 장관 및 군대 최고 지휘관 독점 ·1~5등급 관등과 ³ 공복 독점(자·비·청·황색 공복 가능)
	☐ ⁴	·[중대]: ⁵ 결탁, 왕의 정치적 조언자 ➡ ·[하대]: ⁶ 결탁, 반신라 세력으로 부상, 학문과 종교 활약 ·6관등 ⁷ 까지만 승진 / 비색, 청색, 황색 공복 가능
	5두품	10관등 ⁸ 까지만 승진 / 청색, 황색 공복 가능
	4두품	12관등 ⁹ 까지만 승진 / 황색 공복 가능

특징	☐ ¹⁰	·비진골 신분이 신분 한계 넘지 않고 승진 가능 → 골품제 한계 보완 목적 · 4중아찬, 9중대나마, 7중나마
	골품제 모순: 혈연 중심 폐쇄적 신분 제도 → 6두품의 불만	

등급	관등명	진골	6두품	5두품	4두품	복색
1	이벌찬					자색
2	이찬					
3	잡찬					
4	파진찬					
5	대아찬					
6	아찬					비색
7	일길찬					
8	사찬					
9	급벌찬					
10	대나마					청색
11	나마					
12	대사					황색
13	사지					
14	길사					
15	대오					
16	소오					
17	조위					

▲ 신라의 골품제와 관등

2 화백 회의

성립	씨족 사회 전통, 6촌 부족 회의인 남당에서 유래
운영	_____ [11] 의 결정 방식, 4영지에서 결정
기능	_____ [12] 회의: 귀족의 입장 대변 → _____ [13] 견제, 왕과 귀족 간의 권력 조절

3 화랑도

성립		씨족 사회 청소년 집단: 원화 / _____ [14] 때 국가 조직화
운영		· 화랑(귀족), 낭도(귀족, 평민) · 제천 의식, 심신 연마
기능		· 인재 양성 · 계층 간 대립과 갈등을 조절하고 완화
화랑 정신	_____ [15]	· _____ [16] (진평왕)이 제정 / 유교, 불교, 호국 사상 강조 · 사군이충, 사친이효, 교우이신, 임전무퇴, 살생유택
	그 외	· _____ [17] : 진평왕 시기, 화랑 / 유학 · _____ [18] 의 난랑비 서문: 현묘한 도(풍류) / 유, 불, 도 신앙 조화

---

15 남북국 시대의 사회 모습

⋔ 해커스공무원 임진석 眞한국사 기본서: p.76

1 통일 신라의 사회 모습

1) 통일 이후 민족 통합 노력

- 삼국의 동질성: 전쟁과 교류 과정에서 동질성 형성

- ⬜⬜⬜ ¹: 중앙군에 신라인뿐 아니라 고구려, 백제, 말갈인 포함

    → 민족의 통합 추구

2) 신라 하대의 사회 변화

- ⬜⬜⬜ ²의 불만

    : 신분상 한계로 학문, 종교 분야에서 활약 / ⬜⬜⬜ ³과 연계

- 농민의 몰락: 농민 → 노비나 화전민 등으로 전락

▲ 신라 하대의 난과 농민 봉기

2 발해의 사회 모습

이원적 주민 구성	지배층 (⁴ 인)	· 왕족(⁵), 귀족(⁶) / 중앙, 지방의 관직 독점
		· 신라와 경쟁의식: ⁷ 수석 경쟁(등제 서열), 쟁장 사건
	피지배층 (⁸ 인)	· 말갈인의 전통 유지
		· 일부: 촌락 우두머리, 국가 행정 보조

정답 **1** 9서당 **2** 6두품 **3** 호족 **4** 고구려 **5** 대씨 **6** 고씨 **7** 빈공과 **8** 말갈

1. 신라 [1   ] p.42

이 고을의 사해점촌을 조사해 보니 호의 수는 합하여 11초가 된다. 이 가운데 중하연(中下烟) 4호, 하상연(下上烟) 2호, 하하연(下下烟) 5호이다. 마을의 모든 사람을 합하면 147명이며, 이 중 3년 전부터 계속 살아온 사람과 3년간에 태어난 자를 합하면 145명이 된다. 정(丁) 29명(노비 1명 포함), 조자(助子 : 15~19세) 7명(노비 1명 포함), 추자(追子 : 10~14세) 12명, 소자(小子 : 1~9세) 10명, 3년간에 태어난 소자 5명, 제공(除公 : 60~69세) 1명이다. 여자는 정녀 42명(노비 5명 포함) … 제모(除母) 2명, 노모(老母 : 70세 이상) 1명 등이다. 3년간에 다른 마을에서 이사 온 사람은 둘인데 추자 1명, 소자 1명이었다. 가축으로 말 25마리가 있으며, 전에 있었던 것 22마리, 3년간에 보충된 말 3마리였다. 소는 22마리였고, 전부터 있었던 소 17마리, 3년간에 보충된 소 5마리였다. …… 마전(麻田)은 전부 1결 9부이다. 뽕나무는 모두 1004그루인데 …… 호두나무는 모두 112그루이고, 3년간에 심은 것 38그루, 전부터 있었던 것이 74그루이다.

2. 신라의 토지 제도 ([2   ], 녹읍, 정전, 녹읍 부활) p.43

○ 신문왕 7년(687) 5월에 교서를 내려 문무(文武) 관료들에게 토지를 차등 있게 주었다.
○ 신문왕 9년(689) 봄 정월에 중앙과 지방 관리들의 녹읍(祿邑)을 폐지하고 해마다 조(租)를 차등 있게 주고 이를 일정한 법으로 삼았다.
○ 성덕왕 21년(722) 가을 8월에 처음으로 백성들에게 정전(丁田)을 지급하였다.
○ 경덕왕 16년(757) 3월에 중앙과 지방의 여러 관리에게 매달 주던 녹봉(祿俸)을 없애고 다시 녹읍을 주었다.

3. 장보고의 [3   ] 설치 p.44

장보고가 귀국하여 흥덕왕을 뵙고 아뢰기를, "중국의 어디를 가든지 우리나라 사람들을 노비로 삼고 있으니, 청해에 진영을 설치하여 해적이 사람들을 잡아 서쪽으로 데려가지 못하게 해 주십시오."라고 하였다. 왕은 그 말에 따라 군사 만명을 주어 해상을 방비하게 하였다.

4. 엔닌이 [4   ]에게 보낸 편지 p.44

이 엔닌은 대사의 어진 덕을 입었기에 삼가 우러러 뵙지 않을 수 없습니다. 저는 이미 뜻한 바를 이루기 위해 당나라에 머물러 왔습니다. 부족한 이 사람은 다행히도 대사께서 발원하신 적산원(赤山院)에 머물 수 있었던 것에 대해 감경(感慶)한 마음을 달리 비교해 말씀드리기가 어렵습니다.
— 『입당구법순례행기』

5. 고구려의 [5   ] (고국천왕) p.46

겨울 10월에 왕이 질양으로 사냥을 나갔다가 길에서 앉아 우는 자를 보았다. …… "아! 내가 백성의 부모가 되어 백성들을 이 지경에까지 이르도록 하였으니 나의 죄로다." …… 담당 관청에 명하여 매년 봄 3월부터 가을 7월까지, 관의 곡식을 내어 백성 가구의 많고 적음에 따라 차등이 있게 진휼 대여하게 하고, 겨울 10월에 이르러 갚게 하는 것을 항식으로 삼았다.

6. 일상 생활의 [6   ] p.47

4두품에서 백성에 이르기까지는 방의 길이와 넓이가 16자를 넘지 못하고 느릅나무를 쓰지 못하고, 수초를 그린 천장을 만들지 못하고, 중국 기와를 덮지 못하고, …… 담장 높이는 6자를 넘지 못하고, 또한 들보를 걸지 못하고, 석회를 칠하지 못하고, 대문과 사방에 문을 만들지 못하고, 마구간은 말 두 마리를 넣을 수 있게 하였다.

7. [7   ] **의 골품제에 대한 불만** p.47

설계두는 신라의 귀족 자손이다. 일찍이 친구 네 사람과 술을 마시며 각기 그 뜻을 말할 때 "신라는 사람을 쓸 때 골품을 따져서 그 족속이 아니면 비록 뛰어난 재주와 큰 공이 있어도 한도를 넘지 못한다. 나는 멀리 중국에 가서 …… 천자 곁에 출입하기를 원한다."라고 하였다.

8. 원광의 [8   ] **(화랑도 계율)** p.48

불계에는 보살계가 있는데, 그 종목이 열 가지이다. 너희들이 (세속의) 신하로서는 아마도 이를 감당하지 못할 것이다. 지금 세속오계(世俗五戒)가 있으니, 첫째는 임금 섬기기를 충(忠)으로써 하고, 둘째는 어버이 섬기기를 효(孝)로써 하며, 셋째는 친구 사귀기를 신(信)으로써 하고, 넷째는 전쟁에 나가서는 물러서지 말며, 다섯째는 생명 있는 것을 죽이되 가려서 할 것이다. 너희들은 이것을 실행함에 소홀히 하지 말라"고 말하였다.

9. [9   ] **의 난랑비서문** p.48

우리나라에 현묘(玄妙)한 도(道)가 있으니 이를 풍류(風流)라고 한다. 그 교(教)를 베푼 근원은 「선사(仙史)」에 자세히 실려 있거니와 실로 삼교(三教)를 포함한 것으로 중생을 접촉하여 교화를 한다. 이를테면 집에 들어가 부모에게 효도하고 밖에 나와서 나라에 충성하는 것은 공자의 취지이며, 무위(無為)의 일에 처하고 불언(不言)의 교를 행하는 것은 노자의 종지(宗旨)이며, 모든 악한 일을 하지 않고 선을 받들어 행하는 것은 석가모니의 교화이다.

정답 **1** 민정문서 **2** 관료전 **3** 청해진 **4** 장보고 **5** 진대법 **6** 골품제 **7** 6두품 **8** 세속오계 **9** 최치원

16 고대 문화의 성격

해커스공무원 임진석 眞한국사 기본서: p.78

1 삼국의 문화

1	· 중국과 대결 → 패기와 정열, 강인한 모습 · 북중국, 북방 민족, 서역과 교류
2	· 중국 문물 수용 → 세련, 귀족적 문화 · 남중국, 가야, 왜 등과 교류: 해상 무역 전개
3	· 초기 중국과 교류 차단 → 소박한 문화, 이후 조화로운 문화 · 고구려를 통해 북중국과 교류 → 4 이후 직접 교류 / 서역과 교류

2 남북국의 문화

통일 신라		통합 문화 / 불교 문화 융성 / 지방 문화 발전
발해	고구려 계승	5 묘(굴식 돌방 무덤), 모줄임 천장, 돌사자상, 온돌, 이불 병좌상, 석등, 치미, 수막새
	당의 영향	6 묘(벽돌 무덤), 상경성과 주작대로, 한학, 영광탑

정답 1 고구려 2 백제 3 신라 4 진흥왕 5 정혜 공주 6 정효 공주

17 유학의 발달과 역사서 편찬

🔗 해커스공무원 임진석 眞한국사 기본서: p.79

1 한학의 발달

고구려	광개토 대왕릉 비문, 중원 고구려 비문		
백제	개로왕 국서, 무령왕릉 지석, 사택지적 비문		

	이름	왕	내용
신라	¹	지증왕	현존 최고(最古)의 신라비
	영일 냉수리비	지증왕	재산권 분쟁, 갈문왕에 대한 기록
	²	법흥왕	율령 반포 추정
	영천 청제비	법흥왕	부역 동원
	³	진흥왕	남한강 진출 기념, 공신 포상
	진흥왕 순수비 / ⁴	진흥왕	한강 하류 진출 기념
	⁵		비화가야(대가야 인근) 정벌 기념
	⁶		함경도 진출 기념
	⁷		함경도 진출 기념
	경주 남산 신성비	진평왕	부역 동원

2 유학의 발전

1) 삼국

고구려	· ⁸ 설치(소수림왕, 중앙 국립 교육 기관, 유학 교육) · ⁹ 설치(장수왕 평양 천도 이후, 지방 사립 교육 기관, 유학과 무술 교육)
백제	¹⁰ 박사, 의박사, 역박사 등이 유학 교육
신라	¹¹ : 두 화랑이 유학 경전을 학습할 것을 맹세

정답 1 포항 중성리 신라비 2 울진 봉평비 3 단양 적성비 4 북한산비 5 창녕비 6 황초령비 7 마운령비 8 태학 9 경당 10 5경 11 임신서기석

2) 신라 중대

[____12]	· [____13] 교육 기관: 『논어』, 『효경』 등 유교 경전 교육 / 유교 인재 양성 목적
	· 설립([____14]) → [____15] (경덕왕) → 국학(혜공왕)
	· 12등급 대사 이하 하급 귀족 대상
유학자	· [____16] : 6두품 / 외교 문서(「답설인귀서」, 「청방인문표」) / 불교를 세외교로 비판
	· [____17] : 6두품 / 「화왕계」(유교 도덕 정치 강조) / 이두 정리
	· [____18] : 진골 / 『화랑세기』, 『고승전』, 『한산기』, 『계림잡전』, 『악본』 등

3) 신라 하대

[____19]	· 유학 학문 보급에 이바지
	· 유교 경전 독서 능력: 상·중·하품의 3등급 분류
	· 실시: [____20] → [____21] 귀족의 반발로 유명무실
도당 유학생	· 당 유학생, 신라 하대에 증가
	· 주로 6두품 / [____22] 응시(최초 합격자: 김운경)
[____23]	· 당 유학생 출신, 빈공과 장원 출신 6두품
	· 당에서 「[____24]」 저술 / 귀국 후 시무 10조 작성(진성 여왕, 수용 ×) → 은둔
	· **저술**: 『[____25]』, 『[____26]』 난랑비 서문, 『부석존자전』, 『법장화상전』
	· 사산비명: 지증대사비, 진감선사비, 대숭복사비, 낭혜화상비

4) 발해: 주자감 설치(문왕, 유학 교육 기관)

3 역사서

고구려	· 『유기』를 간추려 「[____27]」 편찬([____28], 이문집)	· 왕실 권위 확보 목적
백제	· 「[____29]」 편찬([____30], 고흥)	· 모두 현존하지 않음
신라	· 「[____31]」 편찬([____32], 거칠부)	

정답 **12** 국학 **13** 유학 **14** 신문왕 **15** 태학감 **16** 강수 **17** 설총 **18** 김대문 **19** 독서삼품과 **20** 원성왕 **21** 진골 **22** 빈공과 **23** 최치원 **24** 토황소격문 **25** 계원필경 **26** 제왕연대력 **27** 신집 **28** 영양왕 **29** 서기 **30** 근초고왕 **31** 국사 **32** 진흥왕

18 불교와 그 외 사상의 발달

⊘ 해커스공무원 임진석 眞한국사 기본서: p.82

1 삼국 시대의 불교

	특징: 왕실 불교, 업설(귀족 불교), 미륵불 신앙, 현세 구복, 호국 불교
고구려	· **수용**: 4C, _____¹, 중국 전진(순도 전래) · _____² 중심, 승랑 → 혜관: 일본으로 삼론종 전파
백제	· **수용**: 4C, _____³, 중국 동진(마라난타 전래) · _____⁴ 중심, 겸익(성왕) → 혜총: 일본으로 계율종 전파 · 성왕: 전륜성왕 자처, 일본으로 불교 전파(_____⁵) · 열반종 개창: _____⁶ (고구려에서 망명, 교종 5교)
신라	· **수용**: 5C, 눌지 마립간, 고구려(묵호자 전래) → 6C, _____⁷ 공인(_____⁸ 순교) · **교단 정비**: _____⁹ (고구려에서 망명, 국통), 승관제 마련 / 진흥왕: 전륜성왕 자처 · _____¹⁰ : 세속오계 / · 계율종: _____¹¹ (선덕 여왕, 교종 5교)

2 신라 중대와 발해의 불교

1) 신라 중대: 불교의 대중화, 사상의 정립

원효	
· 당 유학 포기: 일체유심조를 깨달음 / _____¹² 의 아버지 · 불교 대중화 　: 무애가를 지음, _____¹³ 신앙(나무아미타불) 및 정토종 강조 · 불교 이해의 기준 확립 　: 『_____¹⁴ 』, 『_____¹⁵ 』저술	· 종파 간 화합: _____¹⁶ 사상(중관, 유식 사상 대립 해소 『십문화쟁론』), 　_____¹⁷ 사상 · _____¹⁸ 창시(교종 5교)

의상	
· 왕족 출신(진골) 승려 / _____¹⁹ 의 정치적 자문 · 당 유학: _____²⁰ 사상 정립(왕권 뒷받침, 일즉다 다즉일) 　→ 『화엄일승법계도』 저술	· 불교 대중화: _____²¹ 신앙 전파(현세 고난을 구제) · 부석사, 낙산사 창건 · _____²² 창시(교종 5교)

원측	혜초
· _____²³ 불교 · 현장의 사상을 계승한 규기와 논쟁	· 인도 및 중앙아시아 순례 · 『_____²⁴ 』저술: 현재 프랑스 소재

정답 **1** 소수림왕 **2** 삼론종 **3** 침류왕 **4** 계율종 **5** 노리사치계 **6** 보덕 **7** 법흥왕 **8** 이차돈 **9** 혜량 **10** 원광 **11** 자장 **12** 설총 **13** 아미타 **14** 금강삼매경론 **15** 대승기신론소
16 화쟁 **17** 일심 **18** 법성종 **19** 문무왕 **20** 화엄 **21** 관음 **22** 해동 화엄종 **23** 유식 **24** 왕오천축국전

2) 발해의 불교

- 문왕: 전륜성왕 자처함, 불교 융성
- 왕실, 귀족 불교로 발전

3 신라 하대의 불교

1) 교종과 선종

	교종			선종		
지원 세력	진골 귀족			[25]		
방법	교리, [26] 연구			[27], 불립문자, 정신 수양		
시기	신라 [28]			신라 [29]		
영향	[30] 발달			[31] 의 유행		
종파	5교			9산		
	구분	승려	중심 사찰	가지산문	실상산문	동리산문
	[32]	보덕	경복사	사굴산문	봉림산문	사자산문
	[33]	자장	통도사	성주산문	희양산문	수미산문
	[34]	원효	분황사			
	[35]	의상	부석사			
	[36]	진표	금산사			

2) 선종의 특징

- 9세기(신라 하대) 확산: [37]
- 실천 수행을 통한 깨달음과 참선을 강조: 승탑(부도)의 유행, 조형 예술 쇠퇴
- 신라 하대에 지방의 [38] 세력과 결탁: [39] 문화 발전, 고려 건국의 배경

4 도교와 풍수지리설

1) 도교

고구려	· _____ ⁴⁰ (강서대묘: 평안도 강서군) · _____ ⁴¹ 의 불교 탄압과 도교 장려 → 보덕의 백제 망명(열반종)	**[도교의 특징]** 노장 사상, 무위자연, 산천 숭배, 신선 사상, 상상의 동물(사신도), 불로장생
백제	· 무령왕릉 지석(매지권), _____ ⁴² 비문 · _____ ⁴³ 벽돌, _____ ⁴⁴ (불교+도교)	
신라	· 화랑도(국선도, 풍류도)	
남북국	· 통일 신라 말: 6두품 세력의 은둔(신선 사상의 영향) · 발해: 정효 공주 묘 비문(불로장생 사상 반영)	

▲ 고구려 사신도(현무도)

▲ 백제 산수무늬 벽돌

▲ 백제 금동 대향로

2) 풍수지리 사상

· 신라 말 도선이 보급: 『도선비기』
· _____ ⁴⁵ 의 지원: _____ ⁴⁶ 의 중요성 ↑, 신라 정부 권위 하락, 경주 중심 개념 탈피
· 신라 말 호족의 사상적 기반 / 도참 신앙(미래 예측)과 결부

정답 **25** 호족 **26** 경전 **27** 참선 **28** 중대 **29** 하대 **30** 조형 예술 **31** 승탑 **32** 열반종 **33** 계율종 **34** 법성종 **35** 화엄종 **36** 법상종 **37** 도의 **38** 호족 **39** 지방 **40** 사신도
41 연개소문 **42** 사택지적 **43** 산수무늬 **44** 금동 대향로 **45** 호족 **46** 지방

PART 2 고대 시대 | 18 불교와 그 외 사상의 발달 57

19 고분과 건축의 발달

⟋ 해커스공무원 임진석 眞한국사 기본서: p.87

1 삼국 시대의 고분

고구려	전기	¹ 무덤	장군총
	후기	² 무덤	무용총, 각저총, 쌍영총, 강서대묘 / 입구 존재, 도굴 쉬움 - ³ 존재(묘주도, 수렵도, 씨름도, 사신도): 생활 모습 → 상징적 추상화로 변화
백제	한성 시기	⁴ 무덤	· 서울 ⁵ 고분군 · 고구려 초기 무덤과 유사: 고구려 계통 측면
	웅진 시기	⁶ 무덤	· 공주 ⁷ 1~5호분
		⁸ 무덤: 중국 ⁹ 방식	· ¹⁰ - 송산리 고분군 배수로 공사 중 발견(1971) - 무령왕릉 ¹¹ (무덤 주인 및 축조 연대 확인) : 영동대장군 사마왕, 토지신 언급(도교) - 벽화 없음 · 송산리 6호분: 벽화 발견
	사비 시기	¹² 무덤	부여 ¹³ 고분군(벽화 발견)
신라	전기	¹⁴ 무덤	· 벽화 없음 / 입구 없음, 도굴 어려움 · 천마총 - ¹⁵ (벽화 아님) / 황남대총 / 호우총 - 호우명 그릇
	후기	¹⁶ 무덤	어숙묘(벽화 발견)

▲ 고구려 장군총　　▲ 고구려 수렵도　　▲ 고구려 안악 3호분 묘주도　　▲ 백제 석촌동 고분군

▲ 백제 무령왕릉　　▲ 신라 천마도　　▲ 돌무지 덧널무덤의 구조

나무 덧널 / 꺼물거리 상자 / 나무 널 / 돌 / 돌무지 / 봉토 / 나무 덧널 / 널

2 남북국 시대의 고분

통일 신라	· ¹⁷ 무덤 - 김유신 묘(둘레돌, 12지 신상) /· ¹⁸ 의 유행	
발해	¹⁹ 무덤(고구려 방식)	정혜 공주 묘 - 모줄임 천장, 돌사자 상, 벽화 X, 돈화 육정산
	²⁰ 무덤(당나라 방식)	정효 공주 묘 - 고구려식 천장 / 벽화 → 도교의 영향(불로장생), 벽화 O, 화룡 용두산

▲ 김유신 묘　　　　　　　　▲ 모줄임 천장　　　　　　　　▲ 돌사자상

3 건축과 불상

1) 건축과 탑

고구려	·평양 안학궁 터: 장수왕, 남진 정책 / · 주로 목탑 제작 → 현재 거의 남아있지 않음
백제	·미륵사: 무왕, 익산 천도 시도 · ²¹ : ²² 양식의 석탑, 무왕 금제 사리 봉안기 발견 · ²³ : 평제탑이라고도 불렸음
신라	·황룡사: 진흥왕, 호국 불교의 흔적 · ²⁴ : 선덕 여왕, ²⁵ 건의, 고려 시대에 몽골 침입으로 소실 · ²⁶ : 벽돌 모양 석탑

	통일 신라	발해	
중대	· ²⁷ : 신문왕 창건, 문무왕 추모 사찰 · ²⁸ , ²⁹ : 경덕왕 시기, 김대성, 유네스코 세계 문화유산 ·이중 기단의 3층 석탑 유행: 경주 감은사지 3층 석탑, 경주 불국사 3층 석탑(석가탑) ·기타: 구례 화엄사 4사자 3층 석탑, 경주 불국사 다보탑	궁궐	³¹ : 당의 장안성 모방, 주작대로
하대	·양양 진전사지 3층 석탑: 기단과 탑신에 불상 조각 · ³⁰ 의 유행(팔각 원당형: 쌍봉사 철감선사 승탑)	탑	³² : 당의 영향을 받은 전탑(벽돌탑)

정답 **1** 돌무지 **2** 굴식 돌방 **3** 벽화 **4** 돌무지 **5** 석촌동 **6** 굴식 돌방 **7** 송산리 **8** 벽돌 **9** 남조 **10** 무령왕릉 **11** 지석 **12** 굴식 돌방 **13** 능산리 **14** 돌무지 덧널 **15** 천마도 **16** 굴식 돌방 **17** 굴식 돌방 **18** 화장 **19** 굴식 돌방 **20** 벽돌 **21** 익산 미륵사지 석탑 **22** 목탑 **23** 부여 정림사지 5층 석탑 **24** 경주 황룡사 9층 목탑 **25** 자장 **26** 경주 분황사 모전석탑 **27** 감은사 **28** 불국사 **29** 석굴암 **30** 승탑 **31** 상경성 **32** 영광탑

▲ 미륵사지 석탑(백제)

▲ 감은사지 3층 석탑(신라 중대)

▲ 정림사지 5층 석탑(백제)

▲ 불국사 3층 석탑(신라 중대)

▲ 분황사 모전석탑(신라 상대)

▲ 불국사 다보탑(신라 중대)

▲ 법주사 쌍사자 석등(신라 중대)

▲ 진전사지 3층 석탑(신라 하대)

▲ 쌍봉사 승탑(신라 하대)

▲ 영광탑(발해)

2) 불상과 공예

고구려	_____ 33	온화 미소 친근	통일 신라	· 동궁과 월지(안압지, 인공 연못)
백제	_____ 34			· _____ 36 / · 상원사 동종
신라	_____ 35			· _____ 37 (에밀레종, 경덕왕~혜공왕)
				· 법주사 쌍사자 석등
삼국 공통	미륵 보살 반가 사유상		발해	_____ 38 , 석등, 돌사자상, 수막새(고구려 양식)

▲ 연가 7년명 금동 여래 입상

▲ 서산 마애 삼존불상

▲ 경주 배리 석불 입상

▲ 석굴암 본존불상

▲ 안압지

▲ 발해 석등

▲ 이불 병좌상

정답 **33** 연가 7년명 금동 여래 입상 **34** 서산 마애 삼존불상 **35** 경주 배리 석불 입상 **36** 석굴암 본존불상 **37** 성덕 대왕 신종 **38** 이불 병좌상

20 과학 기술과 예술의 발달

🔗 해커스공무원 임진석 眞한국사 기본서: p.93

1 과학 기술의 발달

천문학	목판 인쇄술
· **고구려**: 천문도 제작 · **백제**: 역박사 제도 · **신라**: 첨성대(선덕 여왕)	¹ : 세계 최고 목판 인쇄물, '불국사 3층 석탑(석가탑)'에서 발견

▲ 첨성대

▲ 무구정광대다라니경

2 문학

삼국 문학	신라의 ²
· **고구려**: 유리왕의 「황조가」 을지문덕의 「오언시」 · **백제**: 「정읍사」 · **가야**: 「구지가」	· 승려, 화랑들이 지음(주제: 우애, 사랑, 신앙 등) · 『　　　³』 편찬(　　　⁴, 위홍): 현존하지 않음 · 「균여전」, 「삼국유사」를 통해 일부만 전해짐 · 「안민가」, 「제망매가」, 「혜성가」, 「찬기파랑가」, 「처용가」 등

정답 **1** 무구정광대다라니경 **2** 향가 **3** 삼대목 **4** 진성 여왕

21 일본으로의 문화 전파

🔗 해커스공무원 임진석 眞한국사 기본서: p.95

1 삼국 문화의 전파: 일본 ___¹ 문화에 영향

1) 백제: 가장 큰 영향

4C	근초고왕, 근구수왕	___² (한자), ___³ (『천자문』, 『논어』) 파견
6C	무령왕	___⁴, ___⁵ (유학) 파견
	성왕	___⁶ (불경, 불상) 파견
	위덕왕	___⁷ (계율종) 파견

2) 고구려: 수산리 고분 벽화 ≒ 일본 다카마쓰 고분 벽화

7C	영양왕	___⁸ (종이, 먹, 호류사 금당 벽화) 파견
	영양왕	___⁹ (쇼토쿠 태자 스승) 파견
	영류왕	___¹⁰ (삼론종) 파견
	보장왕	도현(『일본세기』) 파견

3) 신라: 조선술·축제술 전파 → '한인의 연못'에 영향

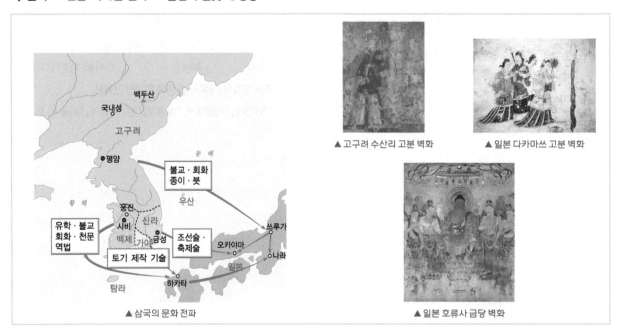

▲ 고구려 수산리 고분 벽화　　▲ 일본 다카마쓰 고분 벽화

▲ 삼국의 문화 전파　　▲ 일본 호류사 금당 벽화

4) 가야: ⁱⁱ **수출 / 가야 토기 → 일본**   ¹² **에 영향**

5) 금동 미륵보살 반가 사유상 ≒ 일본 목조 미륵보살 반가 사유상

▲ 가야 토기

▲ 일본 스에키 토기

▲ 금동 미륵보살 반가 사유상(삼국)

▲ 목조 미륵보살 반가 사유상(일본)

2 통일 신라 문화의 전파

1)   ¹³ **: 일본에 화엄 사상을 전파**

2) 영향

① 일본   ¹⁴ 문화에 영향을 줌

② 일본 전제 왕권 확립에 기여

정답 **1** 아스카 **2** 아직기 **3** 왕인 **4** 단양이 **5** 고안무 **6** 노리사치계 **7** 혜총 **8** 담징 **9** 혜자 **10** 혜관 **11** 철 **12** 스에키 토기 **13** 심상 **14** 하쿠호

1. ⬚[1]**의 화왕계** p.54

어떤 이가 화왕(모란꽃)에게 말하였다. '두 명(장미꽃과 할미꽃)이 왔는데 어느 쪽을 취하고 이느 쪽을 버리시겠습니까? 화왕이 말하였다.' 장부(할미꽃)의 말도 일리가 있지만 어여쁜 여자(장미)는 얻기가 어려운 것이니 이 일을 어떻게 할까? …… "그대의 우화는 진실로 깊은 뜻이 담겨 있도다. 기록해 두어 왕자의 경계로 삼게 하기 바란다."라고 하고는 설총을 높은 관직에 발탁하였다.

2. ⬚[2] **제도 (원성왕)** p.54

춘추좌씨전이나 예기나 문선을 읽어 그 뜻을 잘 통하고 논어·효경에도 밝은 자를 상(上)으로 하고, 곡례·논어·효경을 읽은 자를 중(中)으로 하고, 곡례·효경을 읽은 자를 하(下)로 하되, 만일 5경·3사와 제자백가의 서(書)를 능히 겸통하는 자가 있으면 등급을 넘어 등용한다.

3. 신라의 『⬚[3]**』 편찬 (진흥왕, 거칠부)** p.54

이찬 이사부가 왕에게 "나라의 역사라는 것은 임금과 신하들의 선악을 기록하여, 좋고 나쁜 것을 만대 후손들에게 보여 주는 것입니다. 이를 책으로 편찬해놓지 않는다면 후손들이 무엇을 보겠습니까?"라고 말하였다. 왕이 깊이 동감하고 대아찬 거칠부 등에게 명하여 선비들을 널리 모아 그들로 하여금 역사를 편찬하게 하였다.

4. ⬚[4]**의 불교 대중화** p.55

그는 이미 계율을 범하고 설총을 낳은 뒤로는 속인의 옷으로 바꾸어 입고, 스스로 소성거사라고 일컬었다. 우연히 광대들이 쓰는 이상하게 생긴 큰 박을 얻었다. 그는 그 모양대로 도구를 만들어 '무애호'라 하며 노래를 짓고 세상에 퍼뜨렸다. …… 그는 이것을 가지고 많은 촌락에서 노래하고 춤추며 교화하고 읊으면서 돌아다녔다. 이에, 가난하고 몽매한 무리들까지도 모두 부처의 이름을 알게 되었고, '나무아미타불'을 부르게 되었다. 그의 교화가 그만큼 컸던 것이다.

5. 원효의 ⬚[5] p.55

열면 헬 수 없고 가없는 뜻이 대종(大宗)이 되고, 합하면 이문(二門) 일심(一心)의 법이 그 요차가 되어 있다. 그 이문 속에 만 가지 뜻이 다 포용되어 조금도 혼란됨이 없으며 가없는 뜻이 일심과 하나가 되어 혼용된다.   - 「십문화쟁론」

6. ⬚[6]**의 화엄 사상** p.55

하나가 곧 일체(一　)이며, 다(多)가 곧 하나이다. 한 작은 티끌 속에 십방(十方)이 있는 것이요, 한 찰나가 곧 영원이라고 한다. 양에 있어서 셀 수 없이 많은 것이 있지만 그것은 실은 하나이며, 공간은 십방(十方)으로 너르게 되어 있지만 그것이 한 작은 티끌 속에 포함되어 있으며, 시간에 있어서 영원한 것도 한 찰나이다.

7. | 7 | **지석** p.58

> 영동대장군인 백제 사마왕은 62세가 되는 계묘년 5월 임진일인 7일에 돌아가셨다. 을사년 8월 갑신일인 12일에 안장하여 대묘에 모시며, 기록하기를 이와 같이 한다.

8. | 8 | **묘비 (발해 문왕)** p.59

> 공주는 우리 대흥보력효감금륜성법대왕(大興寶曆孝感金輪聖法大王)의 넷째 딸이다. …… 아아, 공주는 대흥(大興) 56년(792) 여름 6월 9일 임진일(壬辰日)에 궁 밖에서 사망하니, 나이는 36세였다. 이에 시호를 정효공주(貞孝公主)라 하였다. 이 해 겨울 11월 28일 기묘일(己卯日)에 염곡(染谷)의 서쪽 언덕에 배장하였으니, 이것은 예의에 맞는 것이다. 황상(皇上)은 조회를 파하고 크게 슬퍼하여, 정침(正寢)에 들어가 자지 않고 음악도 중지시켰다.

9. | 9 | **석탑, 금제사리봉안기** p.59

> 우리 왕후께서는 좌평 사택적덕의 따님으로 지극히 오랜 세월에 선인(善因)을 심어 이번 생에 뛰어난 과보를 받아 만민을 어루만져 기르시고 삼보(三寶)의 동량(棟梁)이 되셨기에 능히 가람을 세우시고, 기해년 정월 29일에 사리를 받들어 맞이하셨다. 원하옵나니, 영원토록 공양하고 다함이 없이 이 선(善)의 근원을 배양하여, 대왕 폐하의 수명은 산악과 같이 견고하고 치세는 천지와 함께 영구하며, 위로는 정법을 넓히고 아래로는 창생을 교화하게 하소서.

정답 *1* 설총 *2* 독서삼품과 *3* 국사 *4* 원효 *5* 일심 사상 *6* 의상 *7* 무령왕릉 *8* 정효 공주 *9* 미륵사지

해커스공무원

gosi.Hackers.com

PART

3

중세 시대

01 중세 사회의 성립

🔗 해커스공무원 임진석 眞한국사 기본서: p.100

1 고려의 후삼국 통일: 10C 초

후백제	후고구려 → 고려	신라, 발해
___¹의 후백제 건국(900, 완산주)		
	· ___²의 후고구려 건국(901, 송악) · ___³의 후백제 나주(금성) 점령, 광평성 시중의 지위 획득 · 궁예의 폭정(미륵불 자처)	
	· 왕건의 ___⁴ 건국(918) · ___⁵으로 천도 / 호족 우대 · ___⁶에 우호, 후백제 공격	
		← ___⁷의 멸망(926, 거란 침입)
· 견훤의 신라 침입, ___⁸ 살해 · ___⁹(대구) 전투(후백제 vs 고려 원군): 후백제 승 ➡		
	← ___¹⁰(안동) 전투(후백제 vs 고려): 고려 승	
후백제 ___¹¹의 반란 → 견훤의 고려 귀순 ➡		
		← 신라 ___¹²이 고려에 항복, 신라 멸망(935)
후백제 멸망(일리천 전투)	← 후삼국 통일(936): 민족의 통합, 지배 세력의 교체	

▲ 고려의 후삼국 통일

2 고려 전기의 중앙 집권화 정책

<table>
<tr>
<td rowspan="13">10C</td>
<td rowspan="9">태조</td>
<td colspan="2">
· **민생 안정책**: ¹³ (조세 감면), ¹⁴ (춘대추납, ≒ 고구려 진대법)
· **호족 회유책**: ¹⁵ 정책(정략 결혼), ¹⁶ 정책, 역분전 지급
· **호족 통제책**: ¹⁷ 제도(인질, ≒ 통일 신라 상수리 제도),
               ¹⁸ 제도(지배 지역에 대한 연대 책임 /부호장 이하의 향리 임명권)
· **북진 정책**: ¹⁹ (평양) 중시, 영토 확장(국경선: 청천강~영흥만), 거란 배척(만부교 사건)
· **숭불 정책**: ²⁰ · ²¹ 중시 / 불교 + 풍수지리(비보사찰 건립)
·   ²² : 후대 왕에게 남긴 유언
</td>
</tr>
<tr>
<td colspan="2">
<table>
<tr><td align="center">**훈요 10조**</td></tr>
<tr><td align="center">불교 진흥 / 풍수지리 사상 / 주체성, 거란 배척 /
북진, 풍수지리설 / 불교 진흥 / 민생 안정</td></tr>
</table>
</td>
</tr>
<tr>
<td colspan="2">· 『   ²³ 』, 『   ²⁴ 』: 관리의 도리 강조</td>
</tr>
<tr>
<td colspan="2">· 연호: 천수</td>
</tr>
<tr><td></td><td></td></tr>
<tr><td></td><td></td></tr>
<tr><td></td><td></td></tr>
<tr><td></td><td></td></tr>
<tr><td></td><td></td></tr>
<tr>
<td>혜종</td>
<td>**왕권 약화**: 왕규의 난</td>
</tr>
<tr>
<td>정종</td>
<td>· 서경 천도 시도
·   ²⁵ **조직**: 거란 침입 대비</td>
</tr>
<tr>
<td>광종</td>
<td>
·   ²⁶ **실시** : 호족의 경제력, 군사력 약화
·   ²⁷ **시행**: 호족의 정치적 권한 약화(²⁸ 건의), 유학 능력에 따라 관리 선발
· 호족 공신 숙청
· **백관의**   ²⁹ **제정**(4색 - 자·단·비·녹): 위계 서열 확립
·   ³⁰ 실시 / 제위보 설치
· **불교 정책**: 왕사, 국사 제도 마련
· **불교 활동**: 균여(귀법사 창건) / 혜거(법안종 수용) / 의통·제관(중국 천태종 부흥에 영향)
·   ³¹ : 황제 칭호 사용(외왕내제) / 연호: ³² 사용 / 황도(개경), 서도(서경)
·   ³³ **과 수교**: 친선 관계
</td>
</tr>
<tr>
<td>경종</td>
<td>·   ³⁴ 전시과 실시</td>
</tr>
</table>

정답   **1** 견훤   **2** 궁예   **3** 왕건   **4** 고려   **5** 송악   **6** 신라   **7** 발해   **8** 경애왕   **9** 공산   **10** 고창   **11** 신검   **12** 경순왕   **13** 취민유도   **14** 흑창   **15** 결혼   **16** 사성   **17** 기인   **18** 사심관   **19** 서경
20 연등회   **21** 팔관회   **22** 훈요 10조   **23** 정계   **24** 계백료서   **25** 광군(사)   **26** 노비안검법   **27** 과거제   **28** 쌍기   **29** 공복   **30** 주현공부법   **31** 칭제 건원   **32** 광덕, 준풍   **33** 송
34 시정

PART 3 중세 시대 | 01 중세 사회의 성립   **69**

10C	**성종**	· [35], [36] 건의 / 5조 정적평([37] 비판)

최승로, 시무 28조
왕권·신권 조화 / 불교 통제 / 중앙 집권 / 유교 정치 이념 / 문화적 주체성

10C	**성종**	· **유교 통치 이념 강조**: [38] 정비 / 지방에 박사 파견 / 비서성, 수서원 설치
		· [39] (춘대추납), 상평창(물가 조절) 설치
		· 2성 6부의 관제 마련 / 문산계, 무산계 정비
		· [40] **실시**: 문치주의 확립
		· [41] **실시**: 광종 때 해방된 노비 중 일부를 되돌림
		· 지방에 [42] 설치, 최초로 [43] 파견 + [44] 마련 / 분사 제도 시행
		· 불교 억제: [45] · [46] 폐지
		· 거란 1차 침입 → 영토 확장(서희의 활약, [47] 획득)
11C	**목종**	· [48] 전시과 실시
		· 강조의 정변으로 폐위
	현종	· **지방 행정 조직 완비**: [49], [50], 경기, 4도호부, 8목
		· 주현공거법 실시
		· 연등회, 팔관회 부활
		· 현화사 창건 / 초조대장경 조판
		· 거란 2차(현종 나주 피난, 양규-흥화진 전투), 3차(강감찬~귀주 대첩) 침입
12C	**문종**	· [51] 전시과 실시
		· 동·서 대비원 설치
		· 삼심제, 삼원신수법, 선상기인법 실시
	숙종	· 해동통보, 동국통보, 삼한통보, 활구(은병) 발행
		· 서적포 설치
		· [52] 편성
	예종	· 7재, 양현고 설치 / 청연각, 보문각 설치
		· 감무 파견
	[53]	· 경사 6학 정비
		· 이자겸의 난, 묘청의 서경 천도 운동
		· 『 [54] 』 편찬(김부식)

02 통치 체제의 정비

🔗 해커스공무원 임진석 眞한국사 기본서: p.107

1 중앙 정치 조직

구분	이름	기능과 성격					
2성	[1]	·정책 결정 최고 기구 · [2] (장관), [3] (2품 이상), [4] (3품 이하)					[12] 영향 + 독자적 운영
	[5]	6부 총괄 집행 기구					
6부	이·병·호· 형·예·공부	[6]	관리 인사 사무	[7]	국방 사무		
		[8]	국가 재정 사무	[9]	법무, 사법 사무		
		[10]	과거, 외교, 교육 사무	[11]	토목 공사 사무		
그 외	[13]	[14] (2품 이상, 군사 기밀), [15] (3품, 왕명 출납, 비서)					[17] 영향
	[16]	단순 회계(≠조선 시대의 삼사)					
	[18]	관리 감찰(≒사정부, 중정대)					
	춘추관	역사 편찬					
	한림원	국왕 교서, 외교 문서 작성					
	보문각	경연, 도서 관리					
	사천대	천문 관측					
재추 회의	[19]	·국방, 군사 문제 회의, 임시 기구 ·충렬왕 때 [20] (도당)로 개칭		중서문하성 [22] + 중추원 [23] : 귀족적 성격 / 독자적 기구			
	[21]	법, 격식 문제 회의					
언론	[24] (대성)	서경권, 간쟁권, 봉박권		중서문하성 [25] + [26]			

정답 1 중서문하성 2 문하시중 3 재신 4 낭사 5 상서성 6 이부 7 병부 8 호부 9 형부 10 예부 11 공부 12 당 13 중추원 14 추밀 15 승선 16 삼사 17 송 18 어사대 19 도병마사 20 도평의사사 21 식목도감 22 재신 23 추밀 24 대간 25 낭사 26 어사대

PART 3 중세 시대 | 02 통치 체제의 정비 71

2 지방 행정 조직

1) 정비 과정

태조 ~ 경종	호족의 직접 지배

↓

⁲⁷	²⁸ 설치, 최초 지방관 파견

↓

²⁹	5도 + 양계 + 경기 / 3경 + 8목 + 4도호부 완성

↓

예종	군·현에 감무 파견

2) 고려의 지방 행정 조직

³⁰ (일반 행정)	· ³¹ 파견: 5도 총괄 · 주·군·현 설치(지방관 파견) · 속군·속현·촌 / 향·부곡·소: 지방관 파견되지 않음 → ³² 가 지방관의 지시를 받아 실질 행정 담당 · [지방관 파견된 주현의 수] < [지방관 파견되지 않은 속군·속현의 수] · ³³ (농업) / ³⁴ (수공업) → 특수 행정 구역(무거운 세금, 차별)
³⁵ (군사 행정)	· 국경 지대에 설치 · ³⁶ 파견: 양계의 군사, 행정권 · 국경 요충지: 진 설치
경기	개경 주변
3경	개경, 서경, 동경 - 동경 → 남경으로 변화, 문종/숙종 때 남경개창도감 설치 - ³⁷ 사상의 영향
8목, 4도호부	· 8목(행정 중심지) · 4도호부(군사 중심지)

▲ 고려의 지방 행정 구역

3 군사 제도

1) 중앙군

	내용
[ ]38	국왕 친위 부대: 응양군, 용호군
[ ]39	수도 경비 + 국경 방어: 좌우위, 신호위, 흥위위, 금오위, 천우위, 감문위

· **중방**: 무관 최고 회의 기구

· 직업 군인으로 구성 ⇒ 군인전 받음, 직역 세습

2) 지방군

[ ]40	5도	예비군	군역(16~60세 양인 남자, 의무병)
[ ]41 (좌군, 우군, 초군 등)	양계	상비군	

3) 기타 특수군

	내용
[ ]42	거란 침입 대비(정종)
[ ]43	· 여진 침입 대비(숙종, 윤관 건의) · 신보군, 신기군, 항마군으로 구성
[ ]44	· 야별초(좌별초, 우별초) + 신의군 · 무신 집권기 권력 배경 ⇨ 몽골에 대한 항쟁으로 성격 변화
[ ]45	왜구 침입 대비(고려 말, 양천혼성)

정답 **27** 성종 **28** 12목 **29** 현종 **30** 5도 **31** 안찰사 **32** 향리 **33** 향·부곡 **34** 소 **35** 양계 **36** 병마사 **37** 풍수지리 **38** 2군 **39** 6위 **40** 주현군 **41** 주진군 **42** 광군(사) **43** 별무반 **44** 삼별초 **45** 연호군

4 관리 등용 제도

1) 과거 제도

문과	[ ] [46]	문장 능력, 우대함	문관 선발	· 시험 자격: [ ] [48]
	[ ] [47]	경전 이해력		· 3년마다 식년시 실시 원칙(대체로 격년시 운영)
잡과	기술관 선발			· 시험관([ ] [49]) + 합격생(문생)
승과	교종시 / 선종시	법계 지급		: 결속, 유대관계 형성

2) 무시험 선발

| [   ] [50] 제도 | · 공신·종실 및 5품 이상 관리의 자손에게 준 특권 |
| | · 무시험, 승진 제한 없음 |

정답 **46** 제술과 **47** 명경과 **48** 양인 **49** 좌주, 지공거 **50** 음서

03 문벌 귀족 사회와 무신 정권

⌘ 해커스공무원 임진석 眞한국사 기본서: p.112

1 문벌 귀족 사회

1) 문벌 귀족 사회의 성립과 발전(문종, 숙종, 예종, 인종)

[1]	· 대호족, 옛 6두품, 신진 관료 출신 / [2] 특권 / 중첩 혼인, 왕실 외척 · 해주 최씨(최충), 파평 윤씨(윤관), 경원 이씨(이자겸), 경주 김씨(김부식) 등

2) 문벌 귀족 사회의 동요

<table>
<tr>
<td rowspan="2">12C</td>
<td>[3] 의 난
(인종, 1126)</td>
<td>· 경원 이씨가 왕실과 거듭된 혼인을 통해 왕권을 위협하는 외척으로 성장, 자신의 생일을 '인수절'로 지정
· [4] 이 금을 세우고 고려에 군신 관계 요구 → 이자겸이 수용(1126)
· 이자겸 + 척준경 반란 → 척준경 배신 → 이자겸의 난 진압 / · 고려 문벌 귀족 사회의 동요</td>
</tr>
<tr>
<td>묘청의 [5] 운동
(묘청의 난, 인종, 1135)</td>
<td>· 인종의 유신지교(15개조 유신령) 반포(1127)
· 금의 사대 요구 수용에 대해 불만 가진 서경파 형성

구분	[6]	[7]
인물	[8] , 한유충	[9] , 정지상
성향	보수, 사대	개혁, 자주
외교	금 사대 [10]	금 사대 [11]
정체성	[12] 계승	[13] 계승
사상	[14]	[15]

· 서경에 [16] 건립, 서경 천도 시도 → 실패
· 묘청이 서경에서 반란(국호: [17] / 연호: [18] / 군: 천견충의군) → 김부식에 의해 진압됨
· [19] : 고려인의 자주의식이 드러난 "일천년래 제일대사건"으로 평가
· **결과**: 왕권 위축 / 문벌 귀족 사회의 대립 심화</td>
</tr>
</table>

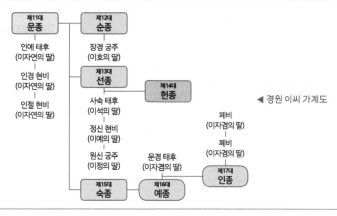

◀ 경원 이씨 가계도

정답 1 문벌 귀족 2 음서, 공음전 3 이자겸 4 여진 5 서경 천도 6 개경파 7 서경파 8 김부식 9 묘청 10 수용 11 반대 12 신라 13 고구려 14 유교 15 풍수지리설 16 대화궁 17 대위 18 천개 19 신채호

PART 3 중세 시대 | 03 문벌 귀족 사회와 무신 정권 75

2 무신 정권

1) 무신 정변(1170)과 무신 정권의 성립

배경: 문신의 무신 차별 ↑(숭문천무)	→	보현원 놀이 → _____²⁰ (1170)발생 → 의종 폐위, 무신의 정권 장악

2) 무신 집권기(명종, 신종, 희종, 고종, 원종) 정권의 변천과 사회의 동요

구분	무신 정권	무신 정권 시기의 봉기
	_____²¹ 집권기 · 무신 정변(정중부, 이의방 등) · 정중부: 이의방 제거 · _____²² 이 권력 독점	· 무신 정권에 대한 반발 : _____²³ (문신), _____²⁴ (서경 유수), 교종 승려의 난(귀법사의 난) · _____²⁵ 의 난(공주 명학소) : 특수 행정 구역 차별·수탈에 저항
12C	**_____²⁶ 집권기** · 경대승: 정중부 제거 · 중방이 권력 독점 · _____²⁷ 설치: 신변 보호, 군사 기구	· 전주 관노의 난(죽동의 난): 천민 가담
	_____²⁸ 집권기 · 이의민: 경주 _____²⁹ 출신 · 중방이 권력 독점	· _____³⁰ 의 난 : 농민 수탈 저항 + 신라 부흥 표방 (운문과 초전 / 이의민과 연대)
13C	**_____³¹ 집권기: 최씨 정권 시작** · 최충헌: 이의민 제거 · _____³² 개혁안 제시 · _____³³ 책봉 / _____³⁴ 설치 · _____³⁵ 설치: 최고 정무 기구로 발전 · 도방 재설치 / 선종 후원, 교종 탄압	· _____³⁶ 의 난(개경): 신분 해방 운동 · 이비·패좌의 난(신라, 경주), 최광수의 난(고구려, 서경) : 삼국 부흥 운동

13C	³⁷ **집권기: 몽골 침입 시작**	
	· 교정도감: 최고 기구 · ³⁸ 설치: 인사 기구 · ³⁹ 설치: 문신 등용 기구 · ⁴⁰ , 마별초 조직: 군사 기반 · 몽골 침입 → 강화도 천도, 팔만대장경 조판	· 이연년 형제의 난(백제, 담양): 삼국 부흥 운동

최씨 정권 몰락, 이후 무신 정권

집권자: 김준, 임연, 임유무 → 개경 환도(1270): 무신 정권 몰락

1170	1174	1179	1183	1196	1219	1249	1257	1258	1268	1270
이의방	정중부	경대승	이의민	최충헌	최우	최항	최의	김준	임연	임유무

중방   교정도감   교정도감·정방

▲ 무신 정권의 변천과 권력 기구

정답 **20** 무신 정변 **21** 정중부 **22** 중방 **23** 김보당 **24** 조위총 **25** 망이·망소이 **26** 경대승 **27** 도방 **28** 이의민 **29** 천민 **30** 김사미·효심 **31** 최충헌 **32** 봉사 10조 **33** 진강후 **34** 흥녕부 **35** 교정도감 **36** 만적 **37** 최우 **38** 정방 **39** 서방 **40** 삼별초

PART 3 중세 시대 | 03 문벌 귀족 사회와 무신 정권 **77**

1. [　　　　　^1] **제도** p.69

신라왕 김부가 항복하였으므로 신라국을 없애고 김부를 경주의 사신관(事審官)으로 삼아 부호장 이하 관직자들의 일을 살피도록 하였다. 이에 여러 공신에게도 이를 본받아 각각 그 고향의 사심관으로 삼으니, 사심관은 이에서 비롯되었다.

2. [　　　　　^2] **제도** p.69

국초에 향리의 자제를 인질로 삼고, 또 그 고향의 일에 고문으로 삼으니 이를 기인(其人)이라 하였다.

3. [　　　　　^3] **(태조 왕건)** p.69

첫째, 국가의 대업이 제불(諸佛)의 호위와 지덕(地德)에 힘입었으니 불교를 잘 위할 것.
둘째, 사사(寺社)의 쟁탈·남조(濫造)를 금할 것.
셋째, 왕위 계승은 적자적손을 원칙으로 하되 장자가 불초할 때에는 인망 있는 자가 대통을 이을 것.

넷째, 거란과 같은 야만국의 풍속을 배격할 것.
다섯째, 서경을 중시할 것.
여섯째, 연등회·팔관회 등의 중요한 행사를 소홀히 다루지 말 것.
⋮
열째, 널리 경사(經史)를 보아 지금을 경계할 것.

4. [　　　　　^4] **(광종)** p.69

노비가 된 자를 조사해서 옳고 그름을 분명히 밝히도록 명령하였다. 이 때문에 주인을 배반하는 노비들을 도저히 억누를 수 없었으므로, 주인을 업신여기는 풍속이 크게 유행하였다. 사람들이 다 수치스럽게 여기고 원망하였다. 왕비도 간절히 말렸지만 받아들이지 않았다. - 『고려사절요』

5. 최승로의 [　　　　　^5] **비판** p.70

경신년부터 을해년에 이르기까지 16년간은 간악한 자들이 앞을 다투어 진출하여 참소가 크게 일어나니 군자는 몸 둘 곳이 없고 소인은 제 뜻대로 되었다. 드디어 자식이 부모를 거역하고 노예가 그 주인을 고소하기까지 하여 상하가 마음을 합치지 못하고 여러 신하들이 실망하여 옛 신하들과 이름난 장수들은 차례로 살육 당하고 골육 친척들도 또한 모두 멸망 당하였다.

6. 최승로의 [　　　　　^6] **(성종)** p.70

7조 국왕이 백성을 다스림은 집집마다 가서 날마다 일을 보는 것이 아닙니다. …… 청컨대 외관을 두소서.
11조 그 예악 사서의 가르침과 군신 부자의 도리는 마땅히 중국을 본받아 비루한 것은 고치도록 하고, 그 밖의 거마 의복의 제도는 우리의 풍속을 따르게 하여 사치함과 검소함을 알맞게 할 것이며 구태여 중국과 같이 할 필요가 없습니다.
13조 우리나라에서는 봄에 연등회를, 겨울에는 팔관회를 베풀어 사람을 많이 동원하여 힘든 일을 시키니, 이를 줄여서 백성이 힘을 펴게 하십시오.
20조 불교를 행하는 것은 수신의 근본이요, 유교를 행하는 것은 치국의 근원입니다. 수신은 곧 내생에 복을 구하는 일이며, 나라를 다스리는 것은 오늘 바로 힘쓸 바입니다. 오늘은 지극히 가깝고 내생은 지극히 먼 것인데, 가까움을 버리고 지극히 먼 것을 구함은 또한 잘못이 아니겠습니까

7. ☐⁷**의 난** p.75

왕이 어느 날 홀로 한참 동안 통곡하였다. 이자겸의 십팔자(十八字)가 왕이 된다는 비기(秘記)가 원인이 되어 왕위를 찬탈하려고 독약을 떡에 넣어 왕에게 드렸던바, 왕비가 은밀히 왕에게 알리고 떡을 까마귀에게 던져주었더니 그 까마귀가 그 자리에서 죽었다. ─「고려사」

8. ☐⁸**의 난** p.75

임술일에 왕이 다음과 같은 조서를 내렸다. "…… 나에게 불평을 품은 나머지 당돌하게 병란을 일으켜 관원들을 잡아 가두었으며 천개(天開)라는 연호를 표방하고 군호를 충의(忠義)라고 하였으며 공공연히 병졸들을 규합하여 서울을 침범하려 한다. 사변이 뜻밖에 발생하여 그 세력을 막을 도리가 없다." ─「고려사」

9. 신채호의 ☐⁹ **평가** p.75

실상은 이 전역이 낭(郞), 불(佛) 양가 대 유가(儒家)의 싸움이며, 국풍파 대 한학파의 싸움이며, 독립당 대 사대당의 싸움이며, 진취 사상 대 보수 사상의 싸움이니, 묘청은 곧 전자의 대표요, 김부식은 후자의 대표였던 것이다. 이 전역에서 묘청 등이 패하고 김부식이 승리하였으므로 조선의 역사가 사대적, 보수적, 속박적 사상, 즉 유교 사상에 정복되고 말았거니와, 만일 이와 반대로 김부식이 패하고 묘청 등이 승리하였더라면 조선사가 독립적, 진취적 방면으로 진전하였을 것이니, 이 전역을 어찌 '일천년래 제일대사건' 이라 하지 아니하랴. ─「조선사연구초」

10. ☐¹⁰**의 난** p.76

"우리 고을을 승격하여 현으로 만들고 또 수령을 두어 무마시키더니, 다시 군사를 동원하여 와서 치고 우리 어머니와 처를 붙잡아 가두니 그 뜻이 어디에 있는가? 차라리 창칼 아래 죽을지언정 끝내 항복하여 포로가 되지는 않을 것이며, 반드시 서울에 이른 연후에 그만둘 것이다."

11. ☐¹¹**의 집권** p.76

최충헌은 임금을 폐하고 세우는 것을 자기 마음대로 하였으며, 항상 조정 안에 있으면서 자기 부하들과 함께 가만히 정안(政案, 관리들의 근무 성적을 매긴 것)을 가지고 벼슬을 내릴 후보자로 자기 당파에 속하는 자를 추천하는 문안을 작성하고, 승선이라는 벼슬아치에게 주어 임금께 아뢰게 하면 임금이 어쩔 수 없이 그대로 쫓았다. ─ 이제현, 「역옹패설」

12. ☐¹²**의 난** p.76

국가에는 경계의 난 이래로 귀족 고관들이 천한 노비들 가운데서 많이 나왔다. 장수들과 재상들의 씨가 따로 있는 것이 아니다. 때가 오면 아무나 할 수 있는 것이다. 우리라고 해서 어찌 힘든 일에 시달리고 채찍질 아래에서 고생만 하고 지내야겠는가? …… 궁중 노비들은 안에서 숙청할 자들을 숙청하고, 우리들은 성 안에서 봉기하여 먼저 최충헌을 죽인 후 이어 각각 그 상전들을 죽이고 천적을 불살라 버려 삼한에 천인을 없애자. 그러면 공후장상을 우리 모두 할 수 있을 것이다.

정답 **1** 사심관 **2** 기인 **3** 훈요 10조 **4** 노비안검법 **5** 광종 **6** 시무 28조 **7** 이자겸 **8** 묘청 **9** 서경 천도 운동 **10** 망이·망소이 **11** 최충헌 **12** 만적

04 고려 후기의 정치 변동

⌁ 해커스공무원 임진석 眞한국사 기본서: p.117

1 영토 상실과 원 간섭기의 정치적 변화

1) 영토 상실

· 최우의 강화도 천도(1232) ⇨ 30년 간 항쟁 ⇨ 강화 체결, 개경 환도(1270) ⇨ 원 간섭기

영토 상실	¹	고종(개경환도 이전) ~ 공민왕: 철령 이북(화주)
	²	원종(개경환도 이후) ~ 충렬왕: 자비령 이북(서경)
	³	원종(개경환도 이후) ~ 충렬왕: 제주도

2) 원 간섭기 정치적 변화

관제 격하 및 개편	원의 ⁴	· 고려 국왕은 원 공주와 결혼 → 원 황제의 사위 · 왕 칭호에 '충(忠)'자를 붙임	
	왕실 용어 격하	· 조(祖), 종(宗) → 왕(王) / 폐하 → 전하 · 태자 → 세자 / 짐(朕) → 고(孤)	
	⁵	도병마사 → 도평의사사(최고 권력 기구)	
	1부 4사	· 2성 → ⁶ / 6부 → 4사 · 4사: 전리사(이부·예부), 군부사(병부), 판도사(호부), 전법사(형부)	
	기타 조직 개편	중추원 → ⁷ / 어사대 → 감찰사	
내정 간섭	⁸	· 일본 원정을 위해 설치 → 실패, 이후 내정 간섭 기구화 · 정동행성 이문소	
	⁹	순마소	¹⁰
	감찰관	감찰 기관	군사 간섭 기구
분열 정책	독로화	심양왕	중조
	고려 세자 등을 인질로 삼아 원에 머물도록 함	고려 왕족이 만주 지역을 관할, 고려 왕실 분열 목적	왕의 폐위와 즉위 반복
수탈	¹¹		응방
	고려 여자를 공녀로 징발		매를 징발

2 원 간섭기 고려의 개혁 정치

13C	**충렬왕**	· 제국대장 공주와 혼인, 아들 - 충선왕 · 전민변정도감 설치 / 편민 18사 건의(홍자번) · 성리학 수용: 안향
	충선왕	· _____ [12] 설치 / 정방 폐지 · 소금 _____ [13] (각염법) 실시 · 재상지종 발표 · 원에 _____ [14] 설치(학술 교류): 이제현
	충숙왕	· _____ [15] 설치
	충목왕	· _____ [16] 설치
14C	**공민왕**	· 14세기 원·명 교체기 → 반원 정책 추진 · **반원 자주 정책**: _____ [17] 등 친원파 제거 / _____ [18] 폐지 / _____ [19] 금지 / _____ [20] 공격 → 철령 이북 수복, 요동 정벌 · **왕권 강화책**: _____ [21] 폐지 　　_____ [22] 설치(_____ [23] 주도, 권문세족의 경제 기반 약화 목적) · **신진 세력 육성**: _____ [24] 개편 / 신진 사대부 성장: 이색

	권문세족	신진 사대부
관직 진출	고관 자제 → _____ [25]	_____ [26] 출신 → 과거제
경제 기반	_____ [27], 농민 수탈	중소 지주
사상	불교, 티벳 불교(라마교)	_____ [28]
성향	보수, _____ [29]	개혁, 친명

14C	**공민왕**	· 흥왕사의 변 발생(김용의 난) · _____ [30] 침입 → 신흥 무인 세력 성장
	우왕	· _____ [31] 침입 → 신흥 무인 세력 성장

정답 **1** 쌍성총관부 **2** 동녕부 **3** 탐라총관부 **4** 부마국 **5** 도평의사사 **6** 첨의부 **7** 밀직사 **8** 정동행성 **9** 다루가치 **10** 만호부 **11** 결혼도감 **12** 사림원 **13** 전매제 **14** 만권당
15 찰리변위도감 **16** 정치도감 **17** 기철 **18** 정동행성 이문소 **19** 몽골풍 **20** 쌍성총관부 **21** 정방 **22** 전민변정도감 **23** 신돈 **24** 성균관 **25** 음서 **26** 향리 **27** 대농장
28 성리학 **29** 친원 **30** 홍건적 **31** 왜구

3 고려의 멸망(우왕, 창왕, 공양왕 – 14C 말)

- ᵃ² 이 철령위 설치 통보(철령 이북 영토 차지) → ᵃ³ 정벌 결정(최영, 우왕)

ᵃ⁴ 의 ᵃ⁵ (4불가론)	신진 사대부 군사적 기반 확보	⇒ 권문세족 몰락
↓		⇒ ᵃ⁸
ᵃ⁶ 제거, 우왕·창왕 폐위, 공양왕 옹립(폐가입진)	신진 사대부 정치적 기반 확보	+ ᵃ⁹
↓		
ᵃ⁷ 공포(전제 개혁)	신진 사대부 경제적 기반 확보	

➡ **신진사대부의 분열**: 급진파(정도전)와 온건파(정몽주)의 분화

➡ 급진파가 온건파를 제거(이방원이 정몽주를 제거)하고 조선 건국(1392)

05 고려의 대외 항쟁

🔗 해커스공무원 임진석 眞한국사 기본서: p.122

1 거란과의 충돌(10C 말 ~ 11C 초)

1) 고려의 대외 정책: 북진 정책(태조) + 친송 정책(광종)

2) 거란 침입의 과정: 격퇴 위해   ¹ 조판

침입	왕	원인	활약·결과
1차 (993)	²	고려의 북진 정책, 친송 정책 (거란 - 송의 배후 제거 목적)	³ 의 외교 담판 → ' ⁴ ' 획득(압록강)
2차 (1010)	⁵	강조의 정변(1009)	· 개경 함락 / 현종이 ⁶ 로 피난 / ⁷ 의 활약 · 거란의 현종 친조 요구 → 강화 체결
3차 (1018)	⁸	고려의 친조 거부, 강동 6주 반환 거부	· ⁹ 의 ¹⁰ 대첩(1019) · 고려, 송, 거란(요) 간의 세력 균형 → 평화 유지 · 결과: ¹¹ 축조(개경 주위), ¹² 축조(국경: 압록강~도련포)

2 여진과의 충돌(12C 초)

고려	여진
	⇐ 고려를 부모의 나라로 따르며 섬김 → 부족의 통일, 고려 침입

· 고려 패배 → 윤관의 건의로   ¹³ (¹⁴ ,
       ¹⁵ ,   ¹⁶) 조직(숙종, 1104)
· 윤관이 별무반을 이끌고 여진 정벌
   → ¹⁷ 축조(예종, 1107) ⇒	

	· ¹⁸ 건국(1115) ⇐ · 거란 정벌 / 송 몰아냄(송 → 남송) · 고려에 군신 관계(사대의 예) 요구(1125)
¹⁹ 이 금의 사대 요구 수락(1126), ²⁰ 정책 중단 ⇒	

정답 **1** 초조대장경 **2** 성종 **3** 서희 **4** 강동 6주 **5** 현종 **6** 나주 **7** 양규 **8** 현종 **9** 강감찬 **10** 귀주 **11** 나성 **12** 천리장성 **13** 별무반 **14** 신보군 **15** 신기군 **16** 항마군 **17** 동북 9성 **18** 금 **19** 이자겸 **20** 북진

3 몽골과의 충돌(13C)

1) _____²¹ 의 역: 고려와 몽골 연합(거란 격파)

2) 몽골의 침입

• **원인**: 몽골의 지나친 공물 요구, 몽골 사신 _____²² 피살

침입	원인·경과	결과·피해
1차 (1231)	· 귀주성 전투(박서) · 충주성 전투: 노군, 잡류군(하층민)	몽골 요구 수용
2차 (1232)	· _____²³ 천도(_____²⁴, 1232) → 몽골의 개경 환도 요구 · _____²⁵ 전투(_____²⁶) : 부곡민(하층민) 합세, _____²⁷ 사살	_____²⁸, 속장경 소실
3차 (1235)	몽골군 경주까지 남하	· _____²⁹ 소실 · _____³⁰ (재조대장경) 조판 시작
4~6차 (~1270)	충주성 김윤후, 충주 다인철소(하층민)의 항쟁	최씨 정권 몰락 → 김준 집권 → 몽골과 강화(고종, 1259) → 임연, 임유무 집권 → 임유무 제거, _____³¹ 환도(원종, 1270)

3) 개경 환도 반대: 삼별초의 항쟁(1270~1273)

	_____³²
조직	_____³³ 가 야별초 조직(본래 치안 유지 목적) → 좌별초, 우별초로 분리 + _____³⁴ (몽골에 포로로 잡혀갔다 돌아온 고려인 부대 편성) → 삼별초(좌별초, 우별초, 신의군)로 확대·정비
개경 환도 반대, 대몽 항쟁	· _____³⁵, _____³⁶ 이 지휘하며 대몽 항쟁 전개 · 강화도 ⇨ _____³⁷ (용장성) ⇨ _____³⁸ (항파두리성) · 독자 정부를 구성하여 일본에 국서를 보내기도 함

4) 공민왕의 반원 정책: _____³⁹ 공격, 철령 이북 수복 + 영토 확장

4 홍건적과 왜구의 침입(14C 후반)

1) 홍건적과 왜구의 침입

	[40]		[41]
공민왕	· 1차 침입(1359): 서경 점령 · 2차 침입(1361): 개경 함락 　→ [42]이 [43]으로 피난	**우왕 ~ 창왕**	· [44] 대첩(1376): 최영 · [45] 대첩(1380): 최무선, 화포 · [46] 대첩(1380): 이성계 · 관음포 대첩(1383): 정지 · [47] 정벌(1389): 박위

2) 신흥 무인 세력·신진 사대부의 성장과 고려의 멸망

명의 [48] 설치 통고 → [49] 정벌 추진 → [50] (1388)

→ 폐가입진 → [51] 시행(1391) → 조선 건국(1392)

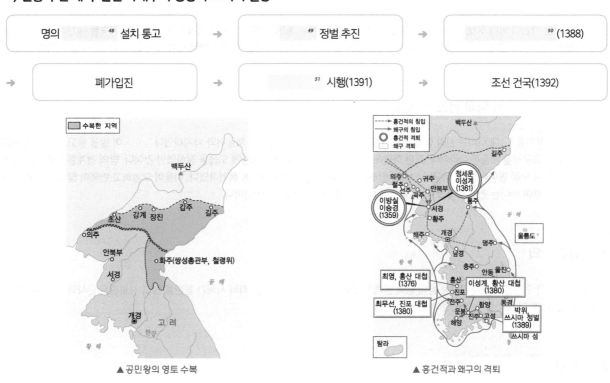

▲ 공민왕의 영토 수복

▲ 홍건적과 왜구의 격퇴

---

1. [⬜¹]**의 일대기** p.81

휘(諱)는 장(璋)이고, 몽고의 휘는 익지례보화이다. 선왕의 맏아들이며 어머니는 제국대장공주이다. 을해년 9월 정유일에 출생하였다. 성품이 총명하고 굳세며 결단력이 있었다. 이로운 것을 일으키고 폐단을 제거하여 시정에 그런대로 볼 만한 것이 있었으나 부자 사이는 실로 부끄러운 일이 많았다. 오랫동안 상국(上國)에 있었는데, 스스로 귀양가는 욕을 당하였다. 왕위에 있은 지 5년이며, 수는 51세였다.   - 「고려사절요」

2. [⬜²]**시기의 전민변정도감 (신돈)** p.81

신돈이 전민변정도감을 두기를 청하였다. …… "요즈음 기강이 크게 무너져서 탐욕스러움이 풍속으로 되었다. …… 돌려주라고 판결한 것도 그대로 가졌으며, 양민을 노예로 삼고 있다. …… 기한이 지났는데도 고치지 않고 있다가 발각되면 조사하여 엄히 다스릴 것이다." 이 명령이 나오자 권세가가 뺏은 땅은 주인에게 돌려주므로 안팎이 기뻐하였다.

3. [⬜³]**사건 (태조)** p.83

10월에 거란 사신이 낙타 50필을 가지고 왔다. 태조가 "거란은 발해와 동맹을 맺고 있다가 갑자기 의심을 품어 약속을 배신하고 그 나라를 멸망시켰다." …… 국교를 단절하고 그 사신 30명은 섬으로 귀양을 보냈으며, 낙타는 만부교 아래에 매어 두었더니 모두가 굶어 죽었다.

4. [⬜⁴]**의 외교 담판 (성종)** p.83

소손녕이 말하기를 "그대 나라는 신라 땅에서 일어났고, 고구려 땅은 우리 땅인데 쳐들어와 차지하였다." …… 이 말을 듣고 서희가 말하였다. "우리나라는 고구려를 계승한 나라이다. 그런 까닭에 나라 이름을 고려라 하고 평양에 도읍을 정하였던 것이다. 땅의 경계를 논한다면 그대 나라의 동경도 다 우리 땅이다. …… 더구나 압록강 안팎은 우리나라 땅이지만 여진이 점거하였다. 이들이 교활하고 변덕이 많아 길을 막아서 통하지 못하게 하여 바다는 건너는 것 보다 더 어렵게 되었다. 조빙을 못함은 여진 탓이다."

5. **강감찬의** [⬜⁵] p.83

거란의 군사가 귀주를 지나니 강감찬 등이 동쪽 들에서 맞아 싸웠는데, …… 죽은 적의 시체가 들판을 덮고 사로잡은 군사와 말, 낙타, 갑옷, 투구, 병기는 이루 다 헤아릴 수가 없었다.

6. **윤관,** [⬜⁶] **편성** p.83

"신이 오랑캐에게 패한 것은 그들은 기병인데 우리는 보병이라 대적할 수 없었기 때문이었습니다." 이에 왕에게 건의하여 새로운 군대를 편성하였다. 문·무 산관, 이서, 상인, 농민들 가운데 말을 가진 자를 신기군으로 삼았고, 과거에 합격하지 못한 20살 이상 남자들 중 말이 없는 자를 모두 신보군에 속하게 하였다. 또 승려를 뽑아서 항마군으로 삼았다.

7. ☐☐☐☐☐☐☐[7] 의 반환 p.83

여진의 추장들은 땅을 돌려달라고 떼를 쓰면서 해마다 와서 분쟁을 벌였다. …… 이에 왕은 신하들을 모아 의논한 후에 그들의 요구에 따라 9성을 돌려주었다.

8. ☐☐☐☐☐[8] 의 군신 관계 요구 수용 p.83

인종 4년, 대부분의 신하들은 사대를 할 수 없다고 주장하였다. 이자겸과 척준경이 말하였다. '옛날에 금은 소국으로 거란과 우리를 섬겼다. 하지만 지금은 갑자기 강성해져서 거란과 송을 멸망시키고, 정치적 기반을 굳건히 함과 동시에 군사력을 강화하였다. 또 우리 영토가 맞닿아 있으므로 정세가 사대하지 않을 수 없게 되었다. 작은 나라가 큰 나라를 섬기는 것은 선왕의 법도이다. 마땅히 먼저 사신을 보내어 예를 닦는 것이 옳다.' 인종이 이 건의를 받아들였다.

9. 저고여 피살 (☐☐☐☐[9] 침입의 계기) p.84

사신으로 온 저고여는 수달피 1만 령, 가는 명주 3천 필, 가는 모시 2천 필 등을 요구하였다. 저고여가 돌아가는 길에 압록강 부근에서 피살되는 사건이 일어나자 살리타가 대군을 이끌고 침입하였다.

- 『고려사절요』

10. ☐☐☐☐☐[10] 의 활약 p.84

몽골병이 이르자 윤후가 처인성으로 난을 피하였는데, 몽골의 원수 살리타가 와서 성을 치매 윤후가 그를 사살하였다. 왕은 그 공을 가상히 여겨 상장군의 벼슬을 주었으나 이를 사양하고 받지 않았다.

- 『고려사』

11. ☐☐☐☐[11] 의 진포대첩 p.85

왜구가 500여 척의 함선을 이끌고 진포로 쳐들어와 충청·전라·경상 3도 연해의 주군을 돌며 약탈과 살육을 일삼았다. 고려 조정에서는 최무선이 만든 화포로 왜선을 모두 불태워버렸다.

- 『고려사』

12. ☐☐☐☐[12] 의 사불가론 p.85

"내(우왕)가 요동을 공격 하고자 하니, 경은 마땅히 힘을 다하라" 태조는 대답하기를 "지금 정벌하는 것에 네 가지 불가한 점이 있습니다. 소(小)로써 대(大)를 거역하는 것이 첫째 불가한 것이고, 농사철에 군사를 일으킴이 둘째 불가한 것이며, 요동을 공격하게 되면 왜구에게 침입할 틈을 주게 되는데 이 점이 셋째 불가한 것입니다. 게다가 지금은 여름철이라서 비가 자주 내리므로 아교가 녹아 활이 눅고, 군사들은 질병을 앓을 것입니다. 이 점이 넷째 불가한 것입니다"라고 하니, 우왕은 그 말을 옳다고 여겼다.

정답 **1** 충선왕 **2** 공민왕 **3** 만부교 **4** 서희 **5** 귀주대첩 **6** 별무반 **7** 동북 9성 **8** 금(여진) **9** 몽골 **10** 김윤후 **11** 최무선 **12** 이성계

PART 3 중세 시대 해커스공무원 **임진석 眞한국사** 시크릿 노트

06 고려의 토지 제도

🔗 해커스공무원 임진석 眞한국사 기본서: p.130

1 역분전(태조): ⬜⬜⬜⬜⬜ [1] (공로 + 인품)

2 전시과

1) 원칙: 전지와 시지에 대한 ⬜⬜⬜ [2] 지급 / ⬜⬜ [3] 토지 대상 / 원칙적으로는 세습 불가

2) 변천

⬇ 광종: 4색 공복 제정, 위계 서열 확립

[4] 전시과([5])	⬜⬜⬜ [6] + ⬜⬜⬜ [7] 관리	관직 + [8] 고려

⬇ 성종: 문산계·무산계 정비, 문치주의 전통 확립

[9] 전시과([10])	[11] + ⬜⬜⬜ [12] 관리	· 인품 배제, 관직만을 고려 · 실직 > 산직 · 문신 > 무신 · 한외과 마련

⬇ 현종: 거란 침입 격퇴, 국가 체제 완비

[13] 전시과([14])	⬜⬜⬜ [15] 관리	· 무신 차별 완화 · 공음전 신설 · [16] 폐지

시기		등급	1	2	3	4	5	6	7	8	9	10	11	12	13	14	15	16	17	18	
경종 (976)	시정 전시과	전지	110	105	100	95	90	85	80	75	70	65	60	55	50	45	42	39	36	33	⬇ 갈수록 지급액 감소
		시지	110	105	100	95	90	85	80	75	70	65	60	55	50	45	40	35	30	15	
목종 (998)	개정 전시과	전지	100	95	90	85	80	75	70	65	60	55	50	45	40	35	30	27	23	20	
		시지	70	65	60	55	50	45	40	35	33	30	25	22	20	15	10				
(문종) (1076)	경정 전시과	전지	100	90	85	80	75	70	65	60	55	50	45	40	35	30	25	22	20	17	
		시지	50	45	40	35	30	27	24	18	15	12	10	8	5						

▲ 전시과 토지 지급 액수(단위: 결)

3) 토지의 종류

공전	[17]	왕실 경비 충당
	[18]	관청 경비 충당
사전 - 수조권	[19]	관직에 따라 18등급으로 구분하여 차등 지급, 세습 불가
	[20]	5품 이상의 관리에게 지급, 세습 가능
	[21]	6품 이하 관리 자제로 관직에 오르지 못한 자에게 지급, 신분 유지 목적
	[22]	하급 관리와 군인의 유가족에게 지급
	[23]	중앙 군인(직역 세습)에게 지급
	[24]	향리(직역 세습)에게 지급
사원전	사원 경비 충당	
공신전	공신에게 지급, 세습	
별사전	승려, 풍수지리업자에게 지급	

4) 민전

[25] (사전 - 소유권)	· 매매, 상속, 기증, 임대 가능한 사유지 · 조세: 생산량의 10분의 1 수취

3 고려 후기 토지 제도의 변화

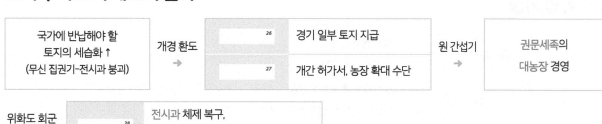

정답 1 논공행상 2 수조권 3 전국 4 시정 5 경종 6 전직(산직) 7 현직(실직) 8 인품 9 개정 10 목종 11 전직(산직) 12 현직(실직) 13 경정 14 문종 15 현직(실직) 16 한외과
17 내장전 18 공해전 19 과전 20 공음전 21 한인전 22 구분전 23 군인전 24 외역전 25 민전 26 녹과전 27 사패전 28 과전법 29 신진 사대부

PART 3 중세 시대 | 06 고려의 토지 제도 **89**

07 고려의 수취 제도와 경제 정책

🔗 해커스공무원 임진석 眞한국사 기본서: p.134

1 수취 제도

¹ (토지세)	· 토지 비옥도에 따라 3등급으로 구분 · 생산량 기준 10분의 1 수취
² (호세)	상공(정기) / 별공(수시)
³	정남(16~60세 남자) ⇒ 군역 / 요역

2 지대

지대	소작농이 지주에게 납부 – 공전의 경우: 수확량의 4분의 1 납부 – 사전의 경우: 수확량의 2분의 1 납부

3 국가 재정 운영

호부	작성 →	**⁴**	토지 대장, 20년마다	관리 →	삼사
		⁵	호구 장부, 3년마다		

4 농업 기술

⁶ (깊이갈이)· **⁷**	· 경작 토지 증가 · 휴경지 극복 시작
⁸ (모내기법)	· 생산력 증대, 노동력 절감 · 남부 지방 일부 보급, 정부는 장려하지 않음
⁹	· 2년 3작(조, 보리, 콩) · 고려 시대에 보급 시작

5 수공업

고려 전기	관청 수공업	농민들을 부역으로 동원 / 수공업자(공장안 등록)
	소 수공업	특수 행정 구역에서 생산
고려 후기	사원, 민간 수공업	부업의 형태로 생산

6 상업

1) 상업

상점	___10___	수도(개경) 상점가
	관영 상점	주요 대도시에 설치

· ___11___ : 시전의 상행위 감독 관청(문종)

· **전매제**: 소금 전매제(충선왕), 재정 수입 증대 목적

2) 화폐

___12___	___13___	최초 화폐, 철전·동전
___14___ 통보·중보, ___15___ 통보·중보, 동국통보·중보	___17___ (의천 건의, 주전도감)	동전
___16___		은병
쇄은	충렬왕	은 무게 단위
___18___	공양왕	보초(원 지폐)의 영향, 최초 지폐

⇨ 모두 유통 실패

▲ 건원중보   ▲ 활구

정답 **1** 조세 **2** 공물 **3** 역 **4** 양안 **5** 호적 **6** 심경법 **7** 시비법 **8** 이앙법 **9** 윤작법 **10** 시전 **11** 경시서 **12** 건원중보 **13** 성종 **14** 해동 **15** 삼한 **16** 활구 **17** 숙종 **18** 저화

08 고려의 경제 생활

🔗 해커스공무원 임진석 眞한국사 기본서: p.136

1 백성들의 생활

귀족	경제적 기반: 과전, 공음전 등 + 녹봉 + 외거 노비의 신공 + 농장
농민	· **농민의 기반**: 민전(자영농, 소유권 인정된 토지) · **토지 개간**: 황무지 개척 시 혜택 부여, 저습지·간척지 개간(¹ 피난 시기에 활발) · **빈민 구제 기금**: ²
수공업자·상인	고려 후기 민간 상업과 수공업의 발달

2 무역 활동

송	· 고려 대외 무역 중 가장 큰 비중 차지: 광종 이후 친송 정책	
	수출품	금, 은, 인삼, 나전칠기, 화문석
	수입품	비단, 서적, 자기, 차, 향신료
	·『 ³ 』: 인종 때 고려를 방문한 송 사신 서긍이 저술, 고려 청자 등 소개	
일본	수출품	인삼, 식량
	수입품	수은, 황
거란·여진	수출품	농기구, 식량, 포목
	수입품	은, 모피, 말
아라비아 (대식국)	· 고려에 수은·향료·산호 등 판매 · 고려(Corea)의 이름이 서방 세계에 전파	
벽란도	고려 시대 국제 무역항	

▲ 고려의 대외 교류

09 고려의 신분 제도

🔗 해커스공무원 임진석 眞한국사 기본서: p.140

1 고려의 신분 구조

귀족	· <u> </u>¹, 공음전으로 특권 유지(5품 이상), <u> </u>² 형 대상				
	· 문벌 귀족(음서, 공음전) → 무신 → 권문세족(음서, 대농장) → 신진 사대부				

중류층		³	중앙 관청의 말단 서리	군반	하급 장교
		⁴	궁중 실무 관리	역리	지방의 역 관리
		⁵	지방 행정 실무 관리		
	· 직역 세습				
	· 상층 향리: 호족 출신, <u> </u>⁶ (향리 우두머리)과 <u> </u>⁷ 배출				

양민	· 대다수는 농민: <u> </u>⁸ 으로 칭함(≠조선의 백정)
	· <u> </u>⁹ 의 주민: 양인이나 차별 받음, 과거 응시 불가, 거주 이전 자유 X

천민	· 공노비(입역 노비, 외거 노비)
	· 사노비(솔거 노비, 외거 노비)
	· <u> </u>¹⁰ 노비: 재산 축적, 신분 상승 가능, 신공 바침
	· <u> </u>¹¹ (부모 중 한쪽만 노비여도 자식은 노비)
	· <u> </u>¹² (노비 자식은 어머니의 소유주에 귀속)

2 고려 신분 제도의 특징

① **개방적 사회:** 제한적이나 신분 상승 가능

② **성, 본관의 일반화**

10 백성들의 생활 모습과 고려 후기 사회 변화

⟋ 해커스공무원 임진석 眞한국사 기본서: p.144

1 향도

⁷ (농민 공동 조직)	본래 ___ ² 신앙 조직(매향, 사천 매향비) ↓ 점차 마을 공동 노동 조직으로 발전

2 사회 시책과 제도

³, ⁴	⁷	⁹	의료	기타
· ___⁵ 가 흑창 설치 → 성종이 의창으로 개편 · 춘대추납 기구 · 고구려 ___⁶ 과 유사	· ___⁸ 설치 · 빈민 구제 기금	· 성종 설치 · 물가 조절 기구	· ___¹⁰ : 진료, 구휼 · ___¹¹ (예종): 약 조제 · 구제도감(예종)·구급도감: 재해 발생시 임시 기관	· 학보(태조) · 광학보(정종) · 금종보(현종) · 팔관보(문종)

3 법률과 풍속

법률	형법	· ___¹², 유교 윤리 반영 · 태형, 장형, 도형, 유형, 사형 + 벌금형, ___¹³
	민법	관습법을 따름
풍속	상장 제례	· **정부 의도**: 유교적 규범에 따른 의례를 장려 · **실제**: 토착 신앙과 융합된 불교 전통 의식 + 도교 풍속이 행해짐
	¹⁴	순수 불교 행사, 전국적으로 시행
	¹⁵	· 여러 신앙의 결합 · 개경·서경에서 개최 → 타국 사신과 상인 방문

4 혼인과 여성의 지위

혼인	·일부일처제 + 신랑이 신부집에서 결혼 생활 ·원 간섭기: ___¹⁶ 차출 → ___¹⁷의 유행 　　　　　 근친혼(동성혼, 족내혼) 유행
여성의 지위	·재산 상속에서 남녀 권리 ___¹⁸ / 사위·외손자에게도 음서 혜택 부여 / 딸도 제사 담당 가능 ·여성 호주 가능 / 여성의 재가 가능 ⇒ 정치 활동을 제외하고 남성과 대부분 대등

5 고려 후기 사회 변화

무신 집권기	·하극상과 ___¹⁹ 해방 운동 발생: 이의민 등 천민 출신 권력자 등장 → 만적의 난(개경) ·농민 수탈: 김사미·효심의 난(운문, 초전) · ___²⁰ 차별·수탈: 망이·망소이의 난(공주 명학소 → 충순현으로 승격됨) · ___²¹ 운동으로 발전 : 최광수(고구려, 서경), 이연년 형제(백제, 담양), 이비·패좌(신라, 경주)의 난
몽골 침략기	하층민의 항전: 충주 노군, 처인 부곡, 다인철소 등
원 간섭기	· ___²²: 변발, 호복, 족두리, 연지곤지, 마마, 수라 등 → ___²³ 때.몽골풍 폐지 ·고려양: 몽골에서 유행한 고려 풍습

1. [   ]¹ **(태조)** p.88

처음으로 그는 역분전을 정하였다. 통합시의 조신(朝臣), 군사들에게 관계(官階)는 논하지 아니하고 그들의 성행의 선악과 공로의 대소를 보아 지급하였는데 차등이 있었다.
―『고려사』

2. [   ]² **의 변천** p.88

○ 경종 원년(976) 11월에 비로소 직관, 산관 각 품의 전시과를 제정하였는데 18품으로 나눈다. 1품은 전(田)과 시(柴)가 각각 110결, 18품은 전 33결·시 25결이다.
○ 목종 원년(998) 12월에 문무 관리와 군인, 한인에게 토지를 나누어 주는 것으로 전시과를 개정하였다. 제1과는 전 100결·시 70결, 제17과는 전 23결, 제18과는 전 20결로 한다.
○ 문종 30년(1076)에 전시과를 다시 개정하였다. 제1과는 전 100결·시 50결, 제17과는 전 20결, 제18과는 전 17결로 한다.

3. [   ]³ **(공양왕)** p.89

12월에 새 왕이 즉위하자, 대사헌 조준 등이 또 상소하여 토지 제도에 대해 논하여 말하기를, "하늘이 재앙을 내린 것을 후회하시어 흉악한 무리들을 이미 멸망시켰으며 신돈이 이미 제거되었으니, 마땅히 사전(私田)을 모두 없애 이 민(民)이 부유하고 장수하는 영역을 여는 것, 이것이 그 기회 입니다. 이를 규정된 법으로 정하셔서 백성과 더불어 다시 시작하십시오. ……"라고 하였다.

4. [   ]⁴ **(숙종)** p.91

주전도감에서 왕에게 아뢰기를 "백성들이 화폐를 사용하는 유익함을 이해하고 그것을 편리하게 생각하고 있으니 이 사실을 종묘에 알리십시오."라고 하였다. 이 해에 또 은병을 만들어 화폐로 사용하였는데, 은 한 근으로 우리나라의 지형을 본떠서 만들었고 민간에서는 활구라고 불렀다.

5. 충선왕 즉위 교서 - 재상지종: [   ]⁵ **의 지배** p.93

이제부터 종친의 경우에는 마땅히 여러 대를 내려오면서 재상을 지낸 집안의 딸을 취하여 부인을 삼을 것이며 재상의 아들은 종실의 딸과 혼인함을 허락한다. 그러나 만일 그 집안이 한미하다면 반드시 그렇게 할 필요는 없다. …… 철원 최씨, 해주 최씨, 공암 허씨, 평강 채씨, 청주 이씨, 당성 홍씨, 황려 민씨, 횡천 조씨, 파평 윤씨, 평양 조씨는 다 여러 대의 공신이요 재상의 친족으로서 대대로 혼인할 만하다.

6. 고려의 [_____6] p.93

평량은 원래 평장사 김영관의 노비로 농사에 힘써 부유해지자, 고관에게 뇌물을 주어 천인의 신분에서 벗어나 양민이 되었으며, 벼슬까지 얻었다. 그의 처가 바로 원지의 집 여종이었는데, 원지는 가난해지자 가족을 데리고 여종에게 와서 의지하고 있었다. 평량은 원지를 잘 위로해주면서 개경으로 돌아가라고 권유한 다음, 몰래 도중에 기다리고 있다가 원지 부부와 그 자식들을 살해하였다. 평량은 (자신의 처도) 주인이 없어져 영원히 양민이 될 수 있다고 좋아하면서, 아들에게 벼슬을 얻어 주고 박유진의 딸에게 장가보냈다.

7. [_____7]의 공녀 제도 p.95

이곡이 상소하기를, "사람들은 딸을 낳으면 곧 감추고, 탄로날 것이 두려워 이웃 사람들도 볼 수 없다고 한다. 사신이 중국에서 올 때마다 서로 돌아보며 말하기를, '무엇 때문에 왔을까, 처녀를 잡으러 온 것은 아닌가, 아내와 첩을 데려가려고 온 것은 아닌가? 한다."

8. [_____8] 여성의 지위 p.95

충렬왕 원년 2월 대부경 박유가 다음과 같은 글을 올렸다. '우리나라에는 남자가 적고 여자가 많습니다. 그런데 지위 고하를 막론하고 한 아내로 그치고 아들이 없는 사람도 감히 첩을 두지 못합니다. 다른 나라 사람이 와서는 아내를 얻는데 제한이 없습니다. 장차 인물이 모두 북쪽으로 흘러갈까 두렵습니다. 신하들에게 첩을 두는 것을 허락하면 짝이 없어 원망하는 남녀가 없어지고 인물이 밖으로 흘러나가지 않으니 인구가 점차 늘어나게 될 것입니다.' 이 때 재상과 장군 가운데 아내를 무서워하는 자가 많아 그 논의를 중지하여 실행하지 못하였다.

9. 공민왕의 [_____9] 폐지 p.95

왕이 원의 제도를 따라 변발과 호복을 하고 궁전에 올라앉으니, 이연종이 간언하려고 문밖에서 기다렸다. 왕이 사람을 시켜 물으니 이연종이 말하기를, "왕의 앞에 가서 얼굴을 맞대고 말씀드리기를 바라옵니다."라고 하고 들어가니 왕이 좌우를 물리치자, 이연종이 이르기를, "변발과 호복은 선왕의 제도가 아니므로 원컨대 전하께서는 본받지 마소서."라고 하였다. 왕이 기뻐하며 곧 변발을 풀고 옷과 이불을 하사하였다.

정답 **1** 역분전 **2** 전시과 **3** 과전법 **4** 활구 **5** 권문세족 **6** 외거노비 **7** 원 간섭기 **8** 고려 **9** 몽골풍

11 유학과 성리학의 수용

⊘ 해커스공무원 임진석 眞한국사 기본서: p.149

1 고려 초기: 관학의 발달, 자주적 성격

광종	과거제 실시
성종	· _____¹ 정치 이념 정립: 최승로의 시무 28조 / · _____² 정비, 지방에 _____³ 파견, 향학(향교) 건립 시작 · 문치주의 확립: 비서성·수서원 설치, _____⁴ 실시
현종	문묘 제사: 설총, 최치원의 문묘 배향

2 고려 중기: 사학의 융성과 관학의 쇠퇴 + 보수적 성격

문종	· _____⁵ (해동공자, 지공거 출신) / · _____⁶ 학당(문헌공도) → 개경에 _____⁷ 형성				_____⁸ 의 융성
숙종	서적포 설치, 기자 사당				
예종	· 국자감(국학)에 _____⁹ (전문 강좌) 설치 / _____¹⁰ (장학 재단) 설치 / 청연각, 보문각 설치				↓
인종	· 향교(향학) 증설 / · 경사 6학 정비(국자감)				_____¹³ 관학 진흥책 실시

	구분	과목	입학 자격(신분별)	교육 내용
	_____¹¹ (3학)	국자학, 태학, 사문학	문무관 7품 이상의 자제	유학, 문예
	_____¹² (잡학)	율학, 서학, 산학	문무관 8품 이하의 자제, 평민의 자제	법률학, 서예, 수학

3 고려 후기: 성리학의 전파

충렬왕	· 안향이 _____¹⁴ 도입, 김문정이 공자 화상을 가지고 들어옴 → _____¹⁵ 의 학문적 기반 · 섬학전, 경사교수도감 설치 / 국자감 → 국학 개칭
충선왕	· 국학 → 성균감 → _____¹⁶ 개칭 · 원의 연경(베이징)에 _____¹⁷ 설치, 원 학자들과 학술 교류: 이제현
공민왕	성균관을 순수 유학 기관으로 개편(기술학부 폐지) / 이색 등 성리학자 중용

	의미	인간의 심성과 우주의 원리 문제를 철학적으로 탐구하는 신유학
_____¹⁸	특징	· _____¹⁹ 의 개혁 사상 뒷받침 / 일상 생활의 _____²⁰ 적 기능 강조 · 『_____²¹ 』, 『_____²² 』 중시, 가묘 설치 / 불교 사상 비판

정답 1 유교 2 국자감 3 박사 4 문신 월과법 5 최충 6 9재 7 사학 12도 8 사학 9 7재 10 양현고 11 유학부 12 기술학부 13 관학 14 성리학 15 신진 사대부 16 성균관 17 만권당 18 성리학 19 신진 사대부 20 실천 21 소학 22 주자가례

12 역사서

🔗 해커스공무원 임진석 眞한국사 기본서: p.152

1 고려 전기

고려 초기	
『7대실록』	· 건국 초 작성한 『실록』이 거란의 침입으로 소실 → 현종 때 이전 왕 대의 사실을 정리·편찬 · 현재 전해지지 않음
그 외	『가락국기』(가야), 『고금록』(박인량), 『속편년통재』(홍관), 『편년통록』(김관의)

↓

고려 중기	
『____ ¹』 (인종)	· ____ ², 현존하는 우리나라 최고(最古) 역사서 · ____ ³ (본기, 열전, 지, 표) · ____ ⁴ 적 합리주의, 보수적 사관 · ____ ⁵ 중심 / 고조선, 삼한의 역사 누락

2 고려 후기: 전통, 자주성 강조

무신 집권기			
『____ ⁶』 (명종)	· ____ ⁷, 『동국이상국집』에 수록 · ____ ⁸ 건국 영웅 서사시	『____ ⁹』 (고종)	____ ¹⁰, 우리나라의 옛 고승들의 전기

↓

원 간섭기			
『____ ¹¹』 (충렬왕)	· ____ ¹², ____ ¹³ 최초 기술 · ____ ¹⁴ 사 중심, 주체적 역사 서술 · 발해를 말갈사로 봄 · 향가 수록 · ____ ¹⁵ 강조('기이'편, '신이' 사관)	『____ ¹⁶』 (충렬왕)	· ____ ¹⁷, ____ ¹⁸ 강조 · 상권, 하권 (우리의 역사를 중국사와 대등하게 파악) · ____ ¹⁹ 를 우리의 역사로 파악 · '요동의 별천지'

↓

고려 말			
『본조편년강목』 (충숙왕)	· 민지 · 주자의 강목법	『____ ²⁰』 (공민왕)	· 이제현 ²¹ · ____ ²² 적 사관(정통의식, 대의명분)

정답 **1** 삼국사기 **2** 김부식 **3** 기전체 **4** 유교 **5** 신라 **6** 동명왕편 **7** 이규보 **8** 고구려 **9** 해동고승전 **10** 각훈 **11** 삼국유사 **12** 일연 **13** 단군 신화 **14** 불교 **15** 설화 **16** 제왕운기 **17** 이승휴 **18** 단군 **19** 발해 **20** 사략 **21** 이제현 **22** 성리학

13 불교와 기타 사상

∂ 해커스공무원 임진석 眞한국사 기본서: p.155

1 고려 초기

태조	훈요 10조: 불교 숭상, _____¹ 와 _____² 중시

⬇

광종	· 승과 제도, _____³ 제도 실시 / 귀법사 창건
	· 종파 통합 노력: _____⁴ (화엄종 중심으로 교종 통합, 성상융회), 혜거(선종), _____⁵ (중국 천태종 부흥에 영향)

⬇

성종	연등회, 팔관회 폐지

⬇

현종	연등회, 팔관회 부활

고려 초
: 교종(화엄종) 유행

2 고려 중기: 문벌 귀족 시기

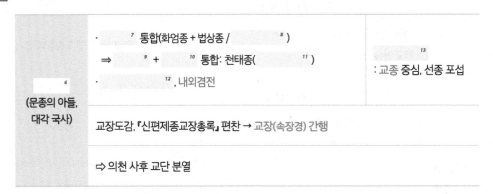

_____⁶ (문종의 아들, 대각 국사)	· _____⁷ 통합(화엄종 + 법상종 / _____⁸)
	⇒ _____⁹ + _____¹⁰ 통합: 천태종(_____¹¹)
	· _____¹², 내외겸전
	교장도감, 『신편제종교장총록』 편찬 → 교장(속장경) 간행
	⇨ 의천 사후 교단 분열

_____¹³
: 교종 중심, 선종 포섭

▲ 의천의 영정

3 무신 집권기: 교종 쇠퇴, 선종 지원

¹⁴ (보조 국사)	· ¹⁵ + ¹⁶ 통합: 조계종(송광사) · ¹⁷, 돈오점수	¹⁸ : 선종 중심, 교종 포섭
	정혜결사문: ¹⁹ 강조	²⁰ 결사
²¹ (지눌의 제자)	유교+불교 통합: ²² (성리학 수용 토대 마련)	
²³ (원묘 국사)	교종의 신앙 결사, ²⁴ (만덕사) 중심	백련 결사
	법화 신앙: ²⁵ 강조	

▲ 지눌의 영정

4 원 간섭기, 이후

불교의 변화	· 불교 폐단 증가 / 티벳 불교(라마교)의 유행: 원에서 전래 · ²⁶ 등의 개혁 노력(임제종 수용)
불교 비판	신진 사대부 중심 / 정도전, 『 ²⁷ 』(불교의 교리와 폐단 모두 비판)

정답 **1** 연등회 **2** 팔관회 **3** 왕사·국사 **4** 균여 **5** 의통·제관 **6** 의천 **7** 교종 **8** 흥왕사 **9** 교종 **10** 선종 **11** 국청사 **12** 교관겸수 **13** 천태종 **14** 지눌 **15** 선종 **16** 교종 **17** 정혜쌍수 **18** 조계종 **19** 독경·선 수행·노동 **20** 수선사 **21** 혜심 **22** 유·불일치설 **23** 요세 **24** 백련사 **25** 참회 **26** 보우 **27** 불씨잡변

13 불교와 기타 사상

5 대장경

목적: 불교 사상 체계화, 호국적 목적	
28	· ²⁹ 침입 격퇴를 기원하며 제작(현종) → ³⁰ 부인사에 보관 · ³¹ 침입으로 소실
³² (속장경)	³³ , 불교 경전의 주석서 모음 / 『신편제종교장총록』에 따라 정리
34	· ³⁵ 침입 격퇴를 기원하며 제작, ³⁶ 천도 후 최우가 주도 · 조선 초, ³⁷ 으로 이동 · 유네스코 세계 기록유산 등재

6 도교와 풍수지리설

38	· 초제 성행 / 도교 사원(도관) 건립(예종) · ³⁹ (불교 + 도교의 성격) 개최
40	· 서경 길지설 → 서경 천도 운동 / 남경 길지설 → 한양 명당설 · 『해동비록』 편찬(예종)

정답 28 초조대장경 29 거란 30 대구 31 몽골 32 교장 33 의천 34 팔만대장경 35 몽골 36 강화도 37 해인사 장경판전 38 도교 39 팔관회 40 풍수지리설

14 건축과 공예

🔗 해커스공무원 임진석 眞한국사 기본서: p.160

1 건축

1) 고려 전기: 개성 만월대 터(궁궐 건축) / 귀법사(광종), 현화사(현종), 흥왕사(문종) 등 사원 건축

2) 고려 후기

¹ 식: 단아, 세련			
안동 ²	맞배 지붕, 현존 최고 목조 건물		
영주 ³	팔작 지붕		배흘림 기둥
예산 ⁴	맞배 지붕		

↓

⁵ 식: 화려	
사리원 ⁶	이후 조선 건축에 영향

▲ 안동 봉정사 극락전　　▲ 영주 부석사 무량수전　　▲ 예산 수덕사 대웅전　　▲ 사리원 성불사 응진전

2 불교 조형 예술

1) 석탑

고려 전기	· 개성 불일사 5층 석탑, 현화사 7층 석탑, 부여 무량사 5층 석탑, · 평창 ⁷ (송 양식, 이국적)	다각 다층탑, 안정감 부족, 다양한 형태
고려 후기	· ⁸ (원 양식, 이국적) ⇨ 조선 세조 때 건립된 ⁹ 에 영향	

▲ 불일사 5층 석탑　　▲ 현화사 7층 석탑　　▲ 월정사 8각 9층 석탑　　▲ 경천사지 10층 석탑

정답 **1** 주심포 **2** 봉정사 극락전 **3** 부석사 무량수전 **4** 수덕사 대웅전 **5** 다포 **6** 성불사 응진전 **7** 월정사 8각 9층 석탑 **8** 경천사지 10층 석탑 **9** 원각사지 10층 석탑

2) 승탑

팔각 원당형	여주 ⁱ⁰ (원종 대사 혜진탑)
다양한 형태	· 법천사 지광 국사 현묘탑(4각형) · 신륵사 보제 존자 석종(석종형) · 정토사 홍법국사 실상탑(탑신 구형)

▲ 고달사지 원종 대사 혜진탑

▲ 법천사 지광 국사 현묘탑

▲ 신륵사 보제 존자 석종

3) 불상

신라 양식 계승	영주 ¹¹
철불 제작	광주 ¹² (고려 초, 대형 철불)
지역적 특색·개성이 반영된 거대 불상 제작	· 논산 ¹³ (미륵 신앙) · 안동 이천동 석불

▲ 영주 부석사
소조 아미타여래 좌상

▲ 광주 춘궁리 철불

▲ 논산 관촉사
석조 미륵보살 입상

▲ 안동 이천동 석불

3 청자와 공예

1) 자기 공예

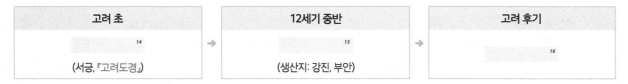

고려 초		12세기 중반		고려 후기
14	→	15	→	16
(서긍, 『고려도경』)		(생산지: 강진, 부안)		

2) 기타: 청동 은입사 기술, 나전 칠기 공예 발전

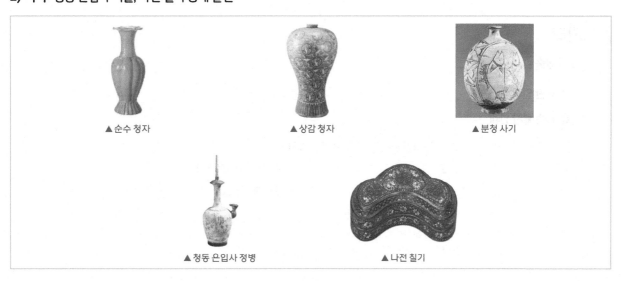

▲ 순수 청자   ▲ 상감 청자   ▲ 분청 사기

▲ 청동 은입사 정병   ▲ 나전 칠기

15 과학 기술

🔗 해커스공무원 임진석 眞한국사 기본서: p.164

1 천문학, 의학

천문학	역법	의학
사천대(서운관) 설치	_____¹ (당) → _____² (원, 이슬람 회회력 반영) → _____³ (명) 채택	『_____⁴』편찬(13세기 대 몽항쟁기, 현존 최고 의학서)
	국자감 - 잡학(기술학) 교육 실시	

▲ 고려 첨성대

2 기타

1) 인쇄술

① **목판 인쇄**: 대장경

② **금속 활자 인쇄**

『_____⁵』	· 고려 중기 인종 때 편찬된 의례서 · 최우가 _____⁶ 시기에 금속 활자로 인쇄 · 세계 최초의 금속 활자 인쇄물, 현재 전해지지 않음
『_____⁷』	· 고려 말 우왕 때 간행 · 현존하는 세계 최고(最古)의 금속 활자본 · _____⁸ 에서 간행, 현재 _____⁹ 소재 · 유네스코 세계 기록유산 등재

2) 그 외

농업	화약	조선술
· 간척 사업(강화도 피난기) · _____¹⁰ 도입(문익점, 원 도입) · 『_____¹¹』 소개(원의 농서, 이암이 도입)	화통도감 설치(_____¹², 원에서 화약 도입) → 진포 대첩(왜구 격퇴)	조운 제도 확립 : 조운선 등장

정답 **1** 선명력 **2** 수시력 **3** 대통력 **4** 향약구급방 **5** 상정고금예문 **6** 강화도 천도 **7** 직지심체요절 **8** 청주 흥덕사 **9** 프랑스 **10** 목화 **11** 농상집요 **12** 최무선

16 문학과 예술

🔗 해커스공무원 임진석 眞한국사 기본서: p.167

1 문학

고려 초	고려 후기: 문신 좌절감 → 낭만적, 현실 도피적 경향
· 독자적 문학 중시 · 향가: 균여의 '보현십원가' 및 　　　고려 후기『삼국유사』(1281)에 일부 수록	· 수필·　　　　　¹: 『파한집』(이인로), 『보한집』(최자), 『백운소설』(이규보), 　　　『역옹패설』(이제현)
고려 중기	· 　　　　　² : 향가 형식 계승, 신진 사대부 중심
· 사대적 풍조(당과 송 문학 숭상)	· 　　　　　³ : 『국순전』(임춘), 『국선생전』(이규보), 『죽부인전』(이곡)
	· 　　　　　⁴ (속요): '청산별곡', '가시리', '쌍화점'(민중 가요)

2 글씨, 그림

글씨	그림
· **전기**: 왕희지체, 구양순체, 신품 4현(김생, 유신, 탄연, 　　　⁵) · **후기**: 　　　⁶ (조맹부체, 원에서 도입)	· 천산대렵도: 공민왕, 원의 문화 요소 가미 · 관음보살도(양류관음도): 혜허, 불화 · 부석사 조사당 벽화

▲ 천산대렵도

▲ 관음보살도(양류관음도)

1. 문헌공도([____1____])와 사학 12도 p.98

무릇 과거에 나아가려는 자는 모두 9재에 적을 두니, 이를 문헌공도라 불렀다. 또, 유신으로 도를 세운 자가 11명이 있으니, 문헌공 최충의 도와 아울러 세칭 12도라 하였지만, 최충의 도가 가장 성하였다.

2. 김부식의 『 [____2____] 』 p.99

고기(古記)라는 것도 글이 거칠고 볼품 없으며 사건의 기록이 누락되어 있어서, 군후(君后)의 선악과 신자(臣子)의 충사(忠邪)와 국가의 안위와 인민의 치란(治口)을 모두 드러내어 경계로 삼도록 하지 못하였습니다. …… 삼가 본기(本紀) 28권, 연표(口表) 3권, 지(志) 9권, 열전 10권을 찬술하여……

3. 이규보의 『 [____3____] 』 p.99

세상에서 동명왕의 신이(異)한 일을 많이 말한다. …… 지난 계축년 4월에 「구삼국사」를 얻어 동명왕본기를 보니 그 신기한 사적이 세상에서 얘기하는 것보다 더하였다. 그러나 처음에는 믿지 못하고 귀신이나 환상이라고만 생각하였는데, 두세 번 반복하여 읽어서 점점 그 근원에 들어가니 환상이 아닌 성스러움이며, 귀신이 아닌 신성한 이야기였다.

4. 일연의 『 [____4____] 』 p.99

옛 성인들은 예(禮)·악(樂)으로 나라를 흥하며 번성하게 하고 인의로 가르쳤으며, 괴상한 힘이나 난잡한 귀신을 말하지 않았다. 그러나 제왕들이 일어날 때는 반드시 보통 사람과 다른 것이 있은 뒤에 기회를 타서 대업을 이루는 것이다. …… 그러니 삼국의 시조들이 모두 신기한 일로 태어났음이 어찌 괴이하겠는가. 이것이 신이(神異)로써 다른 편보다 먼저 놓는 까닭이다.

5. 이승휴의 『 [____5____] 』 p.99

요동에 별천지가 있으니, 중국의 왕조와 뚜렷이 구분된다. 큰 파도가 출렁이며 3면을 둘러쌌고, 북으로는 대륙으로 면면히 이어졌다. 가운데에 사방 천리 땅 여기가 조선이니, 강산의 형상은 천하에 이름났도다.

6. 의천의 [____6____] p.100

내가 몸을 잊고 도를 묻는 데 뜻을 두어 다행히 과거의 인연으로 선지식을 두루 참배하다가 진수 대법사 밑에서 교관(教觀)을 대강 배웠다. 법사는 일찍이 제자들을 훈시하여, "관을 배우지 않고 경만 배우면 비록 오주의 인과를 들었더라도 삼중의 성덕에는 통하지 못하며 경을 배우지 않고 관만 배우면 비록 3중의 성덕을 깨쳤으나 5주의 인과를 분별하지 못한다. 그러므로 관도 배우지 않을 수 없고 경도 배우지 않을 수 없다."고 하였다. 내가 교관에 마음을 쓰는 까닭은 다 이 말에 깊이 감복하였기 때문이다.

7. 의천의 [＿＿＿＿7＿＿＿＿] p.100

교종을 공부하는 사람은 내적인 것을 버리고 외적인 것만을 구하려는 경향이 강하고, 선종을 공부하는 사람은 내적으로만 깨달으려는 경향이 강하다. 이는 모두 양극단에 치우친 것으로 양자를 골고루 갖추어 모두 조화를 이루어야 한다.

8. [＿＿＿8＿＿＿]의 수선사 결사 p.101

지금의 불교계를 보면, 아침저녁으로 행하는 일들이 비록 부처의 법에 의지하였다고 하나, 자신을 내세우고 이익을 구하는 데 열중하며, 세속의 일에 골몰한다. …… 하루는 같이 공부하는 사람 10여 인과 약속하였다. 마땅히 명예와 이익을 버리고 산림에 은둔하여 같은 모임을 맺자. 항상 선을 익히고 지혜를 고르는데 힘쓰고, 예불하고 경전을 읽으며 힘들여 일하는 것이 이르기까지 각자 맡은 바 임무에 따라 경영한다.

9. 지눌의 [＿＿＿＿9＿＿＿＿] p.101

마음 밖에서 부처를 찾아 헤매던 사람들이 선각자의 가르침을 통해 자신의 본성을 보게 되면, 여러 부처와 더불어 털끝만큼도 다르지 않은 본성이 본래부터 갖추어져 있음을 안다. 하지만 깨달은 본성이 부처와 다르지 않다 하더라도, 어려서부터 계속된 습성을 갑자기 버리기 어렵다. 곧 깨닫고 닦음에 의하여 점차 습성을 버리고 오랜 세월 지나는 동안 성인의 경지에 이르게 된다.   - 「권수정혜결사문」

10. [＿＿＿10＿＿＿] p.101

대사는 「묘종」을 설법하기 좋아하여 언변과 지혜가 막힘이 없었고 대중에게 참회 수행을 권하였다. …… 왕공대인과 지방 수령, 높고 낮은 사부대중 가운데 결사에 들어온 자들이 300여 명이나 되었고, 가르침을 전도하여 좋은 인연을 맺은 자들이 헤아릴 수 없이 많았다.

11. [＿＿＿11＿＿＿]의 불교에 대한 인식 p.101

윤회설이 판명되면 인과설을 판명하지 않아도 자명해진다. 과연 불씨의 설과 같다면 사람의 화복과 질병이 음양오행과는 관계없이 모두 인과의 보응에서 나오는 것이 되는데, 어찌하여 우리 유가의 음양 오행을 버리고 불씨의 인과 응보설을 가지고서 사람의 화복을 정하고 사람의 질병을 진료하는 사람이 한 사람도 없느냐, 불씨의 설이 황당하고 오류에 가득 차 족히 믿을 수 없다.   - 「불씨잡변」

12. [＿＿＿12＿＿＿] p.105

도기의 빛깔이 푸른 것을 고려인은 비색(翡色)이라고 하는데, 근래에 들어 제작 기술이 정교해져 빛깔이 더욱 좋아졌다. 술병의 모양은 참외와 같은데, 위에는 연꽃 위에 오리가 엎드린 모양의 작은 뚜껑이 있다. …….   - 「고려도경」

정답 **1** 최충 **2** 삼국사기 **3** 동명왕편 **4** 삼국유사 **5** 제왕운기 **6** 교관겸수 **7** 내외겸전 **8** 지눌 **9** 돈오점수 **10** 요세 **11** 정도전 **12** 고려 청자

해커스공무원

gosi.Hackers.com

PART

4

근세 시대

01 근세 사회의 성립

🔗 해커스공무원 임진석 眞한국사 기본서: p.172

1 조선의 건국

1) 고려 말 신진 사대부

	급진파(혁명파) 사대부	온건파 사대부
인물	[ ]¹, 조준	[ ]², 이색
개혁 방향	역성 혁명	점진적 개혁
불교 비판	교리 자체를 비판	폐단만을 비판
계승	조선 건국 참여 → 관학파(훈구파)	낙향 → 사림

2) 근세 사회: 양반 관료제와 능력 중시, 자영농 증가, 양인의 지위 향상, 민족 의식 강화, 유교 이념 정착

2 조선 초 통치 체제의 정비 과정

14C	태조	· 국호를 '조선'으로 제정, 한양 천도, 도성·경복궁 등 건설 · [ ]³ 중심 정치: [ ]⁴ 중심 체제 · 의흥삼군부 설치(기존 삼군도총제부 개편) · [ ]⁵의 제도 정비 **통치 규범 확립** 『[ ]⁶』『경제문감』: 민본적 통치 규범 마련, 재상 중심 정치 주장 **불교 비판** 『불씨잡변』『심기리편』: 불교의 이론 비판 **유교 이념 확립** 사대문에 유교식 명칭 붙임, 성리학 입문서(『학자지남도』) · **명과의 갈등**: 정도전, [ ]⁷ 정벌 추진(『진도』 편찬) · **1차 왕자의 난**(무인정사): 이방원 주도 → 정도전 제거, 정종 즉위 · **문화**: 도첩제 실시, 천상열차분야지도 제작
	정종	· [ ]⁸ 설치, 도평의사사 폐지 / 개경 천도 · 2차 왕자의 난(박포의 난): 태종 즉위
15C	태종	· 1·2차 [ ]⁹을 통해 권력 장악 / 한양으로 재천도 · [ ]¹⁰ 실시: 왕권 강화(외척, 종친 배제), 의정부 권한 약화 · **왕권 강화 정책**: [ ]¹¹ 독립 / [ ]¹² 혁파 · **경제 기반 확보**: [ ]¹³ 실시(백성 파악) · **민생 안정책** [ ]¹⁴ 설치(억울함 호소) · **유교 질서 강화**: 사원전 몰수, 서얼차대법, 과부의 재가 제한 · **대외**: 친명 정책 / 공도 정책

15C	세종	· ¹⁵ **시행**: 왕권과 신권의 조화(집현전 설치, 경연 중시) · 유교 윤리 강조(『삼강행실도』), 왕도 정치(백성 여론 존중) 추구 · **경제 정책**: ¹⁶ (전분 6등법, 연분 9등법) 시행 · 사회 정책: 의창제·사창제 실시 / 금부삼복법 시행, 노비에게 출산 휴가 지급 / 부민고소금지법, 원악향리처벌법 시행 · **문화 정책**: 과학 기구 발명(장영실) / 『칠정산』 「내외편」(한양 기준 역법) 편찬 / 갑인자 주조 / 훈민정음 창제 / 『농사직설』, 『향약집성방』, 『의방유취』 편찬 / 여민락, 정간보 창안 · **대외 정책**(여진): ¹⁷ 개척 → 영토 확장(현재 국경선) · **대외 정책**(일본): ¹⁸ 정벌, 3포 개항, 계해약조 체결
	세조	· ¹⁹ 을 통해 권력 장악 → 이징옥의 난 진압 · 단종 복위 운동(사육신 주도) 진압 · 종친의 권한 증대 · ²⁰ **부활**: 왕권 강화, 의정부 권한 약화 · **왕권 강화 정책**: 집현전 폐지, 경연 폐지, ²¹ 폐지(이시애의 난이 계기가 됨) · **통치 정책**: 직전법 실시 / 『경국대전』 편찬 시작 · **국방 정책**: 보법, 5위제, 진관 체제 마련 · **문화**: 간경도감 설치, 원각사 10층 석탑 건립
	성종	· 『 ²² 』 **완성**: 통치 체제 확립 · **왕권과 신권의 조화**: 홍문관 설치 / 경연 활성화 / ²³ 의 중앙 정계 진출(김종직) · **통치 정책**: 관수 관급제 / 유향소(향청) 부활 / 사창제 폐지 / 오가작통법 정비 · **억불 정책**: 도첩제 폐지 · **편찬 사업**: 『동국여지승람』, 『동문선』, 『동국통감』, 『악학궤범』, 『금양잡록』

정답 **1** 정도전 **2** 정몽주 **3** 재상 **4** 도평의사사 **5** 정도전 **6** 조선경국전 **7** 요동 **8** 의정부 **9** 왕자의 난 **10** 6조 직계제 **11** 사간원 **12** 사병 **13** 호패법 **14** 신문고 **15** 의정부 서사제 **16** 공법 **17** 4군 6진 **18** 쓰시마 섬 **19** 계유정난 **20** 6조 직계제 **21** 유향소 **22** 경국대전 **23** 사림

PART 4 근세 시대 | 01 근세 사회의 성립 113

02 통치 체제의 정비

해커스공무원 임진석 眞한국사 기본서: p.178

1 관등 체제: 18품 30계

품계	상/하	당상관/당하관	참상관/참하관	수령 임명 여부
정1품	상	[1] (정3품 상 이상) 정3품 상: 통정대부, 절충장군		수령으로 임명 가능
	하			
종1품	상			
	하			
…	…			
정3품	상			
	하	당하관 (정3품 하 이하)	[2] (종6품 이상)	
…	…			
종6품	상			
	하			
정7품			참하관 (정7품 이하)	수령으로 임명 불가
…				
정9품				
종9품				

[3]	계고직비: 품계 ↑, 관직 ↓ / 계비직고: 품계 ↓, 관직 ↑	품계와 관직 불일치 보완
[4]	정3품 하의 관리에게 별도로 부과된 품계에 대한 세습 혜택	당상관 승진 억제

2 중앙 통치 체제

- [5] **(의정부 권한 ↑) ~ [왕 - 의정부 - 6조]: 태조, 세종, 성종 이후**
- [6] **(의정부 권한 ↓) ~ [왕 - (의정부) - 6조]: 태종, 세조**

[7]	최고 정책 심의·결정 기구: 영의정, 좌의정, 우의정 + 4인 고관 합의	최고 권력 기관
[8]	· 정책 집행: 이조, 호조, 예조, 병조, 형조, 공조 · 각 조에 속사와 속아문 설치(전문화)	
[9]	국왕 직속 사법 기관: 대역죄, 모반죄 담당	왕권 강화 역할
[10]	국왕 비서 기관, 왕명 출납, 『승정원일기』 작성	

	12	관리 감찰	양사(대간)	권력 독점 견제 역할
11	13	왕에 대한 간언	: 서경, 간쟁, 봉박권	(언론 기관)
	14	옥당, 왕의 고문, 자문, 경연 업무		
15		서적 간행과 관리		
16		국립 대학		4관
17		국왕의 교서 작성		
18		외교 문서 작성		
한성부		서울 행정·치안 담당		그 외
포도청		치안, 사법 기관		

3 지방 행정

중앙: 지방관 파견 /	19 설치(유향소 감시)

20 (일원화)	**21 : 중앙 파견** · 수령 지휘, 감독 / 감찰, 행정, 사법, 군사권 · 임기 1년, 상피제 적용 / 감영 상설 거처
부·목·군·현 (향·부곡·소 폐지)	**22 : 중앙 파견(모든 군현)** · 행정, 사법, 군사권(왕의 대리인) · 임기 5년, 상피제 적용 · 수령 7사(농상성, 부역균, 간활식, 호구증, 사송간, 군정수, 학교흥)
· **23** : 세습적인 아전으로 격하 / 수령 보좌, 6방 사무 / 무보수 · **24** (향청): 지역 양반 자치 기구 / 수령 보좌, 향리와 관노비 규찰 / 좌수, 별감 선출	
면·리·통	**권농, 이정, 통주** · 5가작통법: 백성 동태 파악, 중앙 집권적 통제

▲ 조선의 지방 행정

정답 1 당상관 2 참상관 3 행수제 4 대가제 5 의정부 서사제 6 6조 직계제 7 의정부 8 6조 9 의금부 10 승정원 11 3사 12 사헌부 13 사간원 14 홍문관 15 교서관 16 성균관
17 예문관 18 승문원 19 경재소 20 8도 21 관찰사 22 수령 23 향리 24 유향소

PART 4 근세 시대 | 02 통치 체제의 정비 **115**

4 군역 제도와 군사 제도

1) 원칙

군역: 양인 개병제(16~60세 양인 남성 의무)		군역 면제 대상 : 현직 관료, 학생 등
25 (현역 군인)	26 (정군의 비용 부담)	

2) 군사 조직

중앙군	지방군

·   27 (정군 + 갑사 + 특수병)
  : 의흥위, 용양위, 호분위, 충좌위, 충무위
·   28 : 직업 군인
	· 영진군(정군) + 잡색군(예비군)
	· 29 : 서리, 잡학인, 신량역천인, 노비 등으로 구성
	· 지방 방어 체제: 30 체제(조선 초기 / 수령이 지역 책임)
	          → 31 체제(조선 중기 / 중앙에서 장수 파견)

3) 교통·통신 체제: 봉수제, 역참제 등(중앙 집권화 정책)

5 교육 기관과 관리 등용 제도

1) 교육 기관(관학)

4부 학당	향교		성균관
중앙에 설치	· 지방의 군현마다 설치 · 교수와 훈도 파견	→	· 최고 국립 교육 기관 · 입학 자격: 생원, 진사

2) 과거 제도

구분			절차		합격자	
문과 (예조)	소과	[32] : 경전	초시 → 복시		[34] 입학 자격 부여, 하급 문관, 백패 지급	
		[33] : 문장				
	[35] (문과)		초시(지역별 인구 비례로 240인 선발) → 복시(성적순으로 33인 선발) → [36] (왕 주관, 순위 결정)	문관	양반: 홍패 지급	
무과 (병조)	무과		초시 → 복시(28인 선발) → 전시 (*소과 존재하지 않음)	무관		
잡과 (해당 관청)	의과, 음양과, 율과, 역과		초시 → 복시	기술관	중인: 백패 지급	
· 응시 자격: [37] 이상 · 문과 응시 제한: 탐관오리 아들, [38] , [39] 등						
· 정기 시험([40] , 3년) · 부정기 시험(증광시, [41] -성균관)						

3) 기타 관리 선발 제도

문음(음서)	[42]	천거
· 공신 및 2·3품 이상 관리의 자제 대상 · 고관 승진 어려움	하급 실무직 관리 선발	추천, 현량과

정답 **25** 정군 **26** 보인 **27** 5위 **28** 갑사 **29** 잡색군 **30** 진관 **31** 제승방략 **32** 생원과 **33** 진사과 **34** 성균관 **35** 대과 **36** 전시 **37** 양인 **38** 재가 여성 자제 **39** 서얼 **40** 식년시
41 알성시 **42** 취재

PART 4 근세 시대 | 02 통치 체제의 정비 117

03 사림의 대두와 붕당 정치

🔗 해커스공무원 임진석 眞한국사 기본서: p.186

1 훈구와 사림

훈구(관학파)	사림
급진파 신진 사대부 기반 / 조선 건국 주도	온건파 신진 사대부 계승 / 조선 건국 후 낙향
[1]¸ 부국강병 추구	[2]¸ 왕도 정치 추구
[3] 중시 / 성리학 외 타 사상에 비교적 관대	[4] 중시 / 성리학 외 타 사상 배격
조선 초 이후 권력 독점과 농장 확대	· 중소 지주 출신의 지방 사족 · 성종 때부터 3사 본격 진출, 훈구 비판(김종직 등)

2 사화의 시대

15C	연산군	무오사화	· **원인**: 김종직의 「[5]」을 김일손이 「사초」에 수록
		갑자사화	· **원인**: [6]의 사사 사건에 일부 훈구 세력이 관련되었음을 연산군이 알게 된 것
		| · 중종반정으로 폐위됨	

16C	중종	· 삼포왜란의 발생 → 비변사 설치	
		기묘사화	조광조 **개혁**: [7] 폐지, [8] 실시, 위훈 삭제 추진, 경연 강화, 향약 보급 시도, 「소학」과 「주자가례」 보급, 공납제 개편 주장
			· **원인**: 조광조 개혁에 대한 훈구의 반발 → '주초위왕(走肖爲王) 사건'
	명종	을사사화	· **원인**: 인종의 외척인 [9] (윤임)과 명종의 외척인 [10] (윤원형)의 갈등 · **이후**: 양재역 벽서사건(문정왕후 수렴청정 비판) 발생
		· 을묘왜변의 발생 ⇨ 비변사 상설 기구화	
		· 직전법 폐지, 녹봉제의 시행 / 임꺽정의 난 발생 / 보우 중용	

↓

사림의 집권
· 사화에도 불구, 향촌의 [11] 과 [12] 을 기반으로 세력 강화 · 선조 대 이후 훈구를 몰아내고 집권

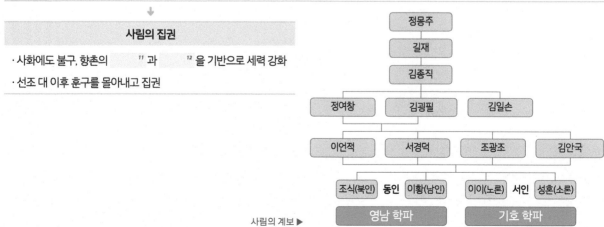

사림의 계보 ▶

3 붕당 정치의 시작

1) 붕당의 형성과 전개

16C	선조	· 훈구를 몰아내고 사림이 정권 장악	
		<table><tr><td>[13] 관직을 두고 다툼</td></tr><tr><td>훈구(척신 정치) 청산 정도 문제</td></tr></table> → **사림** : [14] 과 [15] 으로 분화	

· 사림의 분화

	동인(신진 사림, [16])	서인(기성 사림, [17])
정파	훈구 척결에 대해 [18]	훈구 척결에 대해 [19]
학파	이황, 조식, 서경덕 계승	이이, 성혼 계승

<table><tr><td>정여립 모반 사건</td></tr><tr><td>정철의 건저의 사건</td></tr></table> → **동인** : [20] 과 [21] 으로 분화

· 임진왜란 발생

광해군	· [22] 정권, 북인의 권력 독점 시도
	· 전후 복구 사업: 양안, 호적 작성 / 『동의보감』 편찬 / 대동법 시행(경기도)
	· 중립 외교 **정책**: 강홍립의 후금 투항 사건

17C	인조	· 서인의 인조반정으로 왕위 등극: 광해군의 폐모살제·중립 외교 비판
		· [23] 중심 + [24] 참여 정권
		· 산림의 등장과 여론(공론) 주도: 이상적 붕당 정치
		· 친명 배금 정책 → 정묘호란, 병자호란 발생
	효종	· [25] 중심 + [26] 참여 정권
		· 북벌론: 서인 송시열 주도 / 나선 정벌

2) 초기 붕당 정치의 특징

붕당 정치의 특징	긍정적 측면
· [27] : 지배층의 정치적 여론 반영	· 붕당 간 견제와 협력, 상대 당 인정·경쟁
· 학파별 재야의 산림이 공론 주도	· 공론의 중시

정답 **1** 중앙 집권 **2** 향촌 자치 **3** 사장 **4** 경학 **5** 조의제문 **6** 폐비 윤씨 **7** 소격서 **8** 현량과 **9** 대윤 **10** 소윤 **11** 서원 **12** 향약 **13** 이조 전랑 **14** 동인 **15** 서인 **16** 김효원 **17** 심의겸 **18** 강경 **19** 온건 **20** 북인 **21** 남인 **22** 북인 **23** 서인 **24** 남인 **25** 서인 **26** 남인 **27** 공론

04 조선 초기의 대외 관계

🔗 해커스공무원 임진석 眞한국사 기본서: p.191

	사대 정책
명	· 초기 긴장 관계(태조 - _____¹, 요동 정벌 추진) → _____² 이후 친선 관계
	· _____³ 관계: 조공과 책봉의 관계, 매년 정기적 사절(조천사) 파견
	· 자주적, 실리적 성격

	교린 정책
여진	· 강경책: 세종 때 _____⁴ (최윤덕), _____⁵ (김종서) 개척 → 오늘날과 같은 국경선 확정
	· 회유책: 무역소 개설, 사민 정책 + 토관제 실시
일본(왜구)	· 강경책: 세종 때 _____⁶ 정벌(이종무, 1419)
	· 회유책: _____⁷ (부산포, 염포, 제포) 개항(1426) → _____⁸ (세종, 제한 무역, 1443)
일본(본토)	사신 교류 / 신숙주, 『해동제국기』
동남아시아	류큐·시암·자와 등과 교역, 토산품 가져옴

▲ 조선 초 대외 관계

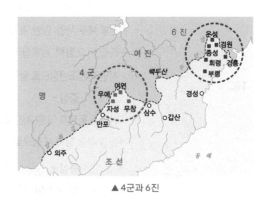

▲ 4군과 6진

---

05 임진왜란

🔗 해커스공무원 임진석 眞한국사 기본서: p.193

1 왜란 발발 이전의 상황(16C)

조선		일본
¹ (중종)	→ 3포 폐쇄 → 임신약조(교역 재개), ² 설치	·조선의 무역 제한에 반발
사량진 왜변(중종)	→ 정미약조(교역 재개, 제한 강화)	
³ (명종)	→ 국교 일시 단절, 비변사 상설 기구화	·도요토미 히데요시가 전국 시대 일본 통일 → 대외 침략 준비

·군역제 문란: 방군수포제 확대
 ⇨ 국방력 약화, 이이 10만 양병설 수용 ×
·붕당의 형성과 국론 분열: 전쟁 발발(일본 정세)에 대한 견해 차이

2 임진왜란의 발발(1592)

·일본의 정명가도 요구
·조선의 거절
·일본군(조총 무장) 침입
→
·부산진(정발) 패배
·동래성(송상현) 패배
→
·   ⁴ 전투 패배 (탄금대, 배수의 진)
·일본군 북상

→
·   ⁵ 로 피난(선조) → 한양 함락
·일본, 평안도와 함경도 침입
→
·명 원군 파병
·평양성 탈환, 벽제관 패배

의병의 활약	· ⁶ (홍의장군), ⁷ (북관대첩비), 조헌·영규, 고경명, 김천일, 김덕령 등 ·승병: 휴정(서산 대사), ⁸ (사명 대사, 전후 대일 사신으로 파견)
관군의 활약	· ⁹ : 남해 제해권 장악, 서해 수송로와 전라도 곡창지대 보호, 일본의 수륙 병진 작전 저지, ¹⁰ 해전(최초 승리) / ¹¹ 해전(거북선) / ¹² 대첩(학익진) ·그 외: 김시민(¹³ 대첩) / 권율(¹⁴ 대첩)

3 휴전 기간

휴전 결렬(명-일본)	조선의 전열 정비	민심의 동요
일본의 무리한 요구로 휴전 회담 결렬	·중앙군: 훈련도감(직업 군인), 조총 제작 ·지방군: 속오군	이몽학의 난 발생

정답 **1** 3포 왜란 **2** 비변사 **3** 을묘왜변 **4** 충주성 **5** 의주 **6** 곽재우 **7** 정문부 **8** 유정 **9** 이순신 **10** 옥포 **11** 사천 **12** 한산도 **13** 진주 **14** 행주

4 정유재란(1597, 휴전 결렬 후)

조선의 승리	일본의 항복
·조·명 연합군: 직산 전투의 승리 ·이순신: ___ 15 대첩(진도 울돌목)	·도요토미 히데요시 죽음으로 왜란 종결 ·이순신: ___ 16 해전(전사)

5 왜란의 결과

전후 일본과의 관계	·포로 송환(유정) → ___ 17 (광해군) : 일본과 제한적 교류 재개 · ___ 18 파견(일본 막부의 요청)

조선	중국	일본
·국토 황폐화, 양안, 호적 소실 · ___ 19 발급, 신분제 동요 ·불국사, 경복궁, 사고(___ 20 사고 제외) 등 문화재 소실	·명의 쇠퇴 ·여진의 성장	·에도 막부 출현 · ___ 21 , ___ 22 기술↑

▲ 이순신의 활약

▲ 왜란의 격전지

정답 **15** 명량 **16** 노량 **17** 기유약조 **18** 통신사 **19** 공명첩 **20** 전주 **21** 성리학 **22** 도자기

06 인조반정과 호란

🔗 해커스공무원 임진석 眞한국사 기본서: p.198

1 광해군의 전후 복구 정책과 중립 외교: _____¹ 정권

전후 복구 사업	· **공납제의 개편**: _____² (경기도) 시행
	· 양안(토지 대장)과 호적의 작성 /『_____³』편찬(허준)
	· **토목 공사**: 창덕궁·창경궁 재건, 경희궁 건립
_____⁴ **외교** (실리 외교)	· 여진은 _____⁵ 을 세우고 명과 대결 → 명이 조선에 파병 요청
	· 중립 외교(실리): 명에 원군으로 파병한 _____⁶ 이 _____⁷ 에 투항 → 서인들의 반발, 인조반정의 빌미를 제공함

2 인조반정과 친명배금 정책

인조반정	· 광해군의 중립 외교, 폐모살제(인목 대비 유폐, 영창 대군 살해)를 이유로 반정(서인 주도) → _____⁸ 의 난 발생
친명배금 정책	· _____⁹ **정권**: _____¹⁰ 정책

3 호란의 발발

_____¹¹ (_____¹² , 1627)	· **원인**: 명의 모문룡 가도 주둔, 이괄의 난 ⇨ 후금의 침입
	· 왕실 _____¹³ 로 피난 ⇨ 후금과 형제의 맹약을 맺음
	· **의병**: 정봉수(철산 용골산성), 이립(의주)의 활약
_____¹⁴ (_____¹⁵ , 1636)	· **배경**: 청(국호 변경, 황제 칭호)의 _____¹⁶ 요구
	· _____¹⁷ (최명길, 실리) vs _____¹⁸ (김상헌, 명분) ⇨ 주전론으로 기움
	· 청 태종의 침공 → 강화도 항전(김상용), 왕실 _____¹⁹ 피난 ⇨ 굴욕적 화의(삼전도)
호란의 결과	명과 국교 단절, 청과 군신 관계 체결 / 소현 세자, 봉림 대군 등이 청에 인질로 잡혀감

정답 **1** 북인 **2** 대동법 **3** 동의보감 **4** 중립 **5** 후금 **6** 강홍립 **7** 후금 **8** 이괄 **9** 서인 **10** 친명배금 **11** 정묘호란 **12** 후금 **13** 강화도 **14** 병자호란 **15** 청 **16** 군신 관계 **17** 주화론 **18** 주전론 **19** 남한산성

4 북벌 운동과 나선 정벌

효종	[20] **운동**	· 북벌론(화이론적 명분론 / [21] 송시열, 이완 중심) · 북벌 추진: [22] 강화, 훈련도감에 하멜 배치 → 효종 죽음으로 실시 × · 서인의 정권 유지·연장의 수단으로 활용됨
	[23] **정벌**	러시아 격퇴를 위해 청이 파병 요청 → 조총 부대 파견(변급, 신유)
숙종 때 명분론		· 북벌 운동: [24] 윤휴 중심 · 숭명반청 의식: 만동묘, 대보단 건립 · 명분론 강화: 강감찬 사당, 이순신 현충사 건립

▲ 정묘호란과 병자호란

▲ 나선 정벌

정답 **20** 북벌 **21** 서인 **22** 어영청 **23** 나선 **24** 남인

해커스공무원

gosi.Hackers.com

1. ☐¹ : 재상 중심의 정치 p.112

임금의 자질에는 어리석은 자질도 있고 현명한 자질도 있으며, 강력한 자질도 있고 유약한 자질도 있어서 한결같지 않으니, 재상은 임금의 좋은 점은 따르고 나쁜 점은 바로 잡으며, 옳은 일은 받들고 옳지 않은 일은 막아서, 임금으로 하여금 가장 올바른 경지에 들게 해야 한다.

– 『조선경국전』

2. 정도전, ☐² 추진 p.112

처음에 정도전과 남은은 임금을 날마다 뵙고 요동을 공격하기를 권고하고 진도를 익히게 하는 고로 그 급함이 이와 같았다. 이에 앞서 좌정승 조준이 휴가를 청하여 집에 돌아가 있으니, 정도전과 남은은 조준의 집에 찾아가서 말하기를 "요동을 공격하는 일은 이미 결정되었으니 공은 다시 말하지 마십시오"라고 하였다.

– 『태조실록』

3. ☐³ 의 행적 p.112

내가 일찍이 송도에 있을 때 의정부를 없애자는 의논이 있었으나, 지금까지 겨를이 없었다. 지난 겨울에 대간에서 작은 허물로 인하여 의정부를 없앨 것을 청하였으나 윤허하지 않았었다. 지난번에 좌정승이 말하기를 "중국에도 승상부가 없으니 의정부를 폐지해야 한다."라고 하였다. 내가 골똘히 생각해보니 모든 일이 내 한 몸에 모이면 결재하기가 힘은 들겠지만, 임금인 내가 어찌 고생스러움을 피하겠는가.

4. ☐⁴ 의 의정부 서사제 p.113

6조는 각기 모든 직무를 먼저 의정부에 품의하고, 의정부는 가부를 헤아린 뒤에 왕에게 아뢰어 (왕의) 전지를 받아 6조에 내려보내어 시행한다. 다만 이조·병조의 제수, 병조의 군사업무, 형조의 사형수를 제외한 판결은 종래와 같이 각 조에서 직접 아뢰어 시행하고 곧바로 의정부에 보고한다.

5. ☐⁵ 의 6조 직계제 p.113

상왕이 어려서 무릇 조치하는 바는 모두 대신에게 맡겨 논의, 시행하였다. 지금 내가 명을 받아 왕통을 계승하여 군국 서무를 아울러 모두 처리하며, 조종의 옛 제도를 모두 복구한다. 지금부터 형조의 사형수를 제외한 모든 서무는 6조가 각각 그 직무를 담당하여 직계한다.

6. 조선의 ☐⁶ p.115

○ 사헌부는 시정을 논하여 바르게 이끌고, 모든 관원을 살피며, 풍속을 바로잡고, 원통하고 억울한 일을 밝히며, 건방지고 거짓된 행위를 금하는 등의 일을 맡는다.
○ 사간원은 임금에게 간언하고, 정사의 잘못을 논박하는 직무를 관장한다.
○ 홍문관은 궁궐 안에 있는 경적(經籍)을 관리하고, 문서를 처리하며, 왕의 자문에 대비한다. 모두 경연(經筵)을 겸임한다. – 『경국대전』

7. 김종직의 「⬚⬚⬚⬚⬚⬚⬚[7]」 p.118

꿈속에 신선이 나타나서 "나는 초나라 회왕 손심인데 서초패왕에게 살해되어 빈강에 버려졌다."고 말하고 사라졌다. 잠에서 깨어나 생각해보니 회왕은 중국 초나라 사람이고, 나는 동이 사람으로 거리가 만리(萬里)나 떨어져 있는데 꿈에 나타난 징조는 무엇일까? 역사를 살펴보면 시신을 강물에 버렸다는 기록이 없으니 아마 항우가 사람을 시켜서 회왕을 죽이고 시체를 강물에 버린 것인지 알 수 없는 일이다. 이제야 글을 지어 의제를 조문한다.

8. ⬚⬚⬚⬚[8]의 개혁 정치 (중종) p.118

o 소격서는 본래 이단이며 예(禮)에도 어긋나는 것이니 비록 수명을 빌고자 해도 복을 얻을 수 없습니다. 소비가 많고 민폐도 커서 나라의 근본을 손상시키니 어찌 애석하지 않겠습니까.

o 지방에서는 감사와 수령이, 서울에서는 홍문관과 육경(卿), 대간이 등용할 만한 사람을 천거하여, 대궐에 모아 놓고 친히 대책으로 시험한다면 인물을 많이 얻을 수 있을 것입니다. 이는 이전에 우리나라에서 하지 않았던 일이요, 한(漢)나라 현량과의 뜻을 이은 것입니다.

9. ⬚⬚⬚⬚[9] (명종) p.118

이덕응이 자백하기를 "평소 대윤·소윤에 휘말리지 않으려고 조심 하였는데, 그들과 함께 모반을 꾸민다는 것은 말도 안 됩니다." 라고 하였다. 계속 추궁하자 그는 "윤임이 제게 이르되 경원대군이 왕위에 올라 윤원로가 권력을 잡게 되면 자신의 집안은 멸족될 것이니 봉성군을 옹립하자고 하였습니다."라고 실토하였다.

10. ⬚⬚⬚[10]의 형성 p.118

김효원이 알성 과거에 장원으로 합격하여 이조전랑의 물망에 올랐으나, 그가 윤원형의 문객이었다 하여 심의겸이 반대하였다. 그 후에 심의겸의 동생 심충겸이 장원급제하여 전랑으로 천거되었으나, 외척이라 하여 효원이 반대하였다. 이때, 양편 친지들이 각기 다른 주장을 내세우면서 서로 배척하여 동인, 서인의 말이 여기서 비롯하였다.

11. ⬚⬚⬚[11] 설치 p.121

중종 12년 6월 경술 정광필, 김응기, 신용개가 말하였다. '여진에 대비하여 성을 쌓는 것은 중요한 일입니다. 정승 가운데 한 사람이나 모두 함께 의논해서 조치하도록 하시고, 이름은 비변사라 하십시오.' - 「중종실록」

정답 **1** 정도전 **2** 요동 정벌 **3** 태종 **4** 세종 **5** 세조 **6** 3사 **7** 조의제문 **8** 조광조 **9** 을사사화 **10** 붕당 **11** 비변사

12. ⬚ ¹² **당시 권율의 승전** p.121

왜적들은 세 개로 부대를 나누어 번갈아가며 쳐들어왔으나 모두 패하고 달아났다. 때마침 날이 저물자 왜적들은 서울로 돌아갔다. 권율은 군사들로 하여금 왜적의 시체를 나뭇가지에 걸어놓아 그 맺혔던 한을 풀었다. ─『징비록』

13. ⬚ ¹³ **(이순신)** p.122

이순신이 진도에 도착해 보니 남아 있는 배가 10여 척에 불과하였다. ······ 적장 마다시가 200여 척의 배를 거느리고 서해로 가려다 진도 벽파정 아래에서 이순신과 마주치게 된 것이다. 12척의 배에 대포를 실은 이순신은 조류의 흐름을 이용하기로 하였다. 물의 흐름을 이용해 공격에 나서자 그 많은 적도 당하질 못하고 도망치기 시작하였다. ─『징비록』

14. ⬚ ¹⁴ **의 중립외교** p.123

요즘 서쪽 변방의 보고를 보건대 ······ 여기에 온 적을 쳐서 얼마간 이긴다 하더라도 달병 3만을 우리나라의 잔약한 군사로써 어떻게 당해 낼 것인가? 더군다나 한번 서로 싸우게 되면 광녕으로 향하던 적이 반드시 먼저 우리나라로 향할 것이다. ······ 만일 적이 먼저 성을 공격하여 어지럽힌다면 어찌 다른 것을 생각할 수 있을 것인가? 정세를 살펴 잘 처리하는 것이 옳을 것이다.

15. 인조반정과 ⬚ ¹⁵ p.123

내가 비록 부덕하더라도 일국의 국모 노릇을 한 지 여러 해가 되었다. 그는 선왕(先王)의 아들이다. 나를 어미로 여기지 않을 수 없는데도 내부모를 죽이고 품속의 어린 자식을 빼앗아 죽였으며, 나를 유폐하여 곤욕을 치르게 했다. 어디 그뿐인가, 중국이 우리나라를 다시 일으켜 준 은혜를 저버리고, 속으로 다른 뜻을 품고 오랑캐에게 성의를 베풀었다.

16. ⬚ ¹⁶ **의 발발** p.123

정주 목사 김진이 아뢰기를, "금나라 군대가 이미 선천·정주의 중간에 육박하였으니 장차 얼마 후에 안주에 도착할 것입니다." 하였다. 임금께서 묻기를, "이들이 명나라 장수 모문룡을 잡아가려고 온 것인가, 아니면 전적으로 우리나라를 침략하기 위하여 온 것인가?" 하니, 장만이 아뢰기를, "듣건대 홍태시란 자가 매번 우리나라를 침략하고자 했다고 합니다." 하였다. ─『인조실록』

17. [ㅤㅤㅤㅤ¹⁷]과 [ㅤㅤㅤㅤ¹⁷]의 대립 p.123

○ 화의로 백성과 나라를 망치기가 …… 오늘날처럼 심한 적이 없습니다. 중국은 우리나라에 있어서 곧 부모요, 오랑캐는 우리나라에 있어서 곧 부모의 원수입니다. 신하된 자로서 부모의 원수와 형제가 되어서 부모를 저버리겠습니까? …… 차라리 나라가 없어질지라도 의리를 저버릴 수 없습니다.

○ 우리의 국력은 현재 바닥나 있고, 오랑캐의 병력은 강성합니다. 정묘년의 맹약을 아직 지켜서 몇 년이라도 화를 늦추시고, 그동안 민심을 수습하고 성을 쌓으며, 군량미를 모아 방어를 더욱 튼튼하게 하되, 군사를 집합시켜 일사불란하게 하여 적의 허점을 노리는 것이 우리로서는 최상의 계책일 것입니다.

18. [ㅤㅤㅤㅤ¹⁸] 당시 청과의 강화 조건 p.123

○ 청나라에 군신의 예를 지킬 것

○ 명나라의 연호를 폐하고 관계를 끊으며, 명나라에서 받은 고명, 책인을 내놓을 것

○ 조선의 큰아들과 둘째 아들 및 여러 대신의 큰아들을 심양에 인질로 보낼 것

○ 청 황제의 생일, 중국 황후, 황태자의 생일, 정조, 동지, 경조 등의 사절 파견은 명나라 예에 따를 것

○ 명나라를 칠 때 출병을 요구하면 어기지 말 것

정답 **12** 임진왜란 **13** 명량대첩 **14** 광해군 **15** 명분론 **16** 정묘호란 **17** 주전론, 주화론 **18** 병자호란

07 경제 정책과 수취 제도

🔗 해커스공무원 임진석 眞한국사 기본서: p.202

1 중농억상 정책과 화폐 발행

중농 정책	· _____¹ 적 경제관: 농업 > 상업 / 검약 > 사치
	· 건국 이후 지속적 토지 개간 사업, 농업 기술과 농기구 보급
억상 정책	· 상공업자가 허가 없이 마음대로 영업하는 것을 규제
	· 사·농·공·상의 직업적인 차별을 정당화
화폐 발행	저화(태종, 지폐), 조선 통보(세종), 팔방통보(세조) → 유통 실패(자급자족 경제)

2 조세 제도

1) 조세 제도 운영의 변화

조선 초기
· 토지 수확량의 10분의 1 납부
· _____² : 1결 당 생산량 300두(30두 수취), 병작반수 금지 / _____³ → 답험 부정의 폐단 발생

↓

15C: 공법(세종)					
· 사전에 농민 설문 조사		상상년 : 20두	중상년 : 14두	하상년 : 8두
· _____⁴ : 토지 비옥도에 따라 면적을 달리함, 수등이척법(측정 자 차등) 적용		상중년 : 18두	중중년 : 12두	하중년 : 6두
· _____⁵ : 풍흉에 따라 조세율의 차등을 둠, 토지 1결 당 20~4두 징수		상하년 : 16두	중하년 : 10두	하하년 : 4두

↓

16C
관습적 최저 세율 적용: 토지 1결 당 6~4두 징수

2) 조운 제도

- 조창 → 경창 / 수로와 해로 중심 세곡 운송
- 잉류 지역 존재: 함경도, 평안도(군사비, 사신 접대비), 제주도(운송 상 문제)

3 공납 제도

조선 초	16C
·공납: 가호 단위 / ⁶ 징수 ·상공(정기) / 별공·진상(부정기)	· ⁷: 농민 대신 공물 대납 ·방납의 폐단이 대두(16C 이후) → 농민 부담↑

4 군역과 요역 제도

조선 초	16C
·**대상**: 16~60세 ⁸ 남자에게 부과(정남) · ⁹ (신역): 정군, 보인 / 사람 단위 · ¹⁰ (호역): 호 단위로 부과 → 토지 8결 기준 부과(성종)	·군역의 요역화 → 군역의 기피 현상

5 16세기 수취 체제의 문란

공납	군역	환곡
·방납의 폐단: 서리와 상인 결탁 ·개혁안 주장 (조광조 / 이이·유성룡: 수미법)	·군역의 ¹¹ 화 ·문란: 대립제, ¹² 제 성행 ·군포 징수 법제화: 군적수포제	·15C: 의창 → 16C: 상평창 ·농민 구휼 → 고리대화

16C 수취 문란의 결과
·농민 생활 악화 → 유민, 도적의 증가   ·   ¹³ 의 난(명종): 백정 출신 / 황해, 경기, 강원 등에서 활동

정답 **1** 유교 **2** 과전법 **3** 답험 손실법 **4** 전분 6등법 **5** 연분 9등법 **6** 특산물 **7** 방납 **8** 양인 **9** 군역 **10** 요역 **11** 요역 **12** 방군수포 **13** 임꺽정

08 토지 제도의 변화

🔗 해커스공무원 임진석 眞한국사 기본서: p.207

1 과전법

	과전법(고려 말, 공양왕)	
목적	· 고려 말 대농장 확대로 인한 농민 생활 안정 필요: ___¹ 기본 원칙 환원 · ___² 의 경제적 기반 마련	
특징	· ___³ 지방에 한하여 분급 / 전지만 지급, 시지 지급 폐지 · 전·현직 관리에게 지급 / 퇴직자와 사망자 우대(수신전, 휼양전) · 농민 보호책: 병작반수 금지	

※ 전시과와 과전법 비교

	전시과	과전법
공통점	· ___⁴ 지급 / 원칙적 세습 불허(반납 원칙) · 18등급으로 나누어 차등 지급	
차이점	전국 토지 대상	경기 지방에 한정
	전지 + 시지	전지에 한정
	외역전(향리에게 지급) 마련	외역전 폐지(향리 무보수)
	별사전: 승려, 풍수지리업자에게 지급	별사전: 준공신에게 지급

※ 토지의 종류

사전	과전	관등(18등급)에 따라 차등 지급, 세습 불가
	___⁵	관리의 미망인에게 지급, 과전이 세습된 것
	___⁶	관리와 처 사망시 자식들에게 지급, 과전이 세습된 것
	공신전	공신에게 지급, 세습 가능
	별사전	준공신에게 지급, 3대까지 세습 가능
공전	공해전	중앙 관청의 경비 조달을 위한 토지

2 직전법(세조)

배경	세습 토지(수신전, 휼양전, 공신전 등)의 증가 → 지급할 토지의 부족
내용	· [ ]⁷ 관리에게만 수조권 지급, [ ]⁸ 과 [ ]⁹ 지급 중단 · **결과**: 현직 관리의 토지 사유화 자극 → 관리들의 농장 경영 확대

3 관수 관급제(성종)

배경	관리의 경제적 지위 불안정 → 관리의 수조권 남용, 조세 과다 수취
내용	· 관리의 직접 수조권 행사 금지, [ ]¹⁰ 이 수조권 대행 · **결과**: 국가의 토지 지배력 강화 + 농장의 증가

4 직전법 폐지(명종)

배경	재정 부족 만성화 → 직전세의 타 용도 전환이 빈번해짐, 관리에게 토지 지급 불가
내용	· 관리에게 사실상 녹봉만 지급하게 됨: 수조권 제도 폐지 · **결과**: [ ]¹¹ 확산 + [ ]¹², 병작반수제 일반화 (전주전객제 소멸) → [ ]¹³ 증가

정답 **1** 전시과 **2** 신진 사대부 **3** 경기 **4** 수조권 **5** 수신전 **6** 휼양전 **7** 현직 **8** 수신전 **9** 휼양전 **10** 관청 **11** 농장 **12** 지주전호제 **13** 소작농

09 조선 전기의 경제 생활

🔗 해커스공무원 임진석 眞한국사 기본서: p.209

1 각 계층의 생활 모습

양반	· 경제 기반: 과전, 녹봉 + 노비
	· 15C 후반 이후 농장의 확대

농민	지주전호제 확대 → 자영농 감소, 소작농 증가	
	지배층의 농민 생활 안정화 대책	
	조선 초 15C	『농사직설』(세종), 『금양잡록』(성종) 보급
	조선 중기 16C	· 『구황촬요』(명종) 보급
		· 오가작통법 강화 / 향약 시행
	농업 기술의 발달	· _____¹ : 일부 남부 지방에 제한 / 2년 3작(_____²)의 일반화
		· _____³ 의 발달: 휴경 사라짐 → 농경지의 상경화
		· _____⁴ 재배 확대: 무명옷 보급 → 의생활 개선

2 수공업과 상업

수공업	상업		
관영 수공업: 장인, _____⁵ 등록	중앙	· _____⁶ : 관허 상인, 한양 종로 상점가, 국역(물품 공급), 독점 판매권	
		· 경시서(평시서): 시전의 상행위 감독 관청	
	지방	· 장시: 16C 중엽 전국 확대	
		· _____⁷ : 관허 상인, 보상+부상, 장시에 물품 유통	

정답 *1* 이앙법 *2* 윤작법 *3* 시비법 *4* 목화 *5* 공장안 *6* 시전 *7* 보부상

10 조선의 신분 제도

🔗 해커스공무원 임진석 眞한국사 기본서: p.212

1 양천제

양천제	양인	· 자유민 / 조세, 국역 등의 의무 ○ / 과거 응시 자격 ○
		· 조선 초 양인 수의 증가, 지위 향상
	천인	비자유민 / 군역 대상 ×, 과거 응시 자격 ×

2 반상제

반상제	양반	· 문반 + 무반 → 가족이나 가문까지 확대: ¹
		· 하급 관리, 서얼층 배제 / 국역 면제
	중인	· 좁은 의미: ² (의관, 역관) → 넓은 의미: 하급 관리(³ , ⁴) 포함
		· ⁵ : 중인과 같은 대우, ⁶ 응시 금지(태종: 서얼차대법 → 성종 때 법제화, 서얼금고제·한품서용제)
	상민	· 농민, 수공업자, 상인 / 농민 우대
		· ⁷ (칠반천역): 조군, 수군, 봉수군, 역졸, 조례, 일수, 나장
	천민	· **노비**: 일천즉천, 천자수모법 / ⁸ 바침: 납공 노비, 외거 노비
		· **노비의 구분**: 공노비(선상 노비, 납공 노비) / 사노비(솔거 노비, 외거 노비)
		· **천민 대우**: ⁹ (피혁·도살업·유기 제조업 종사, 화척, 양수척 출신, ≠고려 백정) / 광대, 무당, 창기

11 사회 정책과 법률 제도

🔗 해커스공무원 임진석 眞한국사 기본서: p.215

1 사회 제도

환곡 제도		³
¹	²	·주민 자치적 환곡 운영
15C에 설치 → 점차 원곡 부족해짐	·물가 조절 기구 → 16C 이후 환곡 담당, 이자 걷음 ·고리대로 변질	·세종 때 시행, 성종 때 폐지 ·흥선 대원군 시기에 부활

의료 시설		
⁴ (서)	⁵ (활인서)	⁶
수도권 주민 구제, 약재 판매	의료 시설	지방민 진료, 구호

2 법률

형법	·「 ⁷ 」+「 ⁸ 」/ 태·장·도·유·사형 ·반역죄, 강상죄 → 연좌제로 처벌
민법	·관습에 따라 처리 ·**주제**: [초기] 노비 소송 ↑ ⇨ [후기] ⁹ ↑(풍수지리 사상과 관련)
사법 기관	·행정권과 사법권이 분리되지 않음 ·**중앙**: 사헌부, 의금부, 형조, 한성부, ¹⁰ (노비) ·**지방**: 관찰사, 수령

---

12 향촌 사회의 조직과 운영

🔗 해커스공무원 임진석 眞한국사 기본서: p.217

1 향촌 사회의 운영

사족	(항청) ____¹	·기능: 수령 보좌 / 향리, 관노비 규찰 / 향촌 풍속 교정 ⇒ 향촌 사족의 지배력 유지 수단 ·좌수, 별감 / 향안(사족 명단) / 향회(회의) / 향규(운영 규칙)
	성리학 질서 확립 ____²	·기능: 성리학 연구, ____³ + ____⁴ 제사 + 향촌 사족(____⁵) 여론 형성 ·최초 서원: 중종 때 풍기 군수 주세붕이 세운 ____⁶ 서원(안향을 모심) → ____⁷ 서원 개칭(명종 때 이황 건의): 최초의 ____⁸ 서원(면세, 면역 특권) ·「____⁹」(학생 명부)
	____¹⁰	·유교 사상에 기초를 둔 자치 규약 / 주자의 『여씨향약』이 시초 ·조광조, ____¹¹ 향약 도입 실패 → ____¹² (예안 향약), ____¹³ (해주 향약) 보급 ·향촌 사족(____¹⁴) 주도 질서 유지 / ____¹⁵ 윤리 + 미풍양속: 농민 교화 ·4대 덕목: 덕업상권, 과실상규, 예속상교, 환난상휼 ·간부: ____¹⁶, 도약정, 직월 / 농민은 자동적으로 포함됨 ·부작용: 주민들에 대한 위협과 수탈의 수단
	·**동계, 동약**: 촌락 단위 규약 ·____¹⁷ : 술을 마시며 잔치를 벌임 → 예절 확립 ·**향사례**: 활쏘기	
백성	·**두레**: 공동 노동의 작업 공동체 ·____¹⁸ : 불교 신앙 기반 → 일반 공동체 조직(상두꾼 역할 등)	

2 예학과 보학

예학	·종족 내부의 의례를 규정 ·17세기에 활성화 / 왜란 이후 명분론 강조 ·학파 간 예학의 차이는 예송 논쟁으로 표출
보학	·양반의 가족 내력을 기록하고 암기 / 양반 중심 체제 강화 ·가장 오래된 족보: 「____¹⁹」(성종)

정답 **1** 유향소 **2** 서원 **3** 교육 **4** 선현 **5** 사림 **6** 백운동 **7** 소수 **8** 사액 **9** 청금록 **10** 향약 **11** 여씨 **12** 이황 **13** 이이 **14** 사림 **15** 유교 **16** 약정 **17** 향음주례 **18** 향도 **19** 안동 권씨 성화보

1. ☐¹ (세종, 공법) p.130

각 도 감사는 각 고을마다 연분(年分)을 살펴 정하되, 재상 외의 곡식의 실(實)·불실(不實)이 비록 다 같지 아니할지라도 총합하여 10분으로 비율을 삼아서, 전실(全實)을 상상년, …… 2분실을 하하년으로 합니다. 수전과 한전을 각각 등급을 나누어서, '아무 고을 수전 아무 등년(等年), 한전 아무 등년(等年)'으로써 아뢰게 하고, 1분실(分實)은 9등분에는 미치지 아니하니, 마땅히 조세를 면제할 것입니다.

2. ☐² 의 폐단 p.131

지금 호조에서 한 나라의 살림을 맡아 보면서도 어느 지방의 어떤 물건의 대납인지, 또 대납의 이익이 얼마나 되는지도 살피지 않은 채 모두 부상들에게 허가하여 이 일을 맡기고 있습니다. 세금도 정해진 것보다 지나치게 많이 거두는 경우가 많습니다.

3. ☐³ 의 난 p.131

저들 도적이 생겨나는 것은 도적질하기를 좋아해서가 아니다. 굶주림과 추위에 몹시 시달리다가 부득이 하루라도 더 먹고살기 위해 도적이 되는 자가 많기 때문이다. 그렇다면 백성을 도적으로 만든 자가 과연 누구인가? 권세가의 집은 공공연히 벼슬을 사려는 자들로 시장을 이루고 무뢰배들이 백성을 약탈한다. 백성이 어찌 도적이 되지 않겠는가?   - 「명종실록」

4. ☐⁴ 과 수신전, 휼양전 p.132

수전자(受田者)가 죽은 뒤, 그 처가 자식을 가지고 수신(守信)하는 경우에는 남편의 과전 모두를 물려받고, 자식이 없이 수신하는 경우에는 반만 받으며, 수신하지 않는 경우에는 주지 않는다. 부모가 모두 죽고 자식들이 어리면 마땅히 휼양하여야 하니 아버지의 과전 모두를 물려받고, 20세가 되면 본인의 과등(科等)에 따라 받는다.

5. ☐⁵ 의 활약 p.134

짚신에 감발치고 패랭이 쓰고/ 꽁무니에 짚신 차고 이고 지고/ 이 장 저 장 뛰어가서/ 장돌뱅이 동무들 만나 반기며/ 이 소식 저 소식 묻고 듣고/ 목소리 높이 고래고래 지르며/ 비가 오나 눈이 오나 외쳐 가며/ 돌도부 장사하고 해질 무렵/ 손잡고 인사하고 돌아서네/ 다음날 저 장에서 다시 보세.

6. 기술관 ☐⁶ p.135

공(公)은 열일곱에 사역원(司譯院) 한학과(漢學科)에 합격하여, 틈이 나면 성현의 책을 부지런히 연구하여 쉬는 날 없었다. 경전과 백가에 두루 통달하여 드디어 세상에 이름이 났다. …… 공은 평생 고문(古文)을 좋아하였다.

7. ┌─────────┐[7] **에 대한 차별** p.135

이들의 자손들을 과거에 응시하고 벼슬에 진출하지 못하게 하는 것은 우리나라의 옛 법이 아니다. …… 그런데 『경국대전』을 편찬한 뒤로부터 금고(禁錮)를 가하기 시작했으니 아직 백년도 되지 않았다. (다른 많은 나라에서) 금고하는 법이 있다는 말은 듣지 못했다. …… 그런데 경대부(京大夫)의 자식으로서 다만 외가가 없다는 이유만으로 대대로 금고하여 비록 훌륭한 재주와 사용할 만한 기국(器局)이 있어도 끝내 머리를 숙이고 시골에서 그대로 죽으니 …… 참으로 가련하다. - 『패관잡기』

8. ┌─────────┐[8] **의 운영** p.137

무릇, 뒤에 향약에 가입하기를 원하는 자에게는 반드시 먼저 규약문을 보여 몇 달 동안 실행할 수 있는가를 스스로 헤아려 본 뒤에 가입하기를 청하게 한다. 가입을 청하는 자는 반드시 단자에 참가하기를 원하는 뜻을 자세히 적어서 모임이 있을 때에 진술하고, 사람을 시켜 약정(約正)에게 바치면 약정은 여러 사람에게 물어서 좋다고 한 다음에야 글로 답하고, 다음 모임에 참여하게 한다. - 『율곡전서』

---

13 민족 문화의 융성

🔗 해커스공무원 임진석 眞한국사 기본서: p.220

1 조선 전기 민족 문화 융성의 배경

관학파의 정국 주도	· 중앙 집권, 부국강병 추구 → 민족적, 실용적 학문 발달
	· 성리학 외의 사상 수용, 사장 중시

2 한글 창제

• 창제 이전: 이두, 향찰 사용

• 훈민정음 (세종): 집현전, 정음청 / 「용비어천가」, 「석보상절」, 「월인천강지곡」 → 한글로 간행

• 하급 관리 채용에 활용 / 「훈민정음(해례본)」 – 유네스코 세계 기록유산으로 등재

한글 서적	저자	내용
「 1」	정인지	태조의 6대 조상의 덕을 기린 서사시
「동국정운」	신숙주, 성삼문	한자의 발음을 우리 현실에 맞게 표기
「 2」	수양 대군	석가의 일대기를 번역
「월인천강지곡」	세종	석가의 불덕을 찬양한 시가
「월인석보」	세조	「월인천강지곡」과 「석보상절」의 합본 / 간경도감에서 간행

3 역사서

1) 조선 전기 역사서

시기	역사서	특징	
건국 초, 15C	「고려국사」	정도전 / 조선 건국의 정당성을 밝힘	새 왕조 정통성 확립, 자주적 사관
	「동국사략」	권근 / 조선 건국의 정당성을 밝힘	
	「 3」	· 세종~문종 / 4	
		· 본기 없음 / 열전: 신우(우왕), 신창(창왕)	
	「 5」	문종 / 6	
	「삼국사절요」	편년체 / 성종(노사신, 서거정)	
	「 7」	· 성종(노사신, 서거정) / 8	
		· 9 (단군, 삼국 이전), 삼국기, 신라기, 고려기	

16C	『동국사략』	박상 / 신라의 통일기를 높이 평가	존화주의적,
	『 』10	이이 / 기자 중시	왕도주의적,
	『동사찬요』	『동국통감』 비판	소중화 의식

2) 『조선왕조실록』

	『조선왕조실록』
편찬	· 국왕 사후 춘추관 실록청에서 편찬, 편년체 · 초초, 중초, 정초 단계로 편집 / 세초 · 유네스코 세계 기록유산 등재
자료	『 』11 (사관이 작성) + 『등록』(관청 문서) → 『 』12 / 『승정원일기』, 『일성록』 등
내용	· 『태조실록』 ~ 『철종실록』(광해군, 연산군 일기) / 『수정실록』: 선조, 현종, 경종 · 국왕 열람 금지 원칙 → 『 』13 편찬: 실록 내용 중 왕의 언행 모음, 세조 이후 편찬
보관	· 조선 초 4대 사고: 춘추관, 충주, 전주, 성주 → 14 으로 전주 사고본 외 모두 소실 · 왜란 이후 5대 사고: 춘추관, 태백산, 오대산, 묘향산, 마니산 → 춘추관, 태백산, 오대산, 적상산, 정족산

4 지리서 · 윤리서 등의 편찬

1) 지리서와 지도: 중앙 집권화, 국방 강화 목적

시기	지리서	지도

15C	· 『신찬팔도지리지』(세종): 조선 최초의 인문 지리서
	· 『세종실록』「지리지」: 단군, 독도 관련 내용 수록
	· 『 』15 (성종)
	  : 서거정 등 / 주체적, 단군 관련 기록 수록
	· 외국 지리서
	  – 『 』16 (성종, 신숙주, 일본 견문록),
	  – 『 』17 (성종, 최부, 명 표류기)
		· 18 (태종)
		  : 동양 최고의 세계 지도 / 유럽, 아프리카 표시
		· 팔도도(세종)
		· 동국지도(세조): 실측 지도

16C	『 』19 (중종): 독도 표기	조선방역지도: 만주 · 대마도를 조선 영토로 표기

정답 1 용비어천가 2 석보상절 3 고려사 4 기전체 5 고려사절요 6 편년체 7 동국통감 8 편년체 통사 9 외기 10 기자실기 11 사초 12 시정기 13 국조보감 14 왜란
15 동국여지승람 16 해동제국기 17 표해록 18 혼일강리역대국도지도 19 신증동국여지승람

2) 윤리서·의례서: 유교적 질서 확립 목적

시기	윤리서	의례서
15C	『　　　20　』(세종) : 충신, 효자, 열녀의 행적을 그림으로 설명	『　　　21　』(성종) : 국가 행사 의례서 / 길·가·빈·군·흉례
16C	·『　22　』 보급 / 『동몽수지』, 『동몽선습』(박세무): 아동용 ·『　　23　』(중종): 연장자-연소자, 친구 간	『　　　24　』 보급 확산

▲ 혼일강리역대국도지도

▲ 조선방역지도

▲ 삼강행실도

3) 법전

① 건국 초: 『조선경국전』, 『경제문감』(정도전), 『경제육전』(조준) 등의 사찬 법전 편찬

②『경국대전』

편찬	25　 편찬 시작 ~ 　26　 때 완성
구성	이전, 호전, 예전, 병전, 형전, 공전의 6전으로 구성
의의	조선의 기본 법전 → 유교적 통치 질서의 완성

정답 **20** 삼강행실도 **21** 국조오례의 **22** 소학 **23** 이륜행실도 **24** 주자가례 **25** 세조 **26** 성종

14 성리학의 발달

🔗 해커스공무원 임진석 眞한국사 기본서: p.226

1 유학 교육 기관

관학		국립 대학	문묘 ○, 성현·선현(대성전), 명륜당(강의), 존경각(도서관)	· 소과 합격한 생원·진사 입학 · 군역 면제, 알성시 특권
	¹			
	² 중앙 중등		문묘 ×	· 서학, 동학, 남학, 중학 · 군역 면제 특권
	³ 지방 중등		문묘 ○, 성현·선현(대성전), 명륜당(강의)	· 지방 부·목·군·현 설치 · 중앙에서 교수, 훈도 파견 · 군역 면제 특권
사학	⁴ 지방 중등		문묘 ×, 선현(사당), 강당(강의)	군역 면제 특권(사액 서원)
	⁵ 지방 초등		문묘 ×	초등 사립

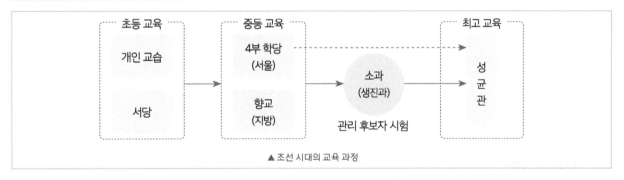

초등 교육 — 개인 교습 / 서당 → 중등 교육 — 4부 학당 (서울) / 향교 (지방) → 소과 (생진과) 관리 후보자 시험 → 최고 교육 — 성균관

▲ 조선 시대의 교육 과정

2 16세기 성리학의 융성

1) 성리 철학 논쟁

시기	주리론(이언적 → 이황) ·이언적: 주리론의 선구자			주기론(서경덕 → 이이) ·서경덕: 기의 절대성, 태허설 (⁶: 실천 강조, 경(敬) 중시)	
이기론	· 이(理): 절대적 선(원리적) · 기(氣): 선 + 악			· 이(理): 보편적 · 기(氣): 특수한, 국한된 것(경험적)	
	주리론		⁷, 이기이원론	주기론	⁸, 이기일원론
⁹	사단	이발	이황과 기대승 논쟁	사단, 칠정	기발 ○, 이발 ×
	칠정	기발			

정답 1 성균관 2 4부 학당 3 향교 4 서원 5 서당 6 조식 7 이기귀천 8 이통기국 9 사단칠정

2) 이황과 이이의 이기론

시기	10 : 주리론		11 : 주기론	
성격	관념적, 이상적		현실적, 경험적	
영향	· 일본 성리학에 영향 줌 · 위정척사 사상에 영향		· 현실 개혁안을 제시 → 국방력 강화책(10만양병설) / 수미법 · 북학파 실학과 개화 사상에 영향	
붕당	12 학파: 유성룡, 김성일		13 학파: 김장생, 조헌, 송시열	
	동인(14)		15 (노론)	
저서	『주자서절요』, 『이학통록』		『만언봉사』, 『동호문답』, 『격몽요결』	
	『 16 』(왕 스스로 수양할 것을 강조)		『 17 』(신하의 적극적인 역할 중시)	

▲ 『성학십도』

3) 학파의 형성

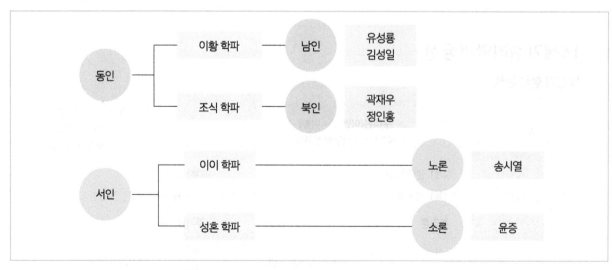

정답 10 이황 11 이이 12 영남 13 기호 14 남인 15 서인 16 성학십도 17 성학집요

15 불교와 민간 신앙

🔗 해커스공무원 임진석 眞한국사 기본서: p.230

1 불교

태조	·_____ ¹ 실시: 승려로의 출가 제한	불교 탄압(숭유억불 정책) (세조·명종 때 일시적 중흥) ⬇ 산간 불교화, 불교 위상 ↓	왜란 당시 승병의 활약 ⬇ [조선 후기] 불교 위상 회복
태종	·강력한 억불책 시행 ·사원 정리, 토지 몰수		
세종	·불교 교단 정리 ·불경 번역:『석보상절』등		
세조	·_____ ² (불경 번역 기구) 설치 ·불교 진흥책 실시		
성종	도첩제 폐지: 승려로의 출가 금지		
명종	·문정 왕후의 지원, 보우 중용 ·승과 부활		

2 도교와 풍수지리 사상

도교	풍수지리 사상
·_____ ³ 설치 → 중종 때 조광조에 의해 폐지 ·_____ ⁴ : 도교 행사	·한양 천도에 반영 ·_____ ⁵ (묘지 선정 다툼)의 증가

16 과학 기술의 발달

🔗 해커스공무원 임진석 眞한국사 기본서: p.232

15세기에 활발(목적: 민생 안정 + 부국 강병) → 16세기 이후 사림의 집권으로 침체	
천문학	· _____ ¹ (태조, 고구려 천문도 바탕으로 제작)
	· 세종, 장영실: 간의, 혼천의(천체 관측), 자격루(물시계), 앙부일구(해시계)
	· 세종: 측우기(강우량 측정)
	· 인지의, 규형(세조, 토지 측량)
역법 (『_____² 』)	· _____³ / 한양을 기준으로 한 독자 역법서
	· 해, 달, 화성, 수성, 목성, 금성, 토성(7정)의 위치 계산
	· 『내편』: 원의 수시력, 명의 대통력 참고
	· 『외편』: 아라비아의 회회력 참고
수학	· 『상명산법』, 『산학계몽』
의학	· 『향약채취월령』(세종, 약재 채취 시기 기록)
	· 『_____ ⁴ 』(세종, 우리 풍토에 맞는 약재 정리)
	· 『_____ ⁵ 』(세종, 의학 백과 사전)
활자 인쇄술	· _____ ⁶ (태종) / 경자자, _____ ⁷ (세종)
	· 밀랍 고정식 → 식자판 조립식
농서	· 『_____ ⁸ 』(세종, 농부 의견 반영, 우리 실정에 맞는 독자 농법 정리)
	· 『양화소록』(세조, 강희안) / · 『_____ ⁹ 』(성종, 시흥 지방의 농사법 정리)
병서·무기	· 병서: 『진도』(정도전), 『총통등록』(세종, 화약 정리), 『동국병감』(문종, 전쟁사), 『병장도설』
	· 신기전(세종), 화차(문종)
	· 병선 : 거북선, 비거도선

▲ 천상열차분야지도

▲ 혼천의

▲ 앙부일구

▲ 측우기

▲ 화차, 신기전

정답 **1** 천상열차분야지도 **2** 칠정산 **3** 세종 **4** 향약집성방 **5** 의방유취 **6** 계미자 **7** 갑인자 **8** 농사직설 **9** 금양잡록

17 건축과 공예

🔗 해커스공무원 임진석 眞한국사 기본서: p.235

1 건축의 발달

	· **한양 도성**: 좌묘우사 원칙으로 건물 배치			
15C	**궁궐**	[ ]¹	태조	법궁, 임진왜란 때 소실 → 흥선 대원군 중건
		[ ]²	태종	동궐, 임진왜란 때 소실 → 광해군 중건
		[ ]³	세종, 성종	동궐, 수강궁, 임진왜란 때 소실 → 광해군 중건
		[ ]⁴	선조	월산 대군의 사저 활용, 후에 덕수궁으로 개칭
		[ ]⁵	광해군	서궐, 경덕궁
	· **성문**: 숭례문, 흥인지문, 돈의문, 숙정문 → 유교 사상 반영 / 개성 남대문, 평양 보통문			
	· **불교 건축**: 무위사 극락전 / [ ]⁶ (팔만대장경, 유네스코 세계 문화유산) / [ ]⁷ (고려 경천사지 10층 석탑의 영향, 세조 때 건립, 대리석)			
16C	· **서원**: 향촌 사림의 근거지, 자연과 조화 / 사당, 강당, 동재, 서재			

▲ 숭례문　　　▲ 평양 보통문　　　▲ 해인사 장경판전　　　▲ 원각사지 10층 석탑

2 공예의 발달

전기	15C: [ ]⁸ → 16C: [ ]⁹

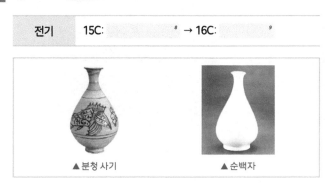

▲ 분청 사기　　　▲ 순백자

18 문학과 예술

🔗 해커스공무원 임진석 眞한국사 기본서: p.238

문학	15C	· 악장 / 시조와 가사
		· 한문학: 『⬚⬚⬚⬚⬚』[1](성종, 서거정, 문학의 자주 의식 강조)
		· 설화 문학: 『필원잡기』(서거정), 『용재총화』(성현)
		· 한문 소설: 『금오신화』(김시습)
	16C	· 시조: 황진이, 윤선도 / 가사: 송순, 정철, 박인로
		· 서얼 출신: 『패관잡기』(어숙권)
		· 여류 문인: 신사임당, 허난설헌
그림·글씨·음악	15C	그림	· ⬚⬚⬚⬚⬚[2] (안견, 안평 대군의 꿈 소재, 이상 세계 표현)
			· ⬚⬚⬚⬚⬚[3] (강희안, 사색)
		글씨	안평 대군
		음악	· 세종(정간보), 박연(여민락 / 아악의 체계화)
			· 성종, 성현(『악학궤범』 음악 백과사전)
			· 종묘 제례악 발달 (유네스코 세계 무형유산 등재)
	16C	그림	· 사군자, ⬚⬚⬚⬚⬚[4] (이상좌, 노비 출신, 소나무)
			· 모견도(이암, 동물), 초충도(신사임당, 풀과 벌레)
		글씨	석봉체(한호, 독자 글씨체, 『천자문』)

▲ 몽유도원도

▲ 고사관수도

▲ 사군자

▲ 송하보월도

▲ 초충도

해커스공무원

gosi.Hackers.com

시크릿 핵심 사료 읽기 [13 민족 문화의 융성~18 문학과 예술]

1. 『　　　　ⁿ¹』편찬 p.140

이 책을 편찬하면서 범례는 사마천의 사기를 따랐고, 기본 방향은 직접 왕에게 물어 결정하였습니다. 역대 국왕의 전기를 「본기」라 하지 않고 「세가」라 한 것은 대의명분의 중요성을 보인 것입니다. 우왕과 창왕은 가짜 왕이라 하여 신우, 신창을 세가에 넣지 않고 열전으로 내려놓은 것은 왕위를 도적질한 사실을 엄히 밝히려 한 것입니다.

2. 『　　　　²』(성종) p.140

삼가 삼국 이하의 여러 역사를 뽑고 겸하여 중국사를 채집하여 시간의 흐름에 따라 사건을 기록하였으며, 범례는 모두 자치통감에 의거하였습니다. 삼국이 병립하였을 때는 삼국기(三國紀)라 하였고, 신라가 통일했을 때는 신라기라 하였으며, 고려 때는 고려기라 하였고, 삼한 이상은 외기(外紀)라 하고는 천사백 년 동안 국세의 이합과 국운의 장단과 임금의 잘잘못과 정치의 성쇠를 모두 거짓 없이 서술하였습니다.

3. 『　　　　³』(세종) p.142

천하의 떳떳한 다섯 가지가 있는데 삼강이 그 수위에 있으니, 실로 삼강은 경륜의 큰 법이요 일만 가지 교화의 근본이며, 원천입니다. …… "간혹 훌륭한 행실과 높은 절개가 있어도, 풍속 습관에 옮겨져서 보고 듣는 자의 마음을 흥기시키지 못하는 일도 또한 많다. 내가 그 중 특별히 남달리 뛰어난 것을 뽑아서 그림과 찬을 만들어 중앙과 지방에 나누어 주고"…….

4. 『　　　　⁴』반포(성종) p.142

책이 완성되어 여섯 권으로 만들어 바치니, 『경국대전(經國大典)』이라는 이름을 내리셨다. 「형전(刑典)」과 「호전(戶典)」은 이미 반포되어 시행하고 있으나 나머지 네 법전은 미처 교정을 마치지 못했는데, 세조께서 갑자기 승하하시니 지금 임금께서 선대왕의 뜻을 받들어 마침내 하던 일을 끝마치고 나라 안에 반포하셨다.

5. 『　　　　⁵』(이황) p.144

후세 임금들은 천명을 받아 임금의 자리에 오른 만큼 그 책임이 지극히 무겁고 지극히 크지만, 자신을 다스리는 도구는 하나도 갖추어지지 않았습니다. …… 이제 이 도(圖)와 해설을 만들어 겨우 열 폭밖에 되지 않는 종이에 풀어 놓았습니다만, 이것을 생각하고 익혀서 평소에 조용히 혼자 계실 때에 공부하소서. 도(道)가 이룩되고 성인이 되는 요체와 근본을 바로잡아 나라를 다스리는 근원이 모두 여기에 갖추어져 있사오니, 오직 전하께서는 이에 유의하시어 여러 번 반복하여 공부하소서.

6. 　　　　⁶의 경장론 p.144

예로부터 나라의 역사가 중기에 이르면 인심이 반드시 편안만 탐해 나라가 점점 쇠퇴한다. 그때 현명한 임금이 떨치고 일어나 천명을 연속시켜야만 국운이 영원할 수 있다. 우리나라도 200여 년을 지내 지금 중쇠(中衰)에 이미 이르렀으니, 바로 천명을 연속시킬 때이다.

7. 『   [7]』(이이) p.144

제왕의 학문은 기질을 바꾸는 것보다 절실한 것이 없고, 제왕의 정치는 정성을 다해 어진 이를 등용하는 것보다 우선하는 것이 없을 것입니다. 기질을 바꾸는 데는 병을 살펴 약을 쓰는 것이 효과를 거두고, 어진 이를 쓰는 데는 상하가 틈이 없는 것이 성과를 얻습니다.

8. 『   [8]』(세종) p.146

왕께서 정흠지, 정초, 정인지 등에게 명하여 중국 역법을 연구하여 이치를 터득하게 하였다. 자세히 규명되지 않는 것은 왕께서 몸소 판단을 내리시어 모두가 분명히 밝혀지게 되었다. 또 태음통궤와 태양통궤를 중국에서 얻었는데 그 법이 이것과 약간 달랐다. 이를 바로 잡아 내편을 만들었다.

9.   [9] **와**   [9] **(세종)** p.146

이전에 주조한 활자가 크고 고르지 않았다. 이에 왕께서 경자년에 다시 주조하셨다. 그리하여 그 모양이 작고 바르게 되었으니, 이것으로 인쇄하지 않은 책이 없었다. 이를 경자자라고 하였다. 갑인년에 다시 『위선즐음(爲善陰騭)』의 글자 모양을 본떠 갑인자를 주조하니, 경자자에 비하여 조금 크고 활자 모양이 매우 좋았다.

10. 『   [10]』 **(성종)** p.148

요즘 문(文)을 말하는 사람이 말한다. '송은 당이 아니고, 당은 한이 아니다. 한은 춘추 전국이 아니고 춘추 전국은 요·순·하·은·주가 아니다.' 참으로 바른 말이다. …… 우리나라는 여러 임금이 대를 이어 백년이나 인재를 길렀다. 그동안 나온 인물들이 모든 정성을 다하여 문장을 지었다. 이 문이 살아 있는 듯 용솟음치니 옛날 어떤 문에 못지 않다. 이것은 바로 우리의 문이다. 송·원의 문이 아니고 한·당의 문이 아니다. 바로 우리의 문이다.

정답 *1* 고려사 *2* 동국통감 *3* 삼강행실도 *4* 경국대전 *5* 성학십도 *6* 이이 *7* 성학집요 *8* 칠정산 *9* 경자자, 갑인자 *10* 동문선

PART 5

근대 태동기

01 근대 태동기와 통치 체제의 변화

🔗 해커스공무원 임진석 眞한국사 기본서: p.244

1 근대 사회의 태동

한국의 근대 태동	경제적 측면	농업 생산력 증대와 상공업의 확대
: [____]¹ 지위 상승	사회적 측면	봉건적 신분 구조의 붕괴
	문화적 측면	진보적인 사상의 출현과 수용(실학, 천주교)

⇒ But, 정치적 측면에서는 근대 지향적 움직임이 수용되지 못함
 - 붕당의 대립과 폐단 심화
 - 세도 정치의 출현

2 정치 구조의 변화

1) 비변사의 기능 강화

구분	조선 전기(16C)	조선 후기
비변사	· [____]² (1510, 중종)을 계기로 설치 : 임시 회의 기구 · [____]³ (1555, 명종) 이후 : 상설 기구화	· [____]⁴ (선조) 이후 최고 정무 기구로 발전 ·**구성원 확대**: 전·현직 정승 + [____]⁵ 제외한 5조의 판서·참판 + 각 군영 대장, 대제학, 강화 유수 등 · 정치, 군사 등 모든 정무 총괄 기구로 자리 잡음 ·**영향**: 기존의 의정부·6조 중심 행정 체계 붕괴

2) 3사와 전랑의 기능 변질

구분	조선 전기	조선 후기
3사	공론 반영	붕당의 세력 유지 기구로 변질
이조 전랑	3사 관리 임명 충실	자신의 붕당을 기반으로 기능, 권한 남용

3) 군사 제도

중앙군: [5위] → [6]			
5군영	**설치**	**특징**	**문제점**
7	선조 (임진왜란 중)	· 수도 방어, 국왕 호위 · 핵심 군영, 삼수병(포수·사수·살수) · 급료병: 8 (상비군) · 삼수병의 급료 마련을 위해 1결당 약 2.2두의 삼수미세 징수	임기응변적 설치 + 서인의 군사 기반 역할
9	인조	· 수도 방어, 후금 침입 대비 · 10 운동(효종)의 기반	
11	인조	수도 외곽 - 북한산성	
12	인조	수도 외곽 - 남한산성	
13	숙종	수도 방어, 궁궐 수비, 5군영 완성	

지방군	
[조선 초]: 14 체제	[조선 후기]: 16 체제
[조선 중기]: 15 체제	→ · 양반, 상민, 노비의 모든 신분 편제 / 예비군 · 진관 체제 복구 목적 · **문제점**: 양반들이 회피, 상민과 노비의 부담 가중

정답 **1** 피지배층 **2** 삼포왜란 **3** 을묘왜변 **4** 임진왜란 **5** 공조 **6** 5군영 **7** 훈련도감 **8** 직업 군인 **9** 어영청 **10** 북벌 **11** 총융청 **12** 수어청 **13** 금위영 **14** 진관 **15** 제승방략
16 속오군

02 붕당 정치의 변질

🔗 해커스공무원 임진석 眞한국사 기본서: p.247

1 예송 논쟁

		예송 논쟁	계기	남인	서인	결과
17C	현종	____¹ 예송 (1659)	효종 죽음	____² 설	____³ 설 (기년설)	____⁴ 집권
		____⁵ 예송 (1674)	효종비 죽음	____⁶ 설 (기년설)	____⁷ 설 (대공설)	____⁸ 집권

- 자의 대비의 상복 기간 논쟁
- 효종의 왕위 정통성 인정 여부: 긍정적(남인) vs 부정적(서인)
- **왕권·신권**: [____⁹ 중시, 예법 차등(남인)] vs [____¹⁰ 중시, 예법 동일(서인)]

2 환국 정치와 일당 전제화

		환국	계기	결과
17C	숙종	____¹¹ 환국 (1680)	허적의 유악 남용 사건 + 서인이 허견 역모 사건을 고발	· ____¹² 승리 / ____¹³ 제거(허적, 윤휴) · 서인: 남인 처벌 문제로 ____¹⁴ (강경)·____¹⁵ (온건)으로 분화
		____¹⁶ 환국 (1689)	장희빈 아들 세자(원자) 책봉	____¹⁷ 승리 / ____¹⁸ 제거(송시열)
18C		____¹⁹ 환국 (1694)	인현 왕후 복위	____²⁰ 승리 / ____²¹ 몰락, 재기불능

- **숙종의 탕평책**: 명목상의 탕평론에 불과, 왕의 편당적 조치 → 극단적 대립 조장
- 노론과 소론의 대립 격화 / 노론의 ____²² 화 추구

경종	· 소론(경종 지지) vs 노론(연잉군 지지) · ____²³ : 소론이 연잉군(영조)의 대리 청정을 발의한 노론 탄압

정답 **1** 기해 **2** 3년 **3** 1년 **4** 서인 **5** 갑인 **6** 1년 **7** 9개월 **8** 남인 **9** 왕권 **10** 신권 **11** 경신 **12** 서인 **13** 남인 **14** 노론 **15** 소론 **16** 기사 **17** 남인 **18** 서인 **19** 갑술 **20** 서인
21 남인 **22** 일당 전제 **23** 신임사화

03 탕평 정치의 실시와 세도 정권의 수립

𝒫 해커스공무원 임진석 眞한국사 기본서: p.250

1 영조와 정조의 탕평 정치

18C	**영조**	**① 탕평 정치의 전개**
		
		·**배경**: ¹ 의 난(영조의 정통성 논란) / 나주 괘서 사건 → 소론 약화
		
		           ² **탕평**: 극단적 붕당 세력 배제, 왕에 동의하는 세력 등용
		
		  - 탕평 교서 발표, ³ 건립, 탕평파 육성
		  - ⁴ 부정 / ⁵ 정리 / ⁶ 권한 약화 → 붕당 기반 약화 목적
		
		·**한계**: 임오화변(사도 세자의 죽음) → 노론이 벽파·시파로 분화
		
		② 개혁 정책의 추진
		
		·삼심제 시행, 가혹 형벌 금지 / 신문고 제도 부활
		· ⁷ 시행: 군역 제도 개선
		·**기타**: 기로과 시행 / 청계천 준설 / 수성윤음 반포
		·**편찬 사업**: 『속대전』, 『동국문헌비고』, 『속오례의』, 『속병장도설』, 동국여지도 등

	정조	**① 탕평 정치 및 왕권 강화책:**
		
		·벽파 배제, 시파 위주의 등용
		
		           ⁸ **탕평**: 각 당의 시시비비 가림, 국왕 주도의 탕평 정치
		
		  - 새로운 세력의 등용: ⁹ (정약용, 체제공) / ¹⁰ (유득공, 이덕무, 박제가)
		  - 초월적 군주로 군림(만천명월주인옹)
		  - ¹¹ 시행: 관료 재교육, 인재 양성
		  - ¹² 설치: 국가 중요 정책 결정 / 검서관 등용(정치 세력 육성, 서얼)
		  - ¹³ 설치: 국왕 친위 부대
		
		② 개혁 정책의 추진
		
		· ¹⁴ 건설: 정치·군사적 기능 부여 / 행차 시 백성들에게 격쟁·상언의 기회 부여 / 4유수부 완성
		·**수령 권한 강화**: 수령이 향약 주관, 지방 사족의 향촌 지배력 억제
		· ¹⁵ : 육의전을 제외한 시전 상인의 금난전권 폐지
		·**기타**: 문체 반정 운동
		·**편찬 사업**: 『대전통편』, 『동문휘고』, 『탁지지』, 『추관지』, 『무예도보통지』, 『홍재전서』, 『규장전운』, 『고금도서집성』, 『자휼전칙』 등

정답 **1** 이인좌 **2** 완론 **3** 탕평비 **4** 산림 **5** 서원 **6** 이조 전랑 **7** 균역법 **8** 준론 **9** 남인 **10** 서얼 **11** 초계문신제 **12** 규장각 **13** 장용영 **14** 화성 **15** 신해통공

2 19세기 정치 질서의 변화

19C : 세도 정치 전개	순조	· 노론 벽파, 정순 왕후 수렴청정: 신유박해, 장용영 혁파 · ___ [16] 씨(김조순) 권력 장악 + 반남 박씨, 풍양 조씨 협력 · 민란: 홍경래의 난	[세도 정치 시기의 특징] · 소수 가문의 권력 독점 · ___ [19] 권력 집중 · 매관매직의 성행 · 삼정의 문란 · ___ [20] 의 발생
	헌종	___ [17] 씨(조만영) 권력 장악: 기해박해	
	철종	· ___ [18] 씨 권력 장악 · 민란: 임술 농민 봉기	

04 조선 후기의 대외 관계

해커스공무원 임진석 眞한국사 기본서: p.254

1 청과의 관계

일반론	¹ 론	² 론
· 연행사(정기사절) 파견	· 성리학적 명분론, 화이론이 반영됨 · 청 정벌 주장	· 서울 노론 일부, 인물성동론(낙론) 계열 계승 · 청 문물 수용 주장

2 일본과의 관계

왜란 이후 국교 단절 → 이후 국교 재개	⁴ 파견
³ (광해군): 일본과 제한적으로 교류	막부 정권의 권위 확보 위해 일본이 요청

3 영토 문제

구분	우리의 영토인 근거	일본의 불법 영토 편입
독도 문제	· **삼국 시대**: 신라 영토로 편입 · **조선** – 『세종실록』「지리지」, 『신증동국여지승람』 　－ ⁵ 의 활약(⁶): 일본이 독도는 자국 영토가 　아님을 인정 · **대한 제국**: 울릉도와 독도 관리(칙령 41호: 울릉도를 군으로 승격)	일본이 ⁷ 중(1905) 불법적으로 독도 강탈(시마네 현 고시 40호)
간도 문제	· **조선**: 청과 간도 귀속 문제 　⇨ ⁸ (⁹ , 서위압록, 동위토문) · **개항 이후**: 서북 경략사 어윤중, 토문 감계사 이중하 파견 · **대한 제국**: ¹⁰ 이범윤 파견, 함경도로 편입	을사늑약(1905)으로 외교권 상실 ⇨ ¹¹ 의 불법적 체결(1909) : 일본이 간도를 청의 영토로 인정 (만주 철도 부설권 획득 조건)

▲ 간도와 토문강

정답 **1** 북벌 **2** 북학 **3** 기유약조 **4** 통신사 **5** 안용복 **6** 숙종 **7** 러·일 전쟁 **8** 백두산 정계비 **9** 숙종 **10** 간도 관리사 **11** 간도 협약

PART 5 근대 태동기 | 04 조선 후기의 대외 관계 159

1. ☐[1] p.154

김익희가 상소하여 말하기를, "임시로 비변사를 설치하였는데, 재신(宰臣)으로서 이 일을 맡은 사람을 지변 재상(知邊宰相)이라고 불렀습니다. 그러나 이것은 일시적인 전쟁 때문에 설치한 것으로서 국가의 중요한 모든 일들을 참으로 다 맡긴 것은 아니었습니다. 오늘에 와서는 큰 일이건 작은 일이건 모두 취급합니다. 의정부는 한갓 겉 이름만 지니고 육조는 할 일을 모두 빼앗기고 말았습니다. 이름은 '변방을 담당하는 것'이라고 하면서 과거에 대한 판정이나 비빈 간택까지도 모두 여기서 합니다."라고 하였다.

2. 기해예송(☐[2]**의 주장, 현종)** p.156

상소하여 아뢰기를, "신이 좌참찬 송준길이 올린 차자를 보았는데, 상복(喪服) 절차에 대하여 논한 것이 신과는 큰 차이가 있었습니다. 장자를 위하여 3년을 입는 까닭은 위로 '정체(正體)'가 되기 때문이고 또 전중(傳重: 조상의 제사나 가문의 법통을 전함)하기 때문입니다. …… 무엇보다 중요한 것은 할아버지와 아버지의 뒤를 이은 '정체'이지, 꼭 첫째이기 때문에 참최 3년복을 입는 것은 아닙니다."라고 하였다.

– 『현종실록』

3. ☐[3] **(숙종)** p.156

임금이 말하기를, "송시열은 산림(山林)의 영수로서 나라의 형세가 험난한 때에 감히 원자의 명호를 정한 것이 너무 이르다고 하였으니, 삭탈 관작하고 성문 밖으로 내쳐라. 반드시 송시열을 구하려는 자가 있겠지만, 그런 자는 비록 대신이라 하더라도 용서하지 않을 것이다."라고 하였다.

4. ☐[4]**, 탕평교서** p.157

붕당의 폐해가 요즈음보다 심한 적이 없었다. …… 우리나라는 원래 땅이 협소하여 인재 등용의 문도 넓지 못하였다. 그런데 근래에 와서 인재 임용이 당에 들어 있는 사람만으로 이루어지고, 조정의 대신들이 서로 공격하여 공론이 막히고 서로를 반역자라 지목하니 선악을 분별할 수 없게 되었다. 지금 새로 일으켜야 할 시기를 맞아 과거의 허물을 고치고 새로운 정치를 펴려 하니, 유배된 사람은 경중을 헤아려 다시 등용하되 탕평의 정신으로 하라.

5. ☐[5] **의 탕평책** p.157

국왕은 행차 때면 길에 나온 백성들을 불러 직접 의견을 들었다. 또한 척신 세력을 제거하여 정치의 기강을 바로 잡았고, 당색을 가리지 않고 어진 이들을 모아 학문을 장려하였다. 침전에는 '탕탕평평실(蕩蕩平平室)'이라는 편액을 달았으며, "하나의 달빛이 땅 위의 모든 강물에 비치니 강물은 세상 사람들이요, 달은 태극이며 그 태극은 바로 나다."라고 하였다.

6. ☐[6] **건립 (정조)** p.157

이곳 수원부는 현륭원 자리를 마련한 뒤로부터 관방이 더욱 중하여졌다……현륭원이 있는 곳은 화산이고 이 부는 유천이다. 화 땅을 지키는 사람이 요임금에게 세 가지를 축원한 뜻을 취하여 이 성의 이름을 화성이라고 하였다.

7. 무예도보통지([_____7_____]) p.157

무예에 관한 여러 가지 책에 실린 …… 여섯 가지 기예는 척계광의 《기효신서》에 나왔는데, 훈련도감 낭청 한교에게 명하여 우리 나라에 출정한 중국 장수들에게 두루 물어 찬보를 만들어 출간하였고, 영종 기사년에 장헌 세자가 모든 정사를 대리하던 중 기묘년에 명하여 …… 도해로 엮어 새로 《신보》를 만들었고, 상이 즉위하자 명하여 …… 모두 24가지 기예가 되었는데, 검서관 이덕무·박제가에게 명하여 장용영에 사무국을 설치하고 자세히 상고하여 편찬하게 하는 동시에, 주해를 붙이고 모든 잘잘못에 대해서도 논단을 붙이게 했다.

8. [_____8_____] 의 모습 p.158

박종경은 어떤 인물이기에 요직을 멋대로 주무르고 권력을 남용하여 재물을 탐하고, 사방에 심복을 심어 만사를 제 마음대로 하려 합니까? 외척의 지위를 이용하여 인사, 재정, 군사, 시장 운영의 권한은 물론, 비변사와 주교사의 권한까지 모두 장악하여 득의양양해 하며 왼손에 칼자루를 오른손에 저울대를 쥔 듯이 아무런 거리낌도 없습니다.

9. [_____9_____] (숙종, 간도) p.159

오라 총관 목극등이 천자의 명을 받들고 변방 경계를 조사한 결과 서쪽은 압록강이고, 동쪽은 토문강이며 분수령 상에 비를 세워 명기한다.

정답 **1** 비변사 **2** 남인 **3** 기사환국 **4** 영조 **5** 정조 **6** 화성 **7** 정조 **8** 세도정치 **9** 백두산 정계비

05 수취 체제의 개편

🔗 해커스공무원 임진석 眞한국사 기본서: p.257

구분	16C(배경)	조선 후기
전세	공법 제대로 운영 × → 관행적으로 최저 세율 적용	**¹ 시행(　²　)** · 법정 최저 세율 고정(전세 정액화): 1결당　³　~6두(전세 인하) · 양척동일법 적용 · **한계:**　⁴　에게만 혜택, 부가세가 소작농에게 전가
공납	·　⁵　의 폐단 발생 · 조광조, 이이, 유성룡 　→　　⁶　 시행 주장, 　　시행은 ×	**⁷ 시행(　⁸　~숙종)** · 기존 '특산물' → 쌀, 포, 동전으로 대신 납부: 1결당　⁹　두 ·　¹⁰　: 특산물을 납품하는 도매업자(도고로 성장) 　　　　　→ 상공업, 상품 화폐 경제 발달 촉진 · '호' → '　¹¹　'에 부과(공납의　¹²　화) · 토지를 소유한 양반 지주, 방납업자들 반발: 전국적으로 시행되는데 100년 소요

시기	시행 주장	실시 과정
광해군	이원익, 한백겸	선혜청 설치, 경기도 실시
인조	조익	강원도 실시
효종	김육	충청도·전라도 실시
숙종	허적	전국 시행

· **긍정적 효과**: 농민 부담 감소
· **한계**: 대동세가 소작농에게 전가, 상공만 폐지

구분	16C(배경)	조선 후기
군역	· 군역 기피, 문란 · 대립,　¹³　현상 · 군포 1년 2필 부담 · 군역의 폐단으로 부담 가중	**¹⁴ 시행(　¹⁵　)** · 양역변통론 제기

호포론	가호 단위 부과	감필론	군포 부담 감소
결포론	토지 면적 단위 부과	기타	농병일치론, 유포론 등

· 1년　¹⁶　필 → 1년　¹⁷　필로 군포 부담 감소
· **부족분 보충 대책**
　- 어염세, 선세(각종 잡세 수입을 균역청에서 관할)
　-　¹⁸　세(토지세의 성격, 1결당 2두)
　-　¹⁹　(평민 상류층에 관직 칭호 부여, 군포 징수)
· **한계**: 결작세가 소작농에게 전가됨, 군역의 폐단 지속

정답 **1** 영정법 **2** 인조 **3** 4 **4** 지주 **5** 방납 **6** 수미법 **7** 대동법 **8** 광해군 **9** 12 **10** 공인 **11** 토지 **12** 전세 **13** 방군수포 **14** 균역법 **15** 영조 **16** 2 **17** 1 **18** 결작 **19** 선무군관포

06 농업 경제의 변화·발전

🔗 해커스공무원 임진석 眞한국사 기본서: p.261

1 양반 지주의 경영 변화

지주 전호제의 일반화	양반들의 토지 집적 확대, 지주 전호제(소작제) 방식의 경영 일반화
지주 전호제의 변화	지주와 전호: 기존 신분적 관계 → 경제적 계약 관계로 변화

2 농민 경제의 변화

[1] 일반화	노동력 ↓, 생산력 ↑ → [2] 가능	
[3] 성행	벼·보리의 이모작, 소작료 수취 대상 × → 보리 농사 활발	
[4] 보급	밭 [5] 에 파종 → 생산력 ↑	
상품 작물	·목화, 채소(고추, 마늘, 배추), 담배 등 상품 작물 재배 → 농업이 상업화 됨 ·**외래 작물 도입**: 고추, 담배, 고구마, 감자 ·**구황 작물 재배**: 고구마, 감자	
쌀의 상품화	밭을 논으로 바꾸는 현상 확대	

일부 농민 생산력 증가 →

농민의 계층 분화

[6]·몰락 농민 분화
지주의 직접 경영 시도 노비 활용, 머슴 고용

3 지대 납부 방식의 변화

타조법([7] 지대)	도조법([8] 지대)
·수확량의 일정 비율을 소작료로 내는 방식 ·병작 반수제로 운영: 수확량의 절반 징수 ·지주가 소작인의 농업 경영에 간섭 ↑: 지주 유리	·미리 정한 액수를 소작료로 내는 방식 ·지주의 간섭 ↓, 소작인의 주체적 농업 경영 가능: 소작농 유리 　　　　　　　　　　　　　　　(도지권 획득) ·도전법으로 발전

정답 **1** 이앙법 **2** 광작 **3** 이모작 **4** 견종법 **5** 고랑 **6** 부농 **7** 정률 **8** 정액

07 수공업과 광업의 발달

🔗 해커스공무원 임진석 眞한국사 기본서: p.264

1 수공업

	15 ~ 16C	조선 후기의 모습
수공업	·공장안에 등록된 장인이 관청 수요품 제작·공급 (무상 징발, 관영 수공업) ·부역제가 문란해짐 → 관영 수공업 품질 열악	**민영 수공업**
		·공장안 폐지 → 납포장 등장(자유 수공업자)
		· [ ]¹ 의 형성
		· [ ]² 수공업의 성행(사전 주문 방식): 수공업자가 상인 자본에 지배받는 형태 ⇨ 이후 독립 수공업 발달

2 광업

	15 ~ 16C	조선 후기의 모습
광업	·관영 광업 ·부역제가 문란해짐 ⇨ 광업 생산량이 저조	**민영 광업(청 무역↑, 은광 개발↑)**
		·사채 허용 / [ ]³ 시행(효종): 정부 감독 + 민간의 광산 개발 + 세금 징수
		·이후 민영 광업 허용 / 수령수세제 시행 ⇨ 광산 개발 증가, 잠채 성행
		·광산 자본·경영 분업화 ⇨ 물주: 자금 / [ ]⁴ : 경영 / 혈주: 채굴

정답 **1** 점촌 **2** 선대제 **3** 설점수세제 **4** 덕대

08 상업과 상품 화폐 경제의 발달

🔗 해커스공무원 임진석 眞한국사 기본서: p.265

1 상업의 발달

1) 원인: 농업 생산력 ↑, 조세 금납화와 공인 등장, 몰락 농민이 상인으로 변화

2) 상인의 활동

	관허 상인	사상
중앙	· _____ ¹ 상인: 금난전권 특권 · _____ ² (정조) : 육의전 제외 금난전권 폐지	³ (종루, 이현, 칠패) : 신해통공 이후 자유로운 상업 가능
지방	·보부상 ·공인 → _____ ⁴ 로 성장	· _____ ⁵ (한강): 선상 · _____ ⁶ (개성): 인삼 유통에 특화, 　지점인 _____ ⁷ 설치 · _____ ⁸ (의주): _____ ⁹ 과 무역 　(개시·후시-책문, 중강) · _____ ¹⁰ (동래): _____ ¹¹ 과 무역 　(개시·후시-왜관)

▲ 조선 후기의 상인 활동

3) 상인의 주요 거점

		규모
_____ ¹²	종래의 조창 → 상업 중심지로 발전 / ·활동 상인: 객주·여각(운송, 숙박, 금융), 선상, 거간 등 성장	규모 : 포구 > 장시
_____ ¹³	5일장 등, 일부 상설 시장화	
국경 무역	·국경 지대: _____ ¹⁴ (공무역), _____ ¹⁵ (사무역)의 성행 / ·무역: 청(비단, 약재, 문방구 수입), 일본(은, 구리, 황, 후추 수입)	

2 화폐의 유통

화폐: _____ ¹⁶ 의 전국적 유통(숙종) + 신용 화폐 등장(환, 어음)	
긍정적 측면	**부정적 측면**
상품 화폐 경제 진전에 기여 ⇨ 박지원, 용전론	전황 발생: 양반 지주들이 화폐를 재산 축적에 이용 → 화폐 부족 현상 ⇨ 이익, 폐전론

정답 **1** 시전 **2** 신해통공 **3** 난전 **4** 도고 **5** 경강 상인 **6** 송상 **7** 송방 **8** 만상 **9** 청 **10** 내상 **11** 일본 **12** 포구 **13** 장시 **14** 개시 **15** 후시 **16** 상평통보

1. [1   ]**의 폐단** p.162

- 지방에서 토산물을 공물로 바칠 때, (중앙 관청의 서리가) 공납을 일체 막고 본래 값의 백배가 되지 않으면 받지도 않습니다. 백성이 견디지 못하여 세금을 못 내고 도망하는 자가 줄을 이었습니다.
- 정인홍이 아뢰기를 "민생이 곤궁한 것은 공상할 물건은 얼마 되지도 않는데 방납으로 모리하는 무리에게 들어가는 양이 거의 3분의 2가 넘고, 게다가 수령이 욕심을 부리고 아전이 애를 먹여서 그 형세가 마치 삼분오열로 할거하듯 하니 민생이 어찌 곤궁하지 않겠습니까."

  ─ 『선조실록』

2. [2   ]**, 수미법** p.162

해주의 공물법을 보면, 토지 1결마다 쌀 한 말을 징수하고 관청은 스스로 물품을 마련하여 서울에 바치기 때문에 백성들은 쌀을 낼 줄만 알지 다른 폐단은 거의 듣지 못하게 되었다. 이것은 오늘날 백성을 구하는 참으로 좋은 법이 될 수 있다. 만약 이 법을 사방으로 넓혀 행한다면 방납의 폐단은 머지않아 저절로 개혁될 것이다.

─ 『율곡전서』

3. [3   ]**의 확대** p.162

좌의정 박세채가 상소를 올려, "해서 일대는 부역이 번다하고 무거워 백성들이 제대로 살아가지 못합니다. 신이 이 고장을 왕래한 지가 거의 30년이나 되는데, 다른 여러 도에서 실시하는 대동법을 시행하지 못하는 것을 한탄하는 말을 많이 들었습니다. 대개 그 법의 기원은 율곡 이이에게서 시작된 것인데, 그 동안에 선혜청을 두었으며, 먼저 관동과 경기에 시행했는데, 명칭은 달랐지만 실속은 같았습니다. 그 뒤에 호남과 영남에도 시행하였으니, 백성들이 모두 신뢰하였습니다."라고 하였다.

4. [4   ]**(영조)** p.162

적전(籍田)을 가는 쟁기를 잡으시니 근본을 중시하는 거동이 아름답고, 혹독한 형벌을 없애라는 명을 내리시니 살리기를 좋아하는 덕이 성대하였습니다. …… 정포(丁布)를 고루 줄이신 은혜로 말하면 천명을 받아 백성을 보전할 기회에 크게 부합되었거니와 위를 덜어 아래를 더하며 어염세도 아울러 감면되고, 여자·남자가 기뻐하여 양잠·농경이 각각 제자리를 얻었습니다.

─ 영조 시책문

5. [5   ]**의 일반화** p.163

지금 남쪽에서는 모두 모내기를 하여 농사를 짓는다. 모내기법은 노동력이 직접 논에 벼를 심는 직파법보다 5분의 4나 절약이 된다. 따라서 집안에 아이들을 비롯하여 부릴 수 있는 노동력이 조금이라도 있는 사람들은 경작을 거의 무한으로 할 수 있다.

─ 『성호사설』

6. [6   ] **상품 작물 재배** p.163

서울 근교와 각 지방의 대도시 주변의 파밭, 마늘밭, 배추밭, 오이밭에서는 10무의 땅으로 수만 전의 수입을 올린다. 서북 지방의 담배밭, 관북 지방의 삼밭, 한산의 모시밭 등은 논농사가 가장 잘 되었을 때 수입과 비교하더라도 이익이 열 배나 된다. 요즘은 인삼도 모두 밭에서 재배하는데 이익이 천만 전이나 된다고 하니 토지의 질로써 말할 수 없다.

─ 『경세유표』

7. ☐☐☐☐☐☐☐[7] (효종) p.164

비변사에게 아뢰기를 "…… 우리나라는 물력(物力)이 부족하여 요역이 매우 무겁습니다. 매번 나라의 힘으로 채굴한다면, 노동과 비용이 많이 들어갑니다. 채은관(採銀官)에게 명해 광산을 개발한 이후 백성을 모집하여 (채굴할 것을) 허락하고 그로 하여금 세를 거두도록 하되 그 세금의 많고 적음은 적당히 헤아려 정하게 한다면 관에서 힘을 들이지 않아도 세입이 저절로 많아질 것입니다. ……"라고 하니, 왕이 아뢴 대로 하라고 답하였다.

8. ☐☐☐☐☐[8]의 성행 p.164

황해도 관찰사의 보고에 의하면 수안에는 본래 금광이 다섯 곳이 있었다. 두 곳은 금맥이 다하였고 세 곳만 금맥이 풍성하였다. 지난해 장마가 심해 광꾼들 대부분이 흩어졌다. 올해 여름 새로이 39곳의 금혈을 팠는데, 550여명의 광꾼이 모여들었다. 일부는 도내 무뢰배들이었지만, 대부분은 사방에서 이득을 좇아 몰려온 무리이다. ─ 「비변사등록」

9. ☐☐☐[9] 상업 p.165

허생은 안성의 한 주막에 자리 잡고서 밤, 대추, 감, 귤 등의 과일을 모두 값을 배로 주고 사들였다. 그가 과일을 도고하자, 온 나라가 제사나 잔치를 치르지 못할 지경에 이르렀다. 따라서 과일값은 크게 폭등하였다. 그는 이에 10배의 값으로 과일을 되팔았다. 이어서 그는 그 돈으로 곧 호미, 삼베, 명주 등을 사 가지고 제주도로 들어가 말총을 모두 사들였다. 말총은 망건의 재료였다. 얼마 되지 않아 망건 값이 10배나 올랐다. 이렇게 하여 그는 50만 냥에 이르는 큰돈을 벌었다. ─ 박지원, 「허생전」

10. ☐☐[10]의 발달 p.165

우리나라는 동·서·남의 3면이 모두 바다이므로, 배가 통하지 않는 곳이 거의 없다. 배에 물건을 싣고 오가면서 장사하는 장사꾼은 반드시 강과 바다가 이어지는 곳에서 이득을 얻는다. 전라도 나주의 영산포, 영광의 법성포, 흥덕의 사진포, 전주의 사탄은 비록 작은 강이나, 모두 바닷물이 통하므로 장삿배가 모인다. 충청도 은진의 강경포는 육지와 바다 사이에 위치하여 바닷가 사람과 내륙 사람이 모두 여기에서 서로의 물건을 교역한다. 매년 봄, 여름에 생선을 잡고 해초를 뜯을 때에는 비린내가 마을에 넘치고, 큰 배와 작은 배가 밤낮으로 포구에 줄을 서고 있다. ─ 「택리지」

11. ☐☐[11], 폐전론 p.165

지금 돈을 사용한 지 겨우 70년 밖에 되지 않았으나, 폐단이 더욱 심하다. 돈은 탐관오리에게 편리하고, 사치하는 풍속에 편리하고, 도둑에 편리하나, 농민에게는 불편하다. 돈 꿰미를 차고 저자에 나아가서 무수한 돈을 허비하는 자가 많으므로, 인심이 날로 각박해진다. ─ 「성호사설」

정답 **1** 방납 **2** 이이 **3** 대동법 **4** 균역법 **5** 이앙법 **6** 조선 후기 **7** 설점수세제 **8** 민영 광업 **9** 도고 **10** 포구 **11** 이익

09 신분제의 변동

🔗 해커스공무원 임진석 眞한국사 기본서: p.270

	조선 후기 신분제 변동: 양반 수 증가, 노비 수 감소
양반	· 붕당 정치의 변질 → 양반의 몰락, 계층 분화
	· 양반의 계층 분화 → 벌열(권반) / 향반 / 잔반
	· 양반 수의 ___¹___, 지위 ___²___: 합법(___³___, ___⁴___) / 불법(___⁵___ 매입)
중인	· 서얼에 대한 인식 변화 촉구: 허균, 유재론
	· ___⁶___의 신분상승 운동(영조~정조 시기 활발)
	: 정조 때 규장각 검서관에 등용(유득공, 이덕무, 박제가 등)
	⇨ 서얼에 대한 제도적 차별 철폐(철종, 신해허통)
	· 기술직 ___⁷___의 신분 상승 운동: ___⁸___ 운동(철종) → ___⁹___
	· 문학 모임인 ___¹⁰___ 조직(위항 문학)
상민	· 농민의 계층 분화 → ___¹¹___ / 상공업자, 임노동자로 변화
	· 경제력 축적한 상민: 납속책, 공명첩, 족보 매입 → 양반으로 신분 상승
천민	· 군공, 납속, 도망 → 노비 수 감소
	· 정부는 노비 계층을 상민으로 편입(재정 확보 목적)
	노비 정책 · 입역 노비 → 납공 노비로 전환 · 일천즉천(조선 전기) ⇨ ___¹²___ 시행(영조) · ___¹³___ 해방(순조) ⇨ 노비 세습제 폐지(고종, 1886) ⇨ 사노비 해방(갑오개혁, 1894)

▲ 공명첩

▲ 몰락한 양반(자리짜기)

정답 **1** 증가 **2** 하락 **3** 납속책 **4** 공명첩 **5** 족보 **6** 서얼 **7** 중인 **8** 소청 **9** 실패 **10** 시사 **11** 부농 **12** 노비종모법 **13** 공노비

10 향촌 사회 변화와 가족 제도

∂ 해커스공무원 임진석 眞한국사 기본서: p.274

1 향촌 사회 변화

1) 부농층의 성장과 향전

조선 후기 향촌 사회		
사족(구향)		부농(⁴)
·권위 하락과 부농층의 도전 ⇨ [대응] 　- 족보 제작 / 청금록, 향안의 중시 　- 　　　¹ 실시, 서원과 　　　² 건립 　- 동족 마을 형성	↔ (³)	⁵ (수령)과 결탁, 향촌 사회에서 지위 상승 : 향안에 이름 올리고 향회 장악, 향임직 진출

2) 관권의 강화

- 　　　⁶ 과 향리 세력의 강화
- **향회의 기능 변질**: 수령의 부세 자문 기구로 지위 격하

2 가족 제도

조선 전기		조선 후기
·남귀여가혼(결혼 후 남자의 처가살이) ·자녀 균분 상속 ·제사 분담	→	·　　　⁷ 제도 정착(부계 중심 가족 제도) ·장자 중심 체제(적서 차별): 장자가 제사 전담, 재산 상속 우대 ·　　　⁸ 입적 일반화

11 사회 변혁의 움직임

🔗 해커스공무원 임진석 眞한국사 기본서: p.276

1 19세기의 사회 동요

삼정의 문란	· ____¹ (1결당 약 20.2두): 진결, 은결, 도결, 백지징세
	· ____² (균역법-군포 1필 이상): 족징과 인징, 황구첨정, 강년채, 백골징포, 마감채
	· ____³ (고리대로 변질): 늑대, 반작, 가분, 허류, 반백, 분석
대외 침입	이양선 출몰 / 영·프의 베이징 함락 / 러시아의 연해주 획득(조선과 국경선 마주)

2 예언 사상의 대두

| 예언 사상 유행 | 비기, 도참서 유포: 「____⁴」 | 민간 신앙 유포 | 무격 신앙, 미륵 신앙 확산 |

3 천주교 전파

1) 수용과 발전

수용(17C)	발전과 탄압(18C)
학문의 하나로 수용·연구(____⁵) → 『____⁶』 유포·확산	· ____⁷ 계열 실학자들에 의해 점차 신앙으로 받아들여짐 · ____⁸ : 최초 세례 교인 ·인간 평등, 제사 의식 거부(민간 확산) → 정부는 ____⁹ 로 규정하고 천주교 박해 / 일부 남인의 천주교 비판(안정복)

2) 천주교 박해의 전개

____¹⁰	정조	·진산 사건(____¹¹ 의 신주 소각) 계기 ·큰 탄압 ×, 청에서 주문모 신부가 조선에 입국
____¹²	순조(____¹³ 집권)	·남인 시파 탄압 목적 ·이승훈, 정약종, 주문모 신부 처형 / 정약전, ____¹⁴ 유배 ·이를 계기로 ____¹⁵ 백서 사건 발생
____¹⁶	헌종(____¹⁷ 세도)	정하상(「상재상서」 저술) 처형, 오가작통법 강화
병오박해	헌종(풍양 조씨 세도)	김대건 신부 처형

4 동학의 발생

창시	탄압	발전
· 철종 때 경주의 몰락 양반 ___ [18] 가 창시 · 유·불·도 + 천주교 교리(인간 평등) · 반외세, 반봉건적 성격 · ___ [19], 시천주, 후천개벽, ___ [20]	최제우 처형 (혹세무민 이유)	· 최시형(2대 교주) : 「 ___ [21]」「 ___ [22]」 간행 · 포접제 활용하여 교세 확장

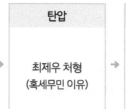
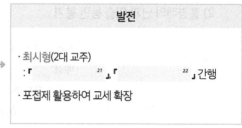

정답 **1** 전정 **2** 군정 **3** 환곡 **4** 정감록 **5** 서학 **6** 천주실의 **7** 남인 **8** 이승훈 **9** 사교 **10** 신해박해 **11** 윤지충 **12** 신유박해 **13** 노론 벽파 **14** 정약용 **15** 황사영 **16** 기해박해
17 풍양 조씨 **18** 최제우 **19** 인내천 **20** 보국안민 **21** 동경대전 **22** 용담유사

PART 5 근대 태동기 | 11 사회 변혁의 움직임 171

12 농민 봉기의 발생

🔗 해커스공무원 임진석 眞한국사 기본서: p.280

1) 배경: 19세기 농민의 몰락 → 소청, 벽서, 괘서 등의 저항 시작 + 민란의 발생

2) 홍경래의 난과 임술 농민 봉기

_____ ¹ (1811)	· 세도 정치 시기(²) · **배경:** _____ ³ (서북, 관서) 지역 차별로 인한 불만 누적 · 광산 노동자 주력 + 다양한 계층 참여 · _____ ⁴ 이북 장악 · 정부의 진압: 정주성 전투 패배 · 전국적 확대 ×
_____ ⁵ (1862)	· 세도 정치 시기(⁶) · **배경:** 삼정의 문란, 수탈(경상 우병사 백낙신) · 유계춘 주도, 농민 지원: _____ ⁷ ⇨ 전국 확산 · 정부의 대응: 선무사·암행어사 파견, 안핵사 _____ ⁸ 를 파견하여 삼정의 개혁 약속 ⇨ _____ ⁹ 설치(실패)

▲ 19세기 농민 봉기

지도 범례:
- ▦ 홍경래 반군의 점령지
- ● 철종 때의 농민 봉기 지역
- ★ 고종 때의 농민 봉기 지역

홍경래의 난 (1811): 선천, 웅천, 정주, 가산박천, 백두산, 함흥, 영흥, 덕원, 황주, 토산, 고성, 장연, 개성, 한성, 광주, 원주, 정선, 울릉도, 수원, 여주, 청안, 공주, 함창, 문경, 상주, 안동, 영해, 악산, 연산, 개령, 부안, 고산, 성주, 울산, 전주, 창원, 동래, 함평, 광양, 함양, 진주, 순천, 제주도, 장흥, 남해

개령 농민 봉기 (1862)
임술 농민 봉기 (1862)

동해, 황해

정답 **1** 홍경래의 난 **2** 순조 **3** 평안도 **4** 청천강 **5** 임술 농민 봉기 **6** 철종 **7** 진주 **8** 박규수 **9** 삼정이정청

13 성리학의 변화

⚭ 해커스공무원 임진석 眞한국사 기본서: p.282

1 성리학의 변화

성리학 절대화 경향(¹)	성리학 상대화 움직임(³ , ⁴)
² : 주자 중심의 성리학 절대화	· 탈 성리학 경향: 원시 유학(6경, 제자백가), 노장 사상 등에 관심 · ⁵ , ⁶ (『사변록』): 성리학에 대한 독자적 해석 → 노론 세력에 의해 사문난적이라 비판받음

2 호락 논쟁

⁷ 논쟁(⁸ 내부): 인간과 사물의 본성을 어떻게 볼 것인가?	
⁹	¹¹
· 충청도 노론	· 서울·경기도 노론
· 인물성 ¹⁰ : 인간 ≠ 사물	· 인물성 ¹² : 인간 ≒ 사물
· 위정척사 사상으로 발전	· 실학(북학파)과 개화 사상으로 발전

3 양명학의 수용

등장
· 명의 왕수인: 『전습록』 · 이론 중심의 성리학 비판 / 실천, 지행합일, ¹³ , ¹⁴ 강조

↓

조선 중기
이황: 『전습록논변』(양명학 이단 규정)

↓

조선 후기

· ¹⁵ : 17세기 이후 양명학 수용·연구

정제두 (18C 초)	· 『존언』, 『만물일체설』 저술 / · 일반민을 도덕 실천 주체로 파악 · ¹⁶ 학파 형성

· 구한말 이후 이건창, 박은식, 정인보로 계승

---

14 실학과 국학의 발달

🔗 해커스공무원 임진석 眞한국사 기본서: p.284

1 실학의 등장

배경	17C	18~19C
· 성리학의 기능 상실 · 청에서 고증학 전래	· 이수광, 『지봉유설』 · 한백겸, 『동국지리지』	중농학파, 중상학파 등장

2 실학

¹ 학파(경세치용 학파): ' ² ' 중심 / 토지 제도 개혁을 통해 ³ 육성 추구			
유형원	『 ⁴ 』		· ⁵ : 신분에 따라 차등을 두어 토지 지급 · 문벌, 과거제, 노비 세습제 비판 / 양반, 노비제 인정
이익	『 ⁶ 』, 『 ⁷ 』		· ⁸ : 생계 가능한 최소 토지(영업전) 매매 금지 · 6좀(폐단) 제시 / 폐전론 주장 / 사창제 주장 · 전랑의 후임자 추천권 폐지 주장
정약용	『여유당전서』	· 『 ⁹ 』: 정치, 행정 · 『 ¹⁰ 』: 지방 행정 · 『 ¹¹ 』: 형법 제도	· ¹² : 토지 공동 소유, 공동 경작, 공동 분배 · ¹³ : 토지 국유화, 1/9을 공전으로 조세 충당 · 민본 사상 강조, 사회 계약설·역성 혁명론 제시 · 기술 강조: 『 ¹⁴ 』 / 배다리, 거중기 제작 · 의학: 종두법 연구(『 ¹⁵ 』)
		「탕론」, 「원목」, 「전론」	

¹⁶ 학파(이용후생 학파, 북학파): ' ¹⁷ ' 중심 / 상공업 육성 + ¹⁸ 문물 수용 주장			
유수원	『 ¹⁹ 』		사농공상의 직업적 평등·전문화 강조 / 상업 자본 육성
홍대용	『담헌서』	『연기』 『 ²⁰ 』 『 ²¹ 』	· 기술 혁신 추구 · ²² (성리학) 중심 세계관 비판 : 『의산문답』(허자·실옹의 문답), ²³ ·무한우주론 주장 · 균전론: 성인 남자에게 토지 2결 지급
박지원	『 ²⁴ 』 『 ²⁵ 』	「양반전」, 「허생전」 「호질」 (한문 소설)	· ²⁶ ·선박·화폐 이용 강조 · 한전론: 토지 소유의 최대 상한선 설정 · 양반 문벌 제도의 비생산성 비판
박제가	『 ²⁷ 』		²⁸ 강조(우물론) / 청과의 통상 강화, 국제 무역 참여

3 국학 연구

1) 역사학 연구

① 17세기

홍여하	『휘찬여사』, 『동국통감제강』	독자적 정통론 정립
유계	『여사제강』	
허목	『동사』	허목: 서얼 허통 반대, 부세 완화, 호포제 반대 주장

② 18세기

홍만종	『동국역대총목』	독자적 정통론 정립
안정복	『 ²⁹』	· _____ ³⁰ 통사 · _____ ³¹ 체계화: '단군 → 기자 → 마한 → 통일 신라 → 고려', 삼국(무통), _____ ³² 를 우리 역사에서 제외
이긍익	『 ³³』	_____ ³⁴ / 조선 정치·문화사
한치윤	『 ³⁵』	· 기전체 통사 · 우리나라 사서 + 중국, 일본의 자료 참고
유득공	『 ³⁶』	· 발해사 연구 심화 / _____ ³⁷ 용어 사용 · 우리나라 고대사 연구 범위를 만주까지 확대
이종휘	『 ³⁸』	· 기전체 통사 · 단군 조선, 고구려, 발해의 역사 강조 · 발해가 고구려 유민 계통임 강조 · 근대 시기 대종교의 역사 인식에 영향을 줌(민족주의)

2) 지리서, 지도

역사 지리서	한백겸	『 ³⁹』	· 역사 지리서의 효시 · 우리나라 고대사를 남북 이원 체계로 파악 · 고구려의 발상지가 만주임을 고증
	신경준	『강계고』	나라의 경계를 밝히고자 함
	정약용	『아방강역고』	우리나라 고대사를 남북 이원 체계로 파악 · 백제의 도읍지가 지금의 서울임을 고증

정답 **1** 중농 **2** 남인 **3** 자영농 **4** 반계수록 **5** 균전론 **6** 성호사설 **7** 곽우록 **8** 한전론 **9** 경세유표 **10** 목민심서 **11** 흠흠신서 **12** 여전론 **13** 정전론 **14** 기예론 **15** 마과회통 **16** 중상 **17** 노론 **18** 청 **19** 우서 **20** 임하경륜 **21** 의산문답 **22** 중국 **23** 지전설 **24** 열하일기 **25** 과농소초 **26** 수레 **27** 북학의 **28** 소비 **29** 동사강목 **30** 강목체 **31** 독자적 정통론 **32** 발해 **33** 연려실기술 **34** 기사본말체 **35** 해동역사 **36** 발해고 **37** 남북국 **38** 동사 **39** 동국지리지

인문 지리서	이중환	『 　　　　40 』	살기 좋은 지역을 논함(자연 환경, 인문 환경 고려)
	신경준	『산경표』	우리나라의 산줄기를 구분(백두대간 등)
지도	이이명	요계관방지도	군사 형세도
	정상기	41	최초로 100리 척 사용
	김정호	42	· 산맥·하천·포구 표시 / 10리마다 방점 표시 · 목판 인쇄 / 분첩 절첩식

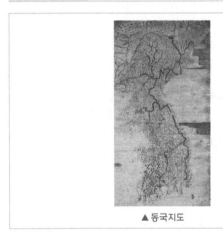
▲ 동국지도

▲ 대동여지도

3) 국어학 연구, 금석학

음운 연구	어휘	금석학
· 신경준, 『훈민정음운해』 · 유희, 『언문지』 · 이덕무, 『규장전운』	· 이성지, 『재물보』 · 정약용, 『아언각비』 · 이의봉, 『고금석림』	김정희, 『금석과안록』 (북한산비가 진흥왕 순수비임을 고증)

4) 백과사전: 문물의 정리

이수광, 『 　　　43 』	『천주실의』 소개	이익, 『 　　　44 』	5개 분야로 정리·서술
권문해, 『동대동운부군옥』	어휘 백과사전	이덕무, 『 　　　45 』	시문집, 역사·인물·사상 등 소개
김육, 『유원총보』	27개 분야로 정리·서술	서유구, 『 　　　46 』	농업 백과사전 / 둔전론
『 　　　47 』(영조)	한국학 백과사전	이규경, 『오주연문장전산고』	고금·사물을 고증

15 과학 기술의 발달

🔗 해커스공무원 임진석 眞한국사 기본서: p.291

1 서양 문물의 수용과 과학 기술

1) 서양인 표류: 벨테브레(인조 때 표류, 박연-훈련도감 소속) / 하멜(효종 때 표류, 『하멜표류기』)

2) 천문학·역법·지리학의 발달

천문학	· 김석문: 지전설 처음 주장 · _____¹: 지전설, 무한 우주론, 중국 중심 세계관 비판 · 최한기: 『지구전요』	◀ 혼천의(홍대용)
역법	_____²: 시헌력(아담 샬) 도입(효종)	
지리학	_____³ 전래: 세계 지도, 아메리카 대륙 표기	◀ 곤여만국전도

2 의학서·기술 서적의 편찬

1) 의학서와 농서의 편찬

의학	· 허준, 『_____⁴』(광해군): 중국과 일본에서도 간행, 유네스코 기록유산 등재 · 허임, 『침구경험방』: 침구술 정리 · 정약용, 『_____⁵』: 정조 때 편찬, 홍역 연구, 천연두 치료 위한 종두법 연구 · 이제마, 『동의수세보원』: 사상 의학 확립
농업	· 신속, 『_____⁶』(효종): 벼농사와 이앙법 소개 · 박세당, 『_____⁷』(숙종) / · 홍만선, 『_____⁸』(숙종) · 서호수, 『_____⁹』(정조): 농학 체계화 / · 서유구, 『임원경제지』(19C): 농업 백과 사전

2) 기타

수학	· 『기하원본』 도입 / · 홍대용, 『주해수용』
기술	정약용: 『기예론』 _____¹⁰ 제작(『기기도설』 참고, 화성), _____¹¹ (주교) 설계
어업	정약전, 『_____¹²』

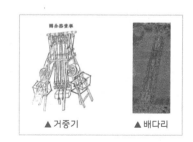

▲ 거중기　　▲ 배다리

정답 **1** 홍대용 **2** 김육 **3** 곤여만국전도 **4** 동의보감 **5** 마과회통 **6** 농가집성 **7** 색경 **8** 산림경제 **9** 해동농서 **10** 거중기 **11** 배다리 **12** 자산어보

16 조선 후기 문화의 새 경향

🔗 해커스공무원 임진석 眞한국사 기본서: p.294

1 서민 문화의 발달

1) 서민 문화 등장 배경: 서민 경제력 ↑ / 서민 의식 ↑(서당 교육의 보급)

2) 서민 문화: 한글 소설, 사설시조, 판소리, 가면극, 잡가, 풍속화, 민화 등

판소리·가면극	·판소리: 「춘향가」, 「심청가」, 「흥보가」, 「적벽가」, 「수궁가」 → 19C 신재효 정리 ·가면극: 탈놀이, 산대놀이 / 지배층 풍자
문학	·　　　¹ 소설: 「홍길동전」(허균), 「춘향전」 등 ·사설시조: 형식 자유, 솔직한 감정 표현, 현실 비판 ·　　　² 소설: 「허생전」, 「양반전」, 「호질」(　　　　³, 신문체 사용, 양반 풍자) ·그 외 한시: 애절양(정약용) ·위항인 - 문학: 시사 결성, 　　　⁴ 문학 　　　　　- 중인들의 역사서와 전기(「호산외기」, 「연조귀감」, 「규사」, 「이향견문록」, 「희조일사」)
그림	·18세기 - 　　　　　　　⁵ (우리 자연을 사실적으로 표현): 정선(　　　　　　⁶, 금강전도) 　　　　　- 　　　　　⁷ (생활상 표현): 김홍도, 신윤복, 김득신 　　　　　- 서양 화풍: 강세황(영통동입구도) ·19세기 - 장승업, 김정희(세한도) 　　　　　- 　　　　⁸ 유행(생활 공간 장식): 민중 소망 표현
글씨	독자적 글씨체: 이광사(동국진체), 김정희(　　　　⁹)

▲ 정선, 인왕제색도

▲ 김홍도, 씨름도

▲ 신윤복, 단오풍정

▲ 강세황, 영통동입구도

▲ 김정희, 세한도

▲ 민화

▲ 김정희, 추사체

2 건축과 공예

건축	· 사원 건축		
	17C~18C	큰 다층 건물 : 양반 지주의 후원	금산사 미륵전, 법주사 팔상전, 화엄사 각황전
		장식성 강함 : 부농·상인의 후원	논산 쌍계사, 부안 개암사, 안성 석남사
	· 수원 화성(정조)		
공예	자기 : [ ]¹⁰ 유행 / 옹기(서민)		
음악	민요, 잡가 등		

▲ 김제 금산사 미륵전

▲ 보은 법주사 팔상전

▲ 구례 화엄사 각황전

▲ 수원 화성

▲ 청화 백자

1. [   ]¹ 신분제의 동요 p.168

○ 근래 세상의 도리가 점점 썩어가서 돈 있고 힘 있는 백성들이 갖은 방법으로 군역을 회피하고 있다. 간사한 아전과 한통속이 되어 뇌물을 쓰고 호적을 위조하여 유학(幼學)이라 칭하면서 면역하거나 다른 고을로 옮겨 가서 스스로 양반 행세를 하기도 한다. 호적이 밝지 못하고 명분의 문란함이 지금보다 심한 적이 없다.

○ 옷차림은 신분의 귀천을 나타내는 것이다. 그런데 어찌 된 까닭인지 근래 이것이 문란해져 상민과 천민이 갓을 쓰고 도포를 입는 것이 마치 조정의 관리나 선비같이 한다. 진실로 한심스럽기 짝이 없다. 심지어, 시전 상인이나 군역을 지는 상민까지도 서로 양반이라 부른다.   - 『일성록』

2. [   ]² 의 소청운동 p.168

오래도록 막혀 있으면 반드시 터놓아야 하고, 원한은 쌓이면 반드시 풀어야 하는 것이 하늘의 이치다. 중인과 서얼에게 벼슬길이 막히게 된 것은 우리나라의 편벽된 일로 이제 몇백 년이 되었다. 서얼은 다행히 조정의 큰 성덕을 입어 문관은 승문원, 무관은 선전관에 임명되고 있다. 그런데도 우리들 중인은 홀로 이 은혜를 함께 입지 못하니 어찌 탄식조차 없겠는가?

3. [   ]³ p.169

영덕의 오래된 가문은 모두 남인이며, 이른바 신향(新鄉)은 모두 서리와 품관의 자손으로 자칭 서인이라고 하는 자들이다. 근래 신향이 향교를 주관하면서 구향(舊鄉)과 마찰을 빚었다.

4. [   ]⁴ 박해 p.170

우리나라에서 천주교를 금하시는 것은 그 뜻이 정녕 어디에 있습니까? 먼저 그 뜻과 이치가 어떠한지 물어보지도 않고 지극히 죄악이라는 말로 사교(邪教)라 하여 반역의 법률로 다스려 신유년 앞뒤로 인명이 크게 손상하였으나 한 사람도 그 원인을 알아보지 않았습니다. …… 이 도는 천자로부터 서민에 이르기까지 날마다 사용하고 늘 실행해야 할 도리이니 가히 해가 되고 난(   )으로 된다고 할 수 없습니다.   - 정하상, 『상재전서』

5. [   ]⁵ 의 난 (순조) p.172

평서대원수는 급히 격문을 띄우노니 관서의 부로와 자제와 공사천민들은 모두 이 격문을 들으라. 무릇 관서는 성인 기자의 옛 터요, 단군 시조의 옛 근거지로서 의관이 급제하고 문물이 아울러 발달한 곳이다. 그러나 조정에서는 관서를 버림이 분토와 다름 없다. 심지어 권문의 노비들도 서토의 사람을 보면 반드시 평안도 놈이라 한다. 서토에 있는자 어찌 억울하고 원통하지 않겠는가?

6. [   ]⁶ (철종) p.172

경상도 안핵사 박규수의 장계를 보니, '금번 진주의 난민들이 소동을 일으킨 것은 오로지 전 우병사 백낙신이 탐욕을 부려 침학하였기 때문에 일어난 것이었습니다. 작년 겨울에 환곡에 대해 값을 높여 잉여를 취한 것은 4천 1백여 냥이 되고, 병고전을 유용하여 작미해서 가분(加分)하여 잉여를 취한 것은 3천 1백여 냥이 되며, 모색낙가전은 1천 4백여 냥이 되고, 청천교장에 대해 많은 백성들이 개간한 곳을 불법으로 경작한 것이라고 하면서 강제로 징수한 것은 2천여 냥이 되는데 도로 돌려주었다 하더라도 근심과 원망이 아직 없어지지 않았습니다.   - 『비변사등록』

7. [7   ] p.173

앎(知)은 마음의 본체이다. 심(心)은 자연히 지(知)를 모으게 한다. 아버지를 보면 자연히 효를 안다. 형을 보면 자연히 제(悌)를 안다. 어린 아이가 우물에 들어가려는 것을 보면, 자연히 측은을 안다. …… 시비의 마음은 생각을 기다려서 아는 것이 아니고 배움을 기다려서 할 수 있는 것이 아니다. 그러므로 양지(良知)라 한다.

- 「전습록」

8. [8   ], 균전론 p.174

농부 한 사람이 토지 1경을 받아 법에 따라 조세를 낸다. 4경마다 군인 1인을 낸다. 사대부로서 처음 학교에 입학한 자는 2경을 받는다. 내사에 들어간 사람은 4경을 받고 병역 의무를 면제한다. …… 토지를 받은 자가 죽으면 반납한다.

9. [9   ], 한전론 p.174

국가는 마땅히 한 집의 재산을 헤아려서 토지 몇 부를 한 집의 영업전으로 하여 당나라의 제도처럼 한다. 땅이 많은 자는 빼앗아 줄이지 않고 모자라는 자도 더 주지 않는다. 돈이 있어 사고자 하는 자는 비록 1,000결이라도 허락해 준다. …… 오직 영업전 몇 부 안에서 사고파는 것만을 철저히 살핀다.

10. 정약용, [10   ] p.174

이제 농사를 짓는 사람에게는 토지를 갖게 하고, 농사짓지 않는 사람에게는 토지를 갖지 못하게 하려면 여전제를 실시해야 한다. …… 1여(閭)에는 여장을 두며, 무릇 1여의 토지는 여민이 공동으로 경작하도록 하고, …… 수확물을 모두 여장의 집에 가져온 다음 분배한다. 이때 국가에 바치는 세를 먼저 제하고, 다음에는 여장의 봉급을 제하며, 그 나머지를 가지고 노동량에 따라 여민에게 분배한다.

11. [11   ], 「탕론」 p.174

대저 천자란 어찌하여 존재하게 되었는가? 하늘에서 비 내리듯 내려와서 천자가 되었는가, 아니면 땅 속에서 샘솟듯 솟아나서 천자가 되었는가? 다섯 가구가 1인이 되므로 다섯 가구에서 추대된 사람이 인장이 되고, 다섯 인이 1리가 되므로 다섯 인에서 추대된 사람이 이장이 되고, …… 그러므로 천자란 군중의 추대에 의해서 이루어진 것이다.

12. [12   ], 『의산문답』 p.174

허자(虛子)가 말하기를 "칠정(七政)이 지구를 둘러싸고 있다는 것은 절후를 측정해 보면 증거가 있으니, 지구가 우주의 한복판에 있다는 것은 의심이 없을 듯합니다"라고 하였다. 실옹이 말하기를, "그렇지 않소. 하늘에 가득한 별들이 각기 계(界) 아닌 것이 없소. 성계(星界)로부터 본다면 지구 역시 하나의 별에 불과할 것이오. 헤아릴 수 없이 수많은 계가 공중에 흩어져 있는데 오직 이 지구만이 공교롭게 중앙에 위치해 있다는 것은 이럴 이치가 없소. 이렇기 때문에 계 아닌 것이 없고 자전 않는 것이 없다고 하는 것이오.

정답 **1** 조선 후기 **2** 중인 **3** 향전 **4** 천주교 **5** 홍경래 **6** 임술농민봉기 **7** 양명학 **8** 유형원 **9** 이익 **10** 여전론 **11** 정약용 **12** 홍대용

13. [13]**, 한전론** p.174

토지 소유를 제한하는 법령을 세우십시오. 모년 모월 이후부터 제한된 토지보다 많은 자는 더 가질 수 없고, 그 법령 이전부터 소유한 것은 비록 광대한 면적이라 해도 불문에 부치며, 그 자손으로 지자(支子)나 서자(庶子)가 있어 분급해 주는 것은 허락하고, 혹시 사실대로 하지 않고 숨기거나 법령 이후에 제한을 넘어 더 점유한 자는 백성이 적발하면 백성에게 주고, 관아에서 적발하면 관아에서 몰수하십시오. 이렇게 한다면 수십 년이 못 가서 전국의 토지는 균등하게 될 것입니다.　　　　　　　　　　 -『연암집』,「한민명전의」

14. [14]**, 우물론** p.174

재물은 대체로 샘과 같다. 퍼내면 차고, 버려두면 말라 버린다. 그러므로 비단옷을 입지 않아서 나라에 비단 짜는 사람이 없게 되면 여공이 쇠퇴하고 쭈그러진 그릇을 싫어하지 않고 기교를 숭상하지 않아서 도야하는 일이 없게 되면 기예가 망하게 되며, 농사가 황폐해져서 그 법을 잃게 되므로 사농공상이 사민이 모두 곤궁하여 서로 구제할 수 없게 된다.

15. 유득공,『 [15] **』** p.175

옛날에 고씨가 북쪽에 거주하여 고구려라 하였고, 부여씨가 서남쪽에 거주하여 백제라 하였으며, 박·석·김씨가 동남쪽에 거주하여 신라라 하였다. 이것이 삼국으로 마땅히 삼국사가 있어야 했는데 고려가 이를 편찬하였으니 옳은 일이다. 부여씨가 망하고 고씨가 망하자 김씨가 그 남쪽을 영유하였는데, 대씨가 그 북쪽을 영유하여 발해라 하였다. 이것이 남북국이라 부르는 것으로 마땅히 남북국사가 있어야 했음에도 고려가 이를 편찬하지 않은 것은 잘못된 일이다.

16. [16]**, 지전설** p.177

천체가 운행하는 것이나 지구가 자전하는 것은 그 세가 동일하니, 분리해서 설명할 필요가 없다. 다만, 9만 리의 둘레를 한 바퀴 도는 데 이처럼 빠르며, 저 별들과 지구와의 거리는 겨우 반경(半徑)밖에 되지 않는데도 몇천만억의 별들이 있는지 알 수 없다. 하물며 천체들이 서로 의존하고 상호 작용하면서 이루고 있는 우주 공간의 세계 밖에도 또다른 별들이 있다. …… 칠정(七政)이 수레바퀴처럼 자전함과 동시에, 맷돌을 돌리는 나귀처럼 둘러싸고 있다. 지구에서 가까이 보이는 것을 사람들은 해와 달이라 하고, 지구에서 멀어 작게 보이는 것을 사람들은 오성(五星)이라 하지만, 사실은 모두가 동일하다.

17. [17]**, 기예론** p.177

어찌하여 하늘은 천한 금수(禽獸)에게 후하게 하고 귀하게 해야 할 인간에게는 야박하게 하였는가. 그것은 인간에게는 지혜로운 생각과 교묘한 궁리가 있으므로 기예(技藝)를 익혀서 제힘으로 살아가게 한 것이다. …… 온갖 공장의 기예가 정교하면 궁실과 기구를 만들고 성곽과 배, 수레, 가마 따위도 모두 편리하고 튼튼하게 될 것이니, 진실로 그 방법을 다 알아서 힘껏 시행한다면 나라는 부유해지고 군사는 강성해지고 백성도 부유하면서 오래 살 수 있을 것인데 이를 알면서도 고치지 않는구나.　　　 -『여유당전서』,「기예론」

18. 조선 후기 [18] **문화** p.178

양반 : 나는 사대부의 자손인데.
선비 : 아니, 나는 팔대부의 자손인데.
양반 : 팔대부는 뭐냐?
선비 : 아니, 양반이란 게 팔대부도 몰라? 사대부의 갑절이지 뭐.
양반 : 나는 사서삼경을 다 읽었네.
선비 : 뭣이 사서삼경. 나는 팔서육경도 읽었네
양반 : 도대체 팔서육경은 뭐냐?
선비 : 나도 아는 육경 그걸 몰라? 팔만대장경, 중어바람경, 봉사안경, 처녀월경, 약국길경, 머슴쇄경

- 안동 하회탈춤

19. [19] , 「양반전」 p.178

강원도 정선군의 한 마을에 어떤 양반이 살고 있었는데 그 양반은 성품이 어질고 글 읽기를 매우 좋아했다. 이 고을의 우두머리인 군수가 새로 부임할 때면 반드시 이 양반의 집을 찾아가 인사를 하는 것이 하나의 관례로 되어 있었다. 그러나 그 양반은 워낙 집이 가난해서 해마다 나라에서 관리하는 양곡을 꾸어다 먹었는데 그렇게 여러 해를 지내다 보니 어느덧 관가에서 빌려 먹은 양곡이 1000석이 다 되었다. …… "보세요, 제가 무어라고 하였습니까? 당신은 평생 글을 읽기만 좋아하고 꾸어다 먹은 관곡을 갚을 방법을 생각하지 않으니 참으로 딱한 노릇입니다. 항상 '양반 양반'만 찾아 대더니 그 양반이란 것은 결국 한 푼 값어치도 못 되는 것이 아니겠어요?"

해커스공무원

gosi.Hackers.com

PART

6

근대 시기

01 서구 열강의 침입과 대응

🔗 해커스공무원 임진석 眞한국사 기본서: p.302

1 흥선 대원군의 국내 정책

흥선 대원군 집권기 (1863~1873)	왕권 강화 정책	· 세도 가문의 배제: 안동 김씨 세력 축출 · [ ]¹ 폐지: 의정부, 삼군부 기능 부활 / · 법전 편찬: 『[ ]²』, 『육전조례』 · [ ]³, 만동묘 철폐: 국가 재정 확충 목적 → 양반 반발 · [ ]⁴ 중건 사업 추진: 재원 마련 위해 원납전 징수, [ ]⁵ 발행 → 양반, 농민 모두의 반발 / 물가 폭등
	삼정의 문란 시정	· 전정의 문란 개혁: 양전 사업 / · 군정의 문란 개혁: [ ]⁶ (양반에게 군포 부과 → 양반의 반발) · 환곡의 문란 개혁: [ ]⁷ (민간 자율로 운영)

2 흥선 대원군의 대외 정책: 통상 수교 거부 정책

1860년대	병인박해 (1866)	· 러시아 남하 저지를 위해 프랑스와 교섭 → 실패 · [ ]⁸ 탄압, 프랑스 선교사 처형
	[ ]⁹ 사건 (1866)	· [ ]¹⁰ 상선 제너럴셔먼호가 [ ]¹¹ 에서 약탈 · 평양 관민에 의해 침몰(관찰사 박규수)
	[ ]¹² (프랑스, 1866)	· [ ]¹³ (로즈 제독)가 통상을 요구하며 강화도로 침입 · [ ]¹⁴ (정족산성), [ ]¹⁵ (문수산성)이 프랑스군 격퇴 · [ ]¹⁶ 도서를 약탈 당함(『의궤』 유네스코 세계 기록유산)
	[ ]¹⁷ 사건(1868)	독일 상인 오페르트가 남연군 묘 도굴 시도(덕산군) ⇨ 조선 내 서양 반감↑
1870년대	[ ]¹⁸ (미국, 1871)	· [ ]¹⁹ (로저스)이 통상을 요구하며 강화도로 침입 · [ ]²⁰ 의 활약(광성보 전투), [ ]²¹ 약탈 당함
	[ ]²² 건립	흥선 대원군이 통상 수교 거부 의지를 전국에 천명

◀ 척화비

◀ 병인양요, 신미양요

---

02 개화 정책 추진과 갈등

🔗 해커스공무원 임진석 眞한국사 기본서: p.305

1 강화도 조약과 개항

1) 흥선 대원군의 실각과 민씨 정권

흥선 대원군의 실각
___¹ 의 상소를 계기로 흥선 대원군 하야 ⇨ 고종의 친정과 민씨 세력의 집권(1873)

민씨 세력 집권과 통상 개화론 대두
· 흥선 대원군의 하야 ⇨ 고종의 친정 · 민씨 세력의 정권 주도 ⇨ 대외 정책 변화 · ___² 대두 ⇨ 문호 개방 필요성 ↑

2) 강화도 조약

① 배경

___³ 사건(1875)	· 일본: 메이지 유신 이후 정한론 대두 · 운요호가 강화도로 접근하여 조선의 포격을 유도

② 강화도 조약의 체결

강화도 조약 (조·일 수호 조규, 1876)	· 최초의 근대적 조약 · 조선이 ___⁴ 임을 명시(청의 종주권 부인) · 부산 외 2개 항구 개항: ___⁵-경제, ___⁶(1880)-군사, ___⁷(1883)-정치 · 해안 측량권 인정: 불평등 조항 · ___⁸ (영사 재판권) 인정: 불평등 조항
부속 조약 (조·일 수호 조규 부록)	· 개항장 ___⁹ 이내로 일본인 활동 제한 · 일본 화폐 사용 가능(경제 침략 발판)
조·일 무역 규칙	· 일본 상품 무항세 / ___¹⁰ · 일본에 대한 곡식 ___¹¹ 유출 허용

2 개화 정책의 추진

1) 개화파의 형성

조선 후기	강화도 조약 전후	이후
___¹² 실학 (홍대용, 박지원, 박제가)	· 통상 개화파(___¹³, 오경석, 유홍기 등) · 오경석, 유홍기: ___¹⁴ /『영환지략』,『해국도지』 들여옴	개화파 형성 (김옥균, 홍영식, 서광범 등)

정답 1 최익현 2 통상 개화론 3 운요호 4 자주국 5 부산 6 원산 7 인천 8 치외 법권 9 10리 10 무관세 11 무제한 12 북학파 13 박규수 14 중인

2) 개화 정책의 추진

정치	[15] + 12사
군사	· 5군영 → 2영(무위영, 장어영) · [16] 창설
근대 시설	· 1883년: 기기창(무기), 박문국(신문), 전환국(화폐) · 1884년: 우정총국(우편) · 1886년: 육영 공원(학교)

3) 사절단의 파견

일본	[17] (1876, 1880)	1차	김기수, 『일동기유』 저술
		2차	[18], 『조선책략』 소개
	[19] (1881)		신사 유람단, 국왕에게 『문견사건』 올림
청	[20] (1881)		김윤식, 근대 무기 제조법 습득 → 기기창(1883) 설립에 영향
미국	[21] (1883)		· 미국과 수교 이후 파견 · 민영익, 홍영식, 서광범, 유길준 · 유길준: 이후 미국 유학 생활

3 개화 정책의 반발: 위정척사 운동

1) 위정척사파의 형성

사상 기반	· [22] 을 신봉하던 보수적 유생 중심 / · 주장: 천주교와 서양의 침략을 물리쳐야 함

2) 위정척사파의 발전

시기		흐름	인물	주장 및 활동
1860년대	흥선 대원군 시기	통상 반대	[23], 기정진	[24] 론
1870년대	강화도 조약 전후	개항 반대	[25], 유인석	[26] 론(최익현: 5불가소)
1880년대	『조선책략』 유포 이후	개화 정책 반대	[27], 홍재학	[28], 만언 척사소
1890년대	을미사변 발생 이후	항일 의병 운동	이소응, 유인석	의병 활동

4 열강과의 불평등 조약

1) 조·미 수호 통상 조약

배경	· 2차 수신사 김홍집이 청나라 황쭌센의 「 [29] 」을 조선 조정 내에 유포 · 『조선책략』: '친중국, 결일본, 연 [30] ' 주장 / [31] 견제 목적 · 청나라의 알선
체결 (미국, 1882)	· 서양과 맺은 최초의 조약 · [32] (상호 도움), 관세 조항 규정 · 치외 법권(불평등) · [33] 대우(최초, 불평등) · **체결 이후**: 보빙사 파견(1883) / 미국 공사(박정양) 파견(1887)

2) 이후 기타 열강과의 불평등 조약

국가	수교 시기	특징 및 내용	수교 방법
미국	1882	서양과 맺은 최초의 조약, 치외 법권과 최혜국 대우	청의 알선
영국	1883	고율 관세·아편 문제·치외 법권 인정 문제로 지연	
독일	1883	최혜국 대우 규정	
러시아	1884	청과 일본의 견제로 외교 관계 수립 지연	직접 수교
프랑스	1886	천주교 포교 허용 문제로 지연, 선교의 자유 허용	

정답 **15** 통리기무아문 **16** 별기군 **17** 수신사 **18** 김홍집 **19** 조사 시찰단 **20** 영선사 **21** 보빙사 **22** 성리학 **23** 이항로 **24** 척화 주전 **25** 최익현 **26** 왜양 일체 **27** 이만손
28 영남 만인소 **29** 조선책략 **30** 미국 **31** 러시아 **32** 거중 조정 **33** 최혜국

PART 6 근대 시기 | 02 개화 정책 추진과 갈등 **189**

03 임오군란과 갑신정변

𝒫 해커스공무원 임진석 眞한국사 기본서: p.311

1 임오군란(1882)

1) 배경과 전개

배경	· 구식 군대(2영)와 신식 군대(별기군) 차별 대우 + 일본으로 곡식 유출 ↑
전개	· 구식 군인 + 도시 하층민(개항 후 곡물 가격 폭등이 원인) : 민씨 세력 공격(무위영 군인들이 선혜청을 습격) + 일본 공사관 습격 · _____¹ 재집권, 명성 황후 피신(개화 정책 중단) · 민씨 세력은 청에게 도움 요청 ⇨ ____², 군대 파견 ⇨ 흥선 대원군 압송, 민씨 재집권

2) 결과

청 내정 간섭 심화	· 청 군대 주둔(위안스카이) / 고문 파견(마젠창, 묄렌도르프)	
	_____³ (1882)	· 청 상인에게 제한 없는 _____⁴ 허용 → 객주·여각 등 조선 내륙 상권 위축(조선, 보부상 보호 단체 혜상공국 설치) · 조선에 대한 청의 종주권 확인 / 치외 법권(영사 재판권)
일본 경제적 침탈	_____⁵ 조약 (1882)	· 일본에 대한 배상과 조선 내 _____⁶ 주둔 허용 · 박영효(3차 수신사) → 태극기 최초 사용
	조·일 수호 조규 속약(1882)	10리 제한 규정 확대(50리 → 100리)
	_____⁷ (1883)	관세, 방곡령, 최혜국 대우 규정

3) 개화파의 분화

침입	온건 개화파(사대당)	급진 개화파(개화당)
대표 인물	김홍집, 김윤식, 어윤중, 민씨 정권	김옥균, 박영효, 홍영식, 서광범
사상	중체서용 → _____⁸ 론	_____⁹ 론
롤 모델	청의 양무운동	일본의 _____¹⁰, _____¹¹ 제
성격	청에 우호적 / 민씨 정권과 연합	청 간섭 반대 / 민씨 정권과 대립

2 갑신정변(1884)

1) 배경과 전개

배경	· 임오군란 이후 **청의 내정 간섭 심화**: 비판 여론 등장
	· 개화 정책으로 인한 재정 문제 → [대책] 온건파(당오전 발행) vs 급진파(일본으로부터 차관 도입 주장)
	· 차관 도입 실패, 급진파의 위축
	· 일본의 군사 지원 약속, 청·프 전쟁으로 청군 일부 철수
전개	· ___¹² 개국 축하연 정변(김옥균, 박영효 등)
	· 명성 황후 피신, 청에게 도움 요청
	· 14개조 개혁안 발표: ___¹³ 지향
	· 청 군대 파견, 일본의 약속 불이행(→ 하층민들의 일본 공사관 공격) ⇨ ___¹⁴ 군대가 정변 진압, '3일 천하'로 끝남

2) 14개조 개혁안의 주요 내용

14개조 개혁안 (일부)	· ___¹⁵ 과 사대 관계 폐지, 흥선 대원군 귀국 요청	· 재정을 '호조'로 일원화 할 것
	· ___¹⁶ 폐지, ___¹⁷ 을 확립할 것	· ___¹⁸ 을 개혁 할 것
	· 내시부를 없앨 것	· 혜상공국, 규장각을 폐지할 것

3) 결과

국내	· 개화당 붕괴: 3일 천하		
	· 서재필 미국 망명		
청	조선에 대한 청의 영향력↑	___²⁰ **조약** (1885, 청·일)	· 청·일 양국은 조선에서 군대 철수
일본	___¹⁹ **조약**: 배상금(공사관 신축 비용)		· **조선에 군대 파견 시 상대국에 통보**: 동등 ___²¹
			· ___²² 전쟁의 불씨

4) 평가

의의	한계
· 위로부터의 근대화 운동	· 일본에 의존적인 태도 → 민중의 반감
· 이후 근대화 운동에 영향	· 민중의 지지 부족(토지 제도 개혁 시행×)

정답 **1** 흥선 대원군 **2** 청 **3** 조·청 상민 수륙 무역 장정 **4** 내륙 무역 **5** 제물포 **6** 일본군 **7** 조·일 통상 장정 개정 **8** 동도 서기 **9** 문명 개화 **10** 메이지 유신 **11** 입헌 군주
12 우정총국 **13** 입헌 군주제 **14** 청 **15** 청 **16** 문벌 **17** 인민 평등권 **18** 지조법 **19** 한성 **20** 톈진 **21** 파병권 **22** 청·일

1. [＿＿＿＿＿＿＿＿[1]]**의 인재등용** p.186

여러 대신들에게 말하기를 "나는 천리(千里)를 끌어다 지척(咫尺)을 삼겠으며, 태산을 깎아 내려 평지를 만들고, 또한 남대문을 3층으로 높이려 하는데, 여러분들은 어떻게 생각하오?"라고 물었다.

－『매천야록』

2. 흥선대원군의 [＿＿＿＿[2]] **철폐** p.186

백성을 해치는 자는 공자가 다시 살아난다 하여도 용서하지 않는다. 하물며 서원은 우리나라 선현에게 제사 지내는 곳인데 어찌 이런 곳이 도적이 숨는 곳이 되겠느냐

3. [＿＿＿＿[3]] p.186

나라 제도로서 인정(人丁)에 대한 세를 신포(身布)라 하였는데 충신과 공신의 자손에게는 모두 신포가 면제되어 있었다. 이 법이 시행된 지도 이미 오래됨에 턱없이 면제된 자가 많았다. 그 모자라는 액수는 반드시 평민에게 덧붙여 징수하여 보충하고 있었다. 대원군은 이를 수정하고자 동포(洞布)라는 법을 제정하였다.

4. [＿＿＿＿[4]] p.186

洋夷侵犯 非戰則和 主和賣國 (양이침범 비전즉화 주화매국)
서양 오랑캐가 침범하는 데도 싸우지 않으면 화친하는 것이요 화친을 주장하는 것은 매국하는 것이다.

5. [＿＿＿＿＿＿＿[5]] **하야 상소문 (최익현)** p.187

지금의 국사를 보건대, 폐단이 없는 것이 없으며 …… 다만, 그 중에 더욱 현저하고 큰 것을 든다면 화양동의 만동묘를 철거한 것은 군신의 윤리가 무너진 것이요, 서원의 혁파는 사제 간의 의리가 끊어진 것이며, …… 거기에다가 토목 공사와 원납전 따위까지 덧붙여 서로 안팎이 되어서 백성의 재앙이 되고 나라의 화란이 되는 근본이 된 지 지금 몇 해가 되었으니, 이것이 선왕의 옛 법을 변하고 천하의 윤리를 무너뜨린 것이 아니고 무엇이겠습니까?

6. [6   ] p.187

제1관 조선국은 자주국이며, 일본국과 평등한 권리를 가진다.
제2관 일본 정부는 15개월 후 사신을 서울에 파견한다.
제4관 조선국은 부산 이외에 통상에 편리한 항구 2개소를 앞으로 20개월 내에 개항한다.
제7관 조선국 해안을 일본국의 항해자가 자유로이 측량하도록 허가한다.
제10관 일본국 인민이 조선국 항구에 머무르는 동안 죄를 범한 것이 조선국 인민에 관계되는 사건일 때에는 일본국 법에 의거하여 모두 일본 관원이 심판한다.

7. [7   ] **파견** p.188

저번에 사절선이 온 것은 오로지 수호(修好)때문이니 우리가 선린(善隣)하는 뜻에서도 이번에는 사신을 전위(專委)하여 수신(修信)해야겠습니다. 사신의 호칭은 수신사라 하고 김기수를 특별히 차출하고 따라가는 인원은 일을 아는 자로 적당히 가려서 보내십시오.

8. [8   ] **척화주전론** p.188

서양 오랑캐의 화가 금일에 이르러서는 이보다 심할 수 없사옵니다. 전하께서는 안으로는 사학의 무리를 잡아 베시고, 밖으로는 바다를 건너오는 적을 정벌하소서. 사람 노릇을 하느냐, 짐승이 되느냐, 존속하느냐 멸망하느냐 하는 기틀이 잠깐 사이에 결정되옵니다.

- 이항로, 『화서집』

9. [9   ] **왜양일체론 (최익현)** p.188

일단 강화를 맺고 나면 저 적들의 욕심은 물화를 교역하는 데 있습니다. …… 저들이 비록 왜인이라고 하나 실은 양적(洋賊)입니다. 강화의 일이 한번 이루어지면 사학(邪學)의 서적과 천주의 상(像)이 교역하는 가운데 섞여 들어갈 것입니다.

10. 황쭌셴,『 [10   ] **』** p.189

조선의 땅은 실로 아시아의 요충을 차지하고 있어 형세가 반드시 다투게 마련이며, 조선이 위태로우면 중국도 위급해 질 것이다. 러시아가 영토를 넓히려고 한다면 반드시 조선으로부터 시작할 것이다. … 그렇다면 오늘날 조선의 책략은 러시아를 막는 일보다 더 급한 것이 없을 것이다. 러시아를 막는 책략은 무엇인가? 중국과 친하고(親中國), 일본과 맺고(結日本), 미국과 이어짐(美邦)으로써 자강을 도모해야 한다.

정답 **1** 흥선대원군 **2** 서원 **3** 호포제 **4** 척화비 **5** 흥선대원군 **6** 강화도 조약 **7** 수신사 **8** 1860년대 **9** 1870년대 **10** 조선책략

11. 이만손, 「⬚⬚⬚⬚⬚⬚⬚[11]」 p.189

청은 우리가 신하로서 섬기는 나라로, 신의를 지켜 속방이 되어 온 지 2백년이 되었습니다. 이제 무엇을 더 친할 것이 있겠습니까? ……일본은 우리에게 매여 있던 나라입니다. 3포 왜란이나 임진왜란 때의 숙원이 아직 풀리지 않고 있는데, 만일 그들이 우리가 허술한 것을 알고 공격하면 장차 이를 어떻게 막겠습니까? 미국은 우리가 본래 모르던 나라입니다. 돌연히 타인의 권유로 불러 들였다가 그들이 우리의 허점을 보고 어려운 청을 강요하면 장차 이에 어떻게 대응할 것입니까? 러시아는 본래 우리와는 싫어하고 미워할 처지에 있지 않은 나라입니다. 공연히 타인의 말만 믿고 틈이 생기면 우리의 체통이 손상되게 됩니다. 또, 이를 빌미로 저들이 군사로 침략해 온다면 장차 이를 어떻게 막을 것입니까?

12. ⬚⬚⬚⬚⬚⬚⬚[12] p.189

제1관 대조선국 군주와 대미국 대통령과 아울러 그 인민은 각각 모두 영원히 화평하고 우호를 다진다. 만약 타국이 어떤 불공평하게 하고 경시하는 일이 있으면 통지를 거쳐 반드시 서로 도와주며 중간에서 잘 조정해 두터운 우의와 관심을 보여준다.

제14관 현재 양국이 의논해 정한 이후 대조선국 군주가 어떤 혜택·은전의 이익을 타국 혹은 그 나라 상인에게 베풀면 …… 미국과 그 상인이 종래 점유하지 않고 이 조약에 없는 것 또한 미국 관민이 일체 균점하도록 승인한다.

13. ⬚⬚⬚⬚⬚⬚⬚[13] p.190

제2조 중국 상인이 조선 항구에서 만일 개별적으로 신소(伸訴)를 제기하였을 경우에는 중국 상무위원에 넘겨 심의·처리한다.

제4조 조선 상인이 북경(北京)에서 규정에 따라 물건을 팔고 사도록 하며 중국 상인이 조선의 양화진과 서울에 들어가서 영업소를 차려놓을 수 있도록 허락하는 외에 각종 화물을 내륙 지방으로 운반하여 상점을 차려놓고 파는 것은 승인하지 않는다.

14. ⬚⬚⬚⬚⬚⬚⬚[14] p.190

외국의 교(教)는 즉, 사(邪)로서 마땅히 멀리해야 하지만 그 기(器)는 즉, 리(利)로서 가히 이용후생의 바탕이 될 것인 즉, 농·상·의학·군대·주차(舟車) 등은 어찌 이를 꺼려 멀리 하겠는가? 우리가 일본을 받아들이는 것은 서양을 견제하려는 계책에서 나온 것입니다. …… 서양이라고 하더라도 기계 기술이나 농서가 진실로 이익이 될 만한 것이면 반드시 행할 것이요, 그 사람으로 인해서 그들의 좋은 법까지 물리칠 필요는 없습니다.
- 곽기락의 상소문

15. [15   ] (혁신정강 14개조) p.191

1. 청에 잡혀간 흥선대원군을 곧 돌아오도록 하게 하며, 종래 청에 대하여 행하던 조공의 허례를 폐지한다.
2. 문벌을 폐지하여 인민 평등의 권리를 세워, 능력에 따라 관리를 임명한다.
3. 지조법을 개혁하여 관리의 부정을 막고 백성을 보호하며, 국가 재정을 넉넉하게 한다.
4. 내시부를 없애고, 그 중에 우수한 인재를 등용한다.
5. 부정한 관리 중 그 죄가 심한 자는 치죄한다.
6. 각 도의 환상미를 영구히 받지 않는다.
7. 규장각을 폐지한다.
8. 급히 순사를 두어 도둑을 방지한다.
9. 혜상공국을 혁파한다.
10. 유배 또는 금고된 죄인은 그 정상을 참작하여 적당히 형을 감한다.
11. 4영을 합하여 1영으로 하되, 영 중에서 장정을 선발하여 근위대를 급히 설치한다.
12. 모든 재정은 호조에서 통할한다.
13. 대신과 참찬은 의정부에 모여 정령을 의결하고 반포한다.
14. 의정부, 6조 외의 모든 불필요한 기관을 혁파하되 대신 참찬으로 하여금 이를 국왕에게 보고하여 처리하도록 할 것

16. [16   ]에 대한 평가 p.191

그들의 실패는 우리에게 무척 애석한 일이다. 내 친구 중에 이 사건을 잘 아는 이가 있는데, 그는 어쩌다 조선의 최고 수재들이 일본인에게 이용당해서 그처럼 큰 잘못을 저질렀는지 참으로 애석하다고 했다. 진실로 일본인이 조선의 운명과 그들의 성공을 위해 노력을 다 했겠는가? 우리가 만약 국가적 발전의 기미를 보였다면 일본인들은 백방으로 방해할 것이 자명한데 어찌 그들을 원조했겠는가?　　　　－『한국통사』

04 열강의 침략과 동학 농민 운동

🔗 해커스공무원 임진석 眞한국사 기본서: p.316

1 조선에 대한 열강의 침략

1) ___¹___
- 내정 간섭의 심화
- 조·청 상민 수륙 무역 장정
  → 경제 침탈
  (청 상인의 빠른 성장)

3) ___³___
- 남하 정책: 부동항 확보 목적
- 조·러 수호 통상 조약(1884)
- 조·러 육로 통상 조약(1888)

조선
- 중립화론
  : 거문도 사건이 배경
  : 유길준, 부들러 → 유길준의 연금으로 실패
    (유길준: 『서유견문』 – 1895 집필)
- 방곡령 선포(1889~1890)
  : 실패, 일본에 배상금 지불

2) ___²___
- 영국산 면화 무역
  → 경제 침탈(곡식 유출)

4) ___⁴___
- 거문도 사건(1885~1887)
  : 러시아 견제, 중립론 대두 원인

2 동학 농민 운동(1894)

1) 배경

배경	· 일본의 경제적 침탈과 농촌 경제 피폐 → 반외세, 반봉건 기운 고조
	· 동학의 확산(2대 교주 최시형, 포접제 활용 / 『용담유사』, 『동경대전』 간행)
	· 교조 신원 운동(1892~1893): ___⁵___ 집회 ⇨ ___⁶___ 복합 상소 ⇨ ___⁷___ 집회(종교 운동 → 정치 개혁 운동화)

2) 동학 농민 운동의 전개

고부 민란	· **원인**: 고부 군수 조병갑의 수탈 (만석보 공사)	
	· **전개**: 전봉준, 사발통문 작성 ⇨ 고부 관아 습격	
	⇨ 정부는 안핵사 ___⁸___ 파견	▲ 사발통문

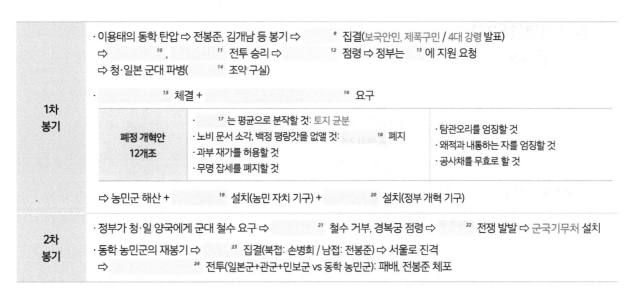

1차 봉기	·이용태의 동학 탄압 ⇨ 전봉준, 김개남 등 봉기 ⇨ __9__ 집결(보국안민, 제폭구민 / 4대 강령 발표) ⇨ __10__ ⇨ __11__ 전투 승리 ⇨ __12__ 점령 ⇨ 정부는 __13__ 에 지원 요청 ⇨ 청·일본 군대 파병(__14__ 조약 구실)	

	· __15__ 체결 + __16__ 요구			
	폐정 개혁안 12개조	· __17__ 는 평균으로 분작할 것: 토지 균분 · 노비 문서 소각, 백정 평량갓을 없앨 것: __18__ 폐지 · 과부 재가를 허용할 것 · 무명 잡세를 폐지할 것	· 탐관오리를 엄징할 것 · 왜적과 내통하는 자를 엄징할 것 · 공사채를 무효로 할 것	
	⇨ 농민군 해산 + __19__ 설치(농민 자치 기구) + __20__ 설치(정부 개혁 기구)			

2차 봉기	·정부가 청·일 양국에게 군대 철수 요구 ⇨ __21__ 철수 거부, 경복궁 점령 ⇨ __22__ 전쟁 발발 ⇨ 군국기무처 설치 ·동학 농민군의 재봉기 ⇨ __23__ 집결(북접: 손병희 / 남접: 전봉준) ⇨ 서울로 진격 ⇨ __24__ 전투(일본군+관군+민보군 vs 동학 농민군): 패배, 전봉준 체포

3) 의의와 영향

의의(성격)	영향
반봉건, 반외세적 민족 운동	· __25__ 에 일부 반영 · 잔여 세력 → 의병 / 서학당, 영학당 활동 / 활빈당 가담(대한 제국 시기)

▲ 동학의 발생과 교세 확장

▲ 동학 농민 운동의 전개(2차 봉기)

정답 **1** 청 **2** 일본 **3** 러시아 **4** 영국 **5** 삼례 **6** 서울 **7** 보은 **8** 이용태 **9** 백산 **10** 황토현 **11** 황룡촌 **12** 전주성 **13** 청 **14** 톈진 **15** 전주 화약 **16** 폐정 개혁안 12개조 **17** 토지 **18** 신분제 **19** 집강소 **20** 교정청 **21** 일본군 **22** 청·일 **23** 논산 **24** 공주 우금치 **25** 갑오개혁

05 갑오개혁과 을미개혁

🔗 해커스공무원 임진석 眞한국사 기본서: p.320

1 갑오개혁(1894)

1) 1차 갑오개혁

① 개혁 추진의 배경

배경	· 1차 동학 농민 봉기 이후 개혁 요구 → [ ]¹ 설치 · 일본군의 경복궁 점령 후 개혁 강요 → [ ]² 설치 · 1차 김홍집 내각 / 흥선 대원군 섭정

② 개혁의 내용(군국기무처 중심)

정치	· 국정, 왕실 사무 분리(의정부 / 궁내부) · 6조 → [ ]³ 으로 개편 · [ ]⁴ 폐지 / 경찰 제도 시행 · '[ ]⁵' 기원 사용
경제	· 재정: 탁지아문으로 일원화 · 은 본위 화폐 제도 채택 · 신식 화폐 발행 장정 · 도량형 통일 · 외국(일본) 화폐 사용
사회	· [ ]⁶ (노비제) 폐지 · 과부 재가 허용 · 악습 철폐: 조혼, 인신매매, 고문, 연좌제 금지 등

2) 2차 갑오개혁

① 개혁 추진 당시 상황

배경	· 청·일 전쟁에서 일본이 승기 잡음 · 흥선 대원군 파면 · 2차 김홍집·[ ]⁷ 연립 내각 구성	· 군국기무처 폐지 · 독립 서고문과 [ ]⁸ 선포

② 홍범 14조의 주요 내용

홍범 14조	· [ ]⁹ 에 의존하지 않음(청의 종주권 부인) · 탁지아문으로 재정 일원화 · 국민 개병제(징병제 실시)	· 왕실, 국정 사무 분리 · 조세 법정주의 · 문벌 폐지

③ 개혁의 내용

정치	·의정부 8아문 → _____ 10 _____ 11 ·**지방 행정**: 8도 → _____ 12 / 부·목·군·현 → '군'으로 통일 ·사법권의 독립 보장: _____ 13 설치 ·**군사 제도**: 훈련대, 시위대 설치
경제	상리국(보부상 단체) 폐지
교육	_____ 14 반포 → 한성에 사범 학교 설립

2 삼국 간섭과 을미사변(1895)

삼국 간섭	·청·일 전쟁에서 일본 승리 ⇨ _____ 15 **조약** 체결(청은 일본에 랴오둥 반도를 할양) · _____ 16 가 프랑스·독일 끌어들여 일본에 압박 → 일본이 굴복, 랴오둥 반도 반환 ·결과: 러시아 세력↑ + 조선 내 _____ 17 정권 수립(3차 김홍집 내각)
을미사변	·삼국 간섭 이후 조선 내 일본의 입지 약화 ⇨ _____ 18 시해 ·결과: 일본의 영향력↑ + 조선 내 _____ 19 정권 수립(4차 김홍집 내각), 중단된 갑오개혁 재개(3차, 을미개혁)

3 을미개혁(1895)

정치	_____ 20 연호의 사용
사회	· _____ 21 실시 · _____ 22 사용 ·종두법 시행 ·우체사 설치(우편 사무)
군사	_____ 23, _____ 24 설치 / 훈련대 해산
교육	_____ 25 설치

정답 **1** 교정청 **2** 군국기무처 **3** 8아문 **4** 과거제 **5** 개국 **6** 신분제 **7** 박영효 **8** 홍범 14조 **9** 청 **10** 내각 **11** 7부 **12** 23부 **13** 재판소 **14** 교육 입국 조서 **15** 시모노세키 **16** 러시아 **17** 친러 **18** 명성 황후 **19** 친일 **20** 건양 **21** 단발령 **22** 태양력 **23** 친위대 **24** 진위대 **25** 소학교

4 갑오·을미개혁의 성격과 을미의병

1) 갑오·을미개혁의 의의와 한계

의의	한계
· 사회 전 범위에서 이루어진 근대적 개혁 · 이전 개혁 운동의 주장 반영	· 일본의 간섭 및 민중 지지 미흡 · 토지 제도, 군사 제도 개혁 실시 미흡

2) 을미의병(1895)

배경	· [26] 시해 · [27] 에 대한 반발
특징	· [28] 중심 · [29] (제천) / [30] (춘천)
해산	· 단발령 철회 + 국왕 해산 권고 → 자진 해산

3) 활빈당(1900년경)

조직	활동
· 반봉건, 반제국주의 성격 · 동학 세력과 화적이 주축	· 권력자 재산을 빼앗아 빈민들에게 나누어 줌 · 대한사민논설 13조 발표

정답 **26** 명성 황후 **27** 단발령 **28** 양반 유생 **29** 유인석 **30** 이소응

06 독립 협회와 대한 제국

🔗 해커스공무원 임진석 眞한국사 기본서: p.324

1 아관파천(1896~1897)

배경 및 전개	· 고종의 신변 위협 → 정동구락부, 춘생문 사건 실패
	· 고종이 [ ]¹ 공사관으로 거처 옮김 / 김홍집 피살
결과	· [ ]² 내각(이완용, 이범진, 윤치호): 단발령 철회, 의정부 복구
	· 열강의 [ ]³ 침탈 본격화
	· 베베르-고무라 각서: 러시아와 일본의 세력 균형

2 독립 협회(1896~1898)

1) 창립의 배경: 열강의 이권 침탈에 따른 반발 / 서재필이 귀국 후 정부의 지원을 받아 '[   ]⁴' 창간

2) 독립 협회의 활동

① 주요 활동

자주 국권	· 독립신문 발간(서재필, 독립 협회 설립 이전에 창간)	· [ ]⁵ 건설(영은문 자리에 건립)
	· 고종의 환궁 요구(→ 1897, 고종 환궁)	· 독립관 건설
자유 민권	· 신체, 언론, 출판, 집회 자유 권리 주장	· [ ]⁶ 운동
자강 개혁	[ ]⁷ 시행을 추진	

② 만민 공동회의 개최와 헌의 6조

· 만민 공동회: [   ]⁸ 및 열강의 이권 침탈 규탄
(→ 러시아 [   ]⁹ 조차 요구 철회 / 고문 철수 / 한·러 은행 폐쇄시킴)

↓

대한 제국: 박정양 진보 내각의 구성

↓

· 관민 공동회: 백정 박성춘의 연설(관민 합심 강조)
· [   ]¹⁰ 결의: 의회 설립 추진(중추원, 관선·민선), 입헌 군주제 주장 → 중추원 관제 반포

정답 **1** 러시아 **2** 친러 **3** 이권 **4** 독립신문 **5** 독립문 **6** 국민 참정권 **7** 입헌 군주제 **8** 러시아 **9** 절영도 **10** 헌의 6조

헌의 6조	· 외국인에 의지하지 말고 황권을 공고히 할 것	· ¹² 에 관한 조약은 중추원이 날인할 것
	· 재정은 탁지부에서 관리, ¹¹ 을 인민에게 공포할 것	· 피고의 ¹³ 을 존중할 것
	· 칙임관 임명 시 다수의 의견에 따를 것	· 정해진 규칙을 실천할 것

3) 독립 협회의 해산: 보수 세력의 반발, 독립 협회가 ¹⁴ 을 수립하려 한다고 모함

→ 고종의 해산 명령, 황국 협회(보부상)와 군대를 동원하여 강제 해산(1898)

▲ 독립신문   ▲ 독립문   ▲ 관민 공동회

4) 의의와 한계

의의	한계
· 최초의 민주주의 운동, 민중에 의한 근대화 운동	· 미국, 영국, 일본의 이권 침탈에 관대
· 애국 계몽 운동에 영향	· 열강의 침략 의도 간과

3 대한 제국과 광무개혁(1897~1904)

1) 대한 제국의 수립

대한 제국 수립(1897)	· 고종의 환궁 요구 → 고종이 ¹⁵ (덕수궁)으로 환궁
	· ¹⁶ 선포(1897)
	· 연호 '¹⁷' / ¹⁸ (환구단)에서 황제 즉위식 거행
대한 제국 초기(1897~1898)	· 수구파와 개혁파의 대립 → 독립 협회와 연계하여 진보적 박정양 내각 구성
	· 수구파의 모함 → 독립 협회를 해산시킴

2) 광무개혁

① 개혁의 성격: '_____¹⁹'의 원칙(점진적 개혁) / 복고적 성격(황제권 강화)

② 광무개혁의 내용

정치	·_____²⁰ **반포(1899):** 전제 군주 정치 표방, _____²¹ 강화, 내장원 기능 강화 ·**지방 행정:** 23부 → 13도
외교	·간도를 행정 구역으로 편입시킴(간도 관리사 임명: _____²²) ·블라디보스토크에 해삼위 통상 사무관 설치: 교민 보호 목적 ·한·청 통상 조약 체결(청과 대등한 관계에서 체결) ·**독도 관리:** _____²³ 반포(울릉도 군으로 승격)
군사	·_____²⁴ 설치(황제 직할) ·시위대, 친위대, 진위대 증강 / 무관 학교 설립
경제	·**양전 사업 실시:** 양지아문 설치, 토지 조사 ·_____²⁵ (토지 소유 증명서) 발급: 근대적 토지 소유, 개항장에서만 외국인 소유 인정 ·**상공업 진흥 정책** 　– **은행:** 한성은행, 대한천일은행 설립 　– **회사:** 자기 회사, 종삼 회사 설립(식산 흥업) ·**서북 철도국 수립:** 철도 건립 노력
교육	·실업 학교, 기술 학교, 의학교, 외국어 학교 설립 ·한성 중학교 설립

▲ 대한 제국이 발행한 지계

③ 평가

의의	자주적 근대화 추진 → 국방력 강화, 상공업 진흥, 근대적 토지 소유 제도 확립(지계 발급)
한계	민권 운동 탄압(독립 협회 해산)

정답 **11** 예산·결산 **12** 이권 **13** 인권 **14** 공화정 **15** 경운궁 **16** 대한 제국 **17** 광무 **18** 원구단 **19** 구본신참 **20** 대한국 국제 **21** 황제권 **22** 이범윤 **23** 대한 제국 칙령 41호 **24** 원수부 **25** 지계

1. ☐¹ **, 중립화론** p.196

우리나라가 아시아의 인후에 처해 있는 지리적 위치는 유럽의 벨기에와 같고, 중국에 조공하던 처지는 터키에 조공하던 불가리아와 같다. …… 대저 우리나라가 아시아의 중립국이 된다면 러시아를 방어하는 큰 기틀이 될 것이고, 또한 아시아의 여러 대국들이 서로 보전하는 정략도 될 것이다.

2. ☐² **(4대 강령)** p.197

우리가 의(義)를 들어 여기에 이름은 그 본의가 결단코 다른데 있는 것이 아니요 창생을 도탄에서 건지고 국가를 반석위에 두고자 함이며, 안으로는 탐학한 관리의 머리를 베고 밖으로는 횡포한 강적의 무리를 축멸코자 함이라. …….

첫째, 함부로 사람을 죽이지 말고 가축을 죽이지 마라!

둘째, 충과 효를 다하여 세상을 구하고 백성을 편안케하라!

셋째, 왜놈을 몰아내고 나라를 깨끗이 하라!

넷째, 군사를 몰아 서울로 쳐들어가 권세있는 자들을 모두 박멸한다.

3. ☐³ **(동학농민운동 당시)** p.197

1. 동학 교도는 정부와의 원한을 씻고 서정에 협력한다.
2. 탐관오리의 죄상을 조사하여 징벌한다.
3. 횡포한 부호를 엄중히 처벌한다.
4. 불량한 유림과 양반의 무리를 징벌한다.
5. 노비 문서를 불태운다.
6. 7종의 천인 차별을 개선하고 백정이 쓰는 평량갓은 없앤다.
7. 젊어서 과부가 된 여성의 재혼을 허용한다.
8. 무명의 잡다한 세금은 일절 거두지 않는다.
9. 관리 채용 시 지벌을 타파하고 인재를 등용한다.
10. 왜와 통하는 자를 엄중히 징벌한다.
11. 공채, 사채 모두 기왕의 것은 무효로 한다.
12. 토지는 균등하게 나누어 경작한다.

4. ☐⁴ **설치** p.197

전봉준은 수천의 무리를 거느리고 금구 원평에 웅거하면서 전라우도를 호령하였으며, 김개남은 수만의 무리를 거느리고 남원성에 웅거하면서 전라좌도를 통할하였다. 그 나머지 김덕명·손화중·최경선 등은 각각 어느 한 곳에 웅거하였는데, 그들의 탐학과 불법은 개남이 가장 심하였다. 전봉준은 동도에 의지하여 혁명을 도모하였다.

－「갑오약력」

5. [⁵] **공초문** p.197

문 : 작년 3개월 동안 고부 등지에서 민중을 크게 모았다고 하니, 무슨 사연으로 그리 하였는가?

답 : 고부 군수가 정액 외에 가혹하게 수만 냥의 부가세를 징수하므로, 민심이 억울하고 원통하여 이 의거가 있었다.

문 : 고부에서 봉기할 때에 동학이 많았느냐, 원민이 많았느냐?

답 : 동학은 적고 원민이 많았다.

문 : 다시 난을 일으킨 것은 무슨 이유인가?

답 : 그 후에 일본이 개화라고 칭하고, 처음부터 민간에 일언반구의 말도 없이 군대를 거느리고 우리 서울에 들어와 밤중에 공격하고 임금을 놀라게 하였다. 하기로, 초야의 사민들이 충군애국의 마음으로 분개함을 이기지 못해 의병을 규합하여 일본인과 접전하여 이 사실을 따지고자 함이었다.

6. [⁶] **(홍범 14조)** p.198

우리 황조가 우리 왕조를 세우고 우리 후손들에게 물려준 지도 503년이 되는데 짐의 대에 와서 시운(時運)이 크게 변하고 문화가 개화하였으며 우방이 진심으로 도와주고 조정의 의견이 일치되어 오직 자주 독립을 해야 우리나라를 튼튼히 할 수 있는 것입니다. …… 짐은 이에 14개 조목의 큰 규범을 하늘에 있는 우리 조종의 신령 앞에 고하면서 조종이 남긴 업적을 우러러 능히 공적을 이룩하고 감히 어기지 않을 것이니 밝은 신령은 굽어 살피시기 바랍니다.

7. [⁷] p.198

1. 청국에 의존하는 생각을 끊고 자주독립의 기초를 세운다.
2. 임금은 각 대신과 의논하여 정사를 행하고 종실, 외척의 내정 간섭을 용납하지 않는다.
3. 국왕이 정전에 나아가 정사를 친히 각 대신에게 물어 처리하되, 왕후·비빈·종실 및 척신이 간여함을 용납치 아니한다.
4. 왕실 사무와 국정 사무를 분리하여 서로 혼동하지 않는다.
5. 의정부와 각 아문의 직무권한의 한계를 명백히 규정한다.
6. 부세(賦稅)는 모두 법령으로 정하고 명목을 더하여 거두지 못한다.
7. 조세부과와 징수 및 경비지출은 모두 탁지아문에서 관장한다.
8. 왕실은 솔선하여 경비를 절약해서 각 아문과 지방관의 모범이 되게 한다.
9. 왕실과 각 관부에서 사용하는 경비는 1년간의 예산을 세워 재정의 기초를 확립한다.
10. 지방관제도를 속히 개정하여 지방관리의 직권을 한정한다.
11. 널리 자질이 있는 젊은이를 외국에 파견하여 학술과 기예를 익히도록 한다.
12. 장교를 교육하고 징병제도를 정하여 군제의 기초를 확립한다.
13. 민법 및 형법을 엄정히 정하고 백성의 생명과 재산을 보호한다.
14. 문벌을 가리지 않고 인재 등용의 길을 넓힌다.

정답 **1** 유길준 **2** 백산 격문 **3** 폐정 개혁안 12개조 **4** 집강소 **5** 전봉준 **6** 독립 서고문 **7** 홍범 14조

8. [⁸] p.199

제1조 국내의 육군을 친위와 진위 2종으로 나눈다.
제2조 친위는 경성에 주둔하여 왕성 수비를 전적으로 맡는다.
제3조 진위는 부(府) 혹은 군(郡)의 중요한 지방에 주둔하여 지방 진무와 변경 수비를 전적으로 맡는다.

9. [⁹] p.200

우리 국모의 원수를 생각하면 이미 이를 갈았는데, 참혹한 일이 더하여 …… 우리 부모에게서 받은 머리털을 풀 베듯이 베어 버리니 이 무슨 변고란 말인가.… 이에 감히 의병을 일으키고 마침내 세상에 포고하노니, 위로는 공경(公卿)에서 아래로는 서민에 이르기까지 어느 누가 애통하고 절박하지 않으랴.
　　　- 유인석의 격문

10. [¹⁰], **백정 박성춘의 연설** p.201

나는 대한의 가장 천한 사람이고 무지 몰각 합니다. 그러나 충군 애국의 뜻은 대강 알고 있습니다. 이에 이국편민의 길인즉, 관민이 합심한 연후에야 가하다고 생각합니다. 저 차일에 비유하건대, 한 개의 장대로 받친 즉 역부족이나, 많은 장대를 합한 즉 그 힘이 공고합니다. 원컨대, 관민이 합심하여 우리 황제의 성덕에 보답하고, 국운이 만만세 이어지게 합시다.
　　　　　　　　　　　　　　　　　　　　　　　　　　　　　　　　　　　　　- 백정 박성춘의 연설문

11. [¹¹] **(독립협회)** p.202

1. 외국인에게 의지하지 말고 관민이 한 마음으로 힘을 합하여 전제 황권을 견고하게 할 것.
2. 외국과의 이권에 관한 계약과 조약은 각 대신과 중추원 의장이 합동 날인하여 시행할 것.
3. 국가 재정은 탁지부에서 전관하고, 예산과 결산을 국민에게 공표할 것.
4. 중대 범죄를 공판하되, 피고의 인권을 존중할 것.
5. 칙임관을 임명할 때에는 정부에 그 뜻을 물어서 중의에 따를 것.
6. 정해진 규정을 실천할 것.

12. [¹²] **(대한제국)** p.202

제1조, 대한국은 세계 만국에 공인된 자주 독립 제국이니라.
제2조, 대한국의 정치는 만세 불변할 전제 정치이니라.
제3조, 대한국 대황제께서는 무한한 군권을 향유하시느니라.
제5조, 대한국 대황제께서는 육·해군을 통솔하시고 계엄·해엄을 명하시느니라.

PART 6 근대 시기 해커스공무원 임진석 真한국사 시크릿 노트

13. 칙령 41호 (⬚[13] , ⬚[13]) p.203

제1조 울릉도를 울도라고 개칭하여 강원도에 부속하고 도감을 군수로 개정하여 관제 중에 편입하고 군의 등급은 5등으로 할 것
제2조 군청의 위치는 태하동(台霞洞)으로 정하고 구역은 울릉전도(鬱陵全島)와 죽도(竹島)·석도(石島)를 관할할 것

14. ⬚[14] 발급 (대한제국) p.203

제2조 전답, 산림, 천택, 가옥을 매매 양도하는 경우 관계(官契)를 반납한다.
제3조 소유주가 관계를 받지 않거나, 저당 잡힐 때 관허가 없으면 모두 몰수한다.
제4조 대한제국 인민 외 소유주가 될 권리가 없고, 외국인에게 명의를 빌려주거나 사사로이 매매, 저당, 양도할 경우 법에 따라 처벌한다.

07 일본의 국권 침탈

⬦ 해커스공무원 임진석 眞한국사 기본서: p.329

1 러·일 전쟁과 일제의 조약 체결

배경	발발과 조약 체결
· 1차 영·일 동맹 · 러시아의 용암포 조차 시도 → 실패	· 대한 제국, 국외 중립 선언 → 러·일 전쟁(1904~1905) 발발: 일본 승리
	<div>¹ 미국·일본이 필리핀(미), 대한 제국(일)에 대한 상호간의 독점 지배권 인정</div><div>² 영국·일본이 인도(영), 대한 제국(일)에 대한 상호간의 독점 지배권 인정</div><div>³ 러시아가 대한 제국에 대한 일본의 독점 지배권 인정</div>

2 일본의 국권 침탈

러·일 전쟁 중 체결된 조약	⁴ (1904)	· 대한 제국의 중립 선언 무력화 · 군사 요충지 사용권 · 충고 정치, 한-일간 상호 승인권
	⁵ (1904)	· 고문 정치 · 재정 고문(⁶), 외교 고문(⁷) 파견
러·일 전쟁 이후에 체결된 조약	⁸ (1905, 제2차 한·일 협약)	· ⁹ 설치: 내정 간섭 기구 (초대 통감: 이토 히로부미) · ¹⁰ 박탈
	¹¹ (1907, 정미 7조약)	· ¹² 정치(일본인 차관 임명, 행정권 장악) · 대한 제국 ¹³ (1907)
	기유각서 (1909)	¹⁴ 박탈
	경찰 사무 위탁 각서 (1910)	경찰권 박탈
	한·일 병합 조약 (1910, 경술국치)	국권 강탈, 황현 순국

3 을사늑약 체결에 대한 반발

언론	장지연의 '_____[15]'(황성신문)
상소·자결	· 관료·유생: 을사늑약 폐기와 을사 5적 처벌 요구 상소 운동 전개 · _____[16], 조병세 등이 자결로 항거
을사의병	· _____[17] 출신 의병장 등장(_____[18] - 울진·평해, 일월산) · 양반 유생(민종식-홍주성 / 최익현-태인, 순창)
외교 활동	· 미국에 _____[19]를 특사로 파견(1905) · _____[20]에 특사(_____[21], 이준, 이위종) 파견(1907, 네덜란드) → 실패, 고종 _____[22]
의열 활동	· _____[23]·_____[24]: 5적 암살단 조직(을사 5적 처단 시도) · _____[25]·_____[26]: 스티븐스 사살 · _____[27]: 연해주 의병 활동, 이토 히로부미 사살 후 뤼순 감옥 수감,『동양평화론』저술 · _____[28]: 이완용 처단 시도

정답 **1** 가쓰라-태프트 밀약 **2** 제2차 영·일 동맹 **3** 포츠머스 조약 **4** 한·일 의정서 **5** 제1차 한·일 협약 **6** 메가타 **7** 스티븐스 **8** 을사늑약 **9** 통감부 **10** 외교권 **11** 한·일 신협약 **12** 차관 **13** 군대 해산 **14** 사법권 **15** 시일야방성대곡 **16** 민영환 **17** 평민 **18** 신돌석 **19** 헐버트 **20** 헤이그 **21** 이상설 **22** 강제 퇴위 **23** 나철 **24** 오기호 **25** 전명운 **26** 장인환 **27** 안중근 **28** 이재명

08 국권 수호 운동의 전개

🔗 해커스공무원 임진석 眞한국사 기본서: p.332

1 국권 피탈

군대 해산(1907)	_____¹ (시위대 대대장) 자결
정미의병	· 군대 해산 ⇨ 시가전, _____² 들이 의병에 합류(유생+평민+군인, 평민 의병장: 홍범도) ⇨ 의병 전쟁으로 발전 · _____³ 결성(이인영, 허위): 각국 영사관에 국제법상 교전 단체로 인정해 줄 것 요구 · _____⁴ 작전 계획 → 실패
_____⁵ 작전(1909)	일제의 의병 토벌
의병의 위축과 해외 이주	의병 위축, 만주·연해주로 이동하여 독립군으로 전환

2 애국 계몽 운동

1) 애국 계몽 운동: _____⁶ 사상 + 사회 진화론 → 언론·교육·산업 진흥 추구 ⇨ 일제 강점기 '실력 양성 운동'으로 발전

2) 애국 계몽 운동 단체

보안회(1904)	일본의 _____⁷ 요구 반대 운동 전개 → 일본의 요구를 철회 시킴
헌정 연구회 (1905)	· 입헌 군주제 추진 · 을사늑약 체결 반대, 친일 단체인 _____⁸ 규탄
대한 자강회 (1906~1907)	· 입헌 군주제 주장 · 한·일 신협약(정미 7조약) 체결 반대 운동 전개 · 일제는 보안법 제정(1907)하여 애국 계몽 운동 단체 탄압 · 고종의 _____⁹ 반대 운동을 전개하다가 해산 당함
신민회 (1907~1911)	· 비밀 결사 단체(안창호, 이승훈, 양기탁, 신채호, 이회영) · 최초로 _____¹⁰ 수립을 목표로 한 단체 · 실력 양성: _____¹¹ 학교(안창호), _____¹² 학교(이승훈) 설립 / 태극 서관 운영, 자기 회사 설립 · _____¹³ : 신민회의 기관지로 활용 · 해외 독립군 기지 건설(_____¹⁴ 등): 만주 삼원보, 신흥 강습소(신흥 무관 학교)

09 열강의 경제 침략과 저항

🔗 해커스공무원 임진석 眞한국사 기본서: p.337

1 열강의 경제 침략

불평등 통상	상권 침투	이권 침탈
강화도 조약 : 무관세 규정	· **개항 초기**: 거류지 무역 · _____¹ 이후 : 내지 통상 허용으로 열강의 상권 침투 심화 · 일본으로 쌀 대량 유출	· _____² 이후 본격화 · **러시아**: 광산, 삼림 등 · **미국**(운산), **영국**(은산), **독일**(당현): 금광 채굴권 · **일본**: 철도 부설권(대륙 침략 목적)

2 경제권 수호 활동과 식산 흥업

방곡령	· 근거: _____³ (1883) · 함경도, 황해도에서 방곡령 선포(1889~1890) · **시행 결과**: 일본에 배상금 지불
이권·상권 수호 운동	· **독립 협회**: 이권 수호 운동 전개 · _____⁴ : 시전 상인의 상권 수호 운동(독립 협회 연계)
민족 은행의 설립	조선은행, 한성은행, 대한천일은행

▲ 경제적 자주권 수호 운동

정답 **1** 임오군란 **2** 아관파천 **3** 조·일 통상 장정 개정 **4** 황국 중앙 총상회

10 일본의 경제 침탈과 구국 운동의 전개

해커스공무원 임진석 眞한국사 기본서: p.341

1 일본의 경제 침탈

금융 지배	· 메가타, ¹ 시행(1905) : 대한 제국 화폐 무효화, 일본 제일은행 화폐와 교환 / 등가 교환 × · 일제의 금융 지배: 농공은행 → 일제 시기 조선식산은행으로 개편
토지 약탈	· 러·일 전쟁 중: 철도 부지, 군용지 목적 토지 약탈 / 황무지 개간권 요구 · 러·일 전쟁 이후: 토지 가옥 증명 규칙(1906) / 동양 척식 주식회사 설립(1908)

2 구국 운동의 전개

² (1900)	· 동학 잔여 세력 및 화적 출신들이 조직 · 대한 사민 논설 13조 발표
황무지 개간권 반대 운동	· 농광 회사(1904) 설립 · ³ (1904): 일제의 황무지 개간권 요구 저지
⁴ (1907)	· 일본이 대한 제국에 차관 도입 강요, 화폐 정리사업 → 일본에 경제 예속 · ⁵ 에서 시작(서상돈), 국채 보상 기성회 조직, ⁶ 의 지원 · 통감부, 횡령 혐의로 양기탁 구속 → 실패

해커스공무원

gosi.Hackers.com

1. [_____1] p.208

> 제1조 대한 제국 정부는 대일본 제국 정부가 추천한 일본인 1명을 재정 고문에 초빙하여 재무에 관한 사항은 모두 그의 의견을 들어 시행할 것
> 제2조 대한 제국 정부는 대일본 제국 정부가 추천한 외국인 1명을 외교 고문으로 외부(外部)에서 초빙하여 외교에 관한 중요한 업무는 모두 그의 의견을 들어 시행할 것

2. [_____2] **(정미 7조약)** p.208

> 제1조 한국 정부는 시정 개선에 관하여 통감의 지휘를 받을 것
> 제2조 한국 정부의 법령 제정 및 중요한 행정상의 처분은 미리 통감의 승인을 받을 것
> 제4조 한국 고등 관리의 임면은 통감의 동의로써 이를 행할 것
> 제5조 한국 정부는 통감이 추천한 일본인을 한국 관리로 임명할 것

3. 장지연, [_____3] p.209

> 이 날을 목 놓아 우노라[是日也放聲大哭]. …… 천하만사가 예측하기 어려운 것도 많지만, 천만 뜻밖에 5개조가 어떻게 제출되었는가. 이 조건은 비단 우리 한국뿐 아니라 동양 삼국이 분열할 조짐을 점차 만들어 낼 것이니 이토[伊藤] 후작의 본의는 어디에 있는가?

4. [____4] **의 유서** p.209

> 아! 나라의 수치와 백성의 욕됨이 이에 이르렀으니 우리 인민은 장차 생존경쟁에서 잔멸하리라. 다만 영환은 한번 죽음으로써 임금의 은혜에 보답하고 이천만 동포 형제에게 사죄하노라. 영환은 죽어도 죽지 않고 구천 아래에서 여러분을 돕고자 하니 … 일심협력하여 우리의 자유와 독립을 회복하면 죽은 몸도 저승에서 기뻐 웃으리라. 아! 실망하지 말라. 우리 대한제국 이천만 동포형제들에게 이별을 고하노라.

5. [____5] **과 박승환 자결** p.210

> 시위대 참령 박승환이 …… "내가 몇 해 동안 군사를 거느리고 있었는데, 갑자기 해산을 당하고 말았으니 차마 내 병정들을 대할 면목이 없다."라고 말하고 차고 있던 군도를 빼어 스스로 목을 찔러 죽으니 병정들이 분기를 이기지 못하였다고 한다.

6. 황현의 절명시([____6] **)** p.210

> 난리가 물밀듯 거듭 몰아닥쳐 머리는 세고 나이는 늙어 버렸네
> 몇 번이나 죽으려 했거만 아직도 그 뜻을 이루지 못하였는데
> 어떻게도 돌이킬 수 없는 오늘
> 가물거리는 촛불만이 푸른 하늘을 비추네 ……
> 새 짐승도 슬피 울고 산악 해수 다 찡기는 듯
> 무궁화 삼천리가 이미 영락되다니
> 가을 밤 등불 아래 책을 덮고서 옛일 곰곰이 생각해 보니
> 이승에서 지식인 노릇하기 정히 어렵구나

7. [　　　　7　　　　] p.210

무릇 우리나라의 독립은 오직 자강의 여하에 있을 따름이다. 우리 대한이 종전에 자강지술을 강구하지 않아 인민이 스스로 우매함에 묶여 있고 국력이 쇠퇴하여 마침내 금일의 간극에 다다라 결국 외인(外人)의 보호를 당하게 되었으니, 이는 모두 자강지도의 뜻을 다하지 않았던 까닭이다. …… 자강의 방법을 생각해 보면 다름 아니라 교육을 진작함과 식산흥업에 있다.

8. [　　　　8　　　　] p.210

신민회는 무엇을 위하여 일어남이뇨? 민습의 완고 부패에 신사상이 시급하며, 민습의 우미에 신교육이 시급하며, 열심의 냉각에 신제창이 시급하며, 원기의 쇠퇴에 신수양이 시급하며, 도덕의 타락에 신윤리가 시급하며, 문화의 쇠퇴에 신학술이 시급하며, 실업의 초췌에 신모범이 시급하며, 정치의 부패에 신개혁이 시급이라, 천만가지 일에 신(新)을 기다리지 않는 바 없도다.

9. [　　　　9　　　　] (메가타) p.212

제1조 구 백동화 교환에 관한 사무는 금고로 처리케 하여 탁지부 대신이 이를 감독함
제2조 구 백동화의 품위(品位), 양목(量目), 인상(印象), 형체(形體)가 정화(正貨)에 준할 수 있는 것은 매 1개에 대하여 금 2전 5푼의 가격으로 새 화폐로 교환함이 가함

10. [　　　　10　　　　], 대한사민논설 13조 p.212

1. 요순(堯舜)의 법을 행할 것.
6. 시장에 외국 상인의 출입을 엄금시킬 것.
8. 금광의 채굴을 엄금할 것.
9. 사전(私田)을 혁파할 것.
11. 악형의 여러 법을 혁파할 것.
13. 다른 나라에 철도 부설권을 허용하지 말 것.

11. [　　　　11　　　　] p.212

지금 국채가 1천3백만 원이 있으니, 이것은 우리 나라가 존재하고 망하는 것에 관계되는 일입니다. 갚으면 나라가 보존되고, 갚지 못하면 나라가 망할 것은 형세상 틀림없는 일입니다. 그런데 현재 국고로 갚을 형편이 못 되니, 삼천리 강토는 장차 우리 나라의 것, 백성들의 것이 아니겠습니까. …… 2천만 민중이 3개월 기한으로 담배를 피우지 말고, 그 대금으로 1인당 매달 20전씩 거둔다면 거의 1천3백만 원이 되겠습니다.

- 대한매일신보

정답 **1** 제1차 한·일 협약 **2** 한·일 신협약 **3** 시일야방성대곡 **4** 민영환 **5** 군대해산 **6** 경술국치 **7** 대한자강회 **8** 신민회 **9** 화폐 정리 사업 **10** 활빈당 **11** 국채보상운동

11 근대 시기의 사회 변화

🔗 해커스공무원 임진석 眞한국사 기본서: p.343

1 사회적 의식의 변화

근대 평등 의식과 민권	·갑신정변, 동학 농민 운동, 독립 협회, 국채 보상 운동 등의 활동
여성 운동	_____¹ : 서울 북촌 양반 부인들이 조직, 여권통문(1898), 여권 운동 전개, 순성 여학교 설립

2 동포들의 해외 이주

만주 이주	·의병·애국 계몽 운동가 이주 ·독립운동의 최대 기반
연해주 이주	·러시아가 연해주 개척 목적으로 이주 허가 · _____² : 자치 기구 ·해조신문 발행
미주 이주	·대한 제국 시기 _____³ 이민으로 시작 ·**한인 사회 형성**: 학교와 교회 설립, 자치 단체 조직 ·공립협회 조직

12 근대 문물의 수용과 발전

🔗 해커스공무원 임진석 眞한국사 기본서: p.346

1 개화기: 개화 정책 추진 ~ 갑신정변 이전(1880년대 초)

정책·시설	언론	교육
· ____¹ (1883): 무기 제조 · ____² (1883): 신문 출판 · ____³ (1883): 화폐 제조 → 이후 백동화 발행(1892~1907)	· ____⁴ (1883~1884) – 박문국에서 발행 – 최초 신문, 관보, 순한문	· ____⁵ (1883) : 최초의 근대식 사립 학교 · ____⁶ (1883): 통역관 양성

2 갑오·을미개혁 시기: 갑신정변 이후 ~ 을미개혁(1884 ~ 1895)

정책·시설	언론	교육	의료·건축
· 전신(1885) : 국내, 국제 전신망 · 전등(1887) : 경복궁 내 건청궁 · 우편 사무 재개 : 우체사 설치(을미개혁)	· 한성주보(1886~1888) – 국한문 – 상업 광고 게재	· ____⁷ (1886) : 최초의 근대식 관립 학교, ____⁸ (『사민필지』), 벙커·길모어 / 주로 양반 자제 입학 / 좌원·우원 · 연무공원(1889): 근대식 사관 양성 · 배재 학당(1885, 아펜젤러), 이화 학당(1886, 스크랜튼), 경신 학교(1886, 언더우드) 등: 개신교 계통 · ____⁹ 반포(1895) : 2차 갑오개혁, 근대적 학제 → 한성 사범 학교(2차 갑오개혁), 소학교(을미개혁)	· ____¹⁰ (1885, 제중원) : 선교사 알렌 · 약현성당(1892)

3 대한 제국 시기: 아관파천 ~ 러·일 전쟁 이전(1896 ~ 1903)

정책·시설	언론	교육	의료·건축
· 한성 전기 회사(1898) · 전화(1898): 경운궁에 최초 · 전차: 서대문~청량리 (1899) · 경인선(1899, 미→일) · 만국 우편 연합 가입	· ____¹¹ (1896~1899) – 최초의 민간 신문, ____¹² 창간 – 한글, ____¹³ · ____¹⁴ (1898~1910): 국한문 혼용, 양반 지식인 · ____¹⁵ (1898~1910): 순한글, 서민·부녀자 · 매일신문(1898)	· 한성 중학교 · 기술 학교 · 의학교	· 독립문(1896) · ____¹⁶ (1898) : 서양 고딕 양식 · 정동 교회

정답 1 기기창 2 박문국 3 전환국 4 한성순보 5 원산 학사 6 동문학 7 육영 공원 8 헐버트 9 교육 입국 조서 10 광혜원 11 독립신문 12 서재필 13 영문 14 황성신문 15 제국신문 16 명동 성당

4 국권 피탈 시기: 러·일 전쟁 ~ 경술국치(1904 ~ 1910)

정책·시설	언론(일본, 신문지법)	교육(일본, 사립 학교령)		의료·건축
·경부선 (1905, 일) ·경의선 (1906, 프 → 일)	·**황성신문**: 장지연의　　　　　　[17] 개제 ·　　　　　　　　[18] (1904, 한글, 영문) 　– 신민회 기관지 /　　[19], 양기탁 　– 신채호의 「독사신론」 연재 　–　　　　　　[20] 지원 ·　　　　　　[21] (1906) 　– 천도교의 기관지 　– 「혈의 누」 연재 　– 친일지로 개편	국내	·양정의숙 ·보성 학교 ·숙명 여학교	·세브란스 병원(1904) ·대한 의원(1907) ·자혜 의원(1909) ·　　　　[22] : 서양식 극장(1908) ·　　　　　　[23] (1910) : 르네상스 양식
		간도	·서전서숙 ·명동 학교	
		국내 (신민회)	·오산 학교 ·대성 학교	
		간도 (신민회)	·신흥 강습소	

13 국학 연구와 문화 발전

🔗 해커스공무원 임진석 眞한국사 기본서: p.351

1 국어 연구

국문 동식회(1896)	독립신문사 내에 설치된 최초의 국문 연구회
⬚_____¹ (1907)	· 주시경, 지석영 / 한글 표기 방법 통일 노력 · 주시경: 『국어문법』 저술

2 역사 연구

영웅 전기	외국 역사서	민족 정신 고취	민족주의 사학
· 『을지문덕전』, 『이순신전』 (신채호) · 『강감찬전』	· 『미국 독립사』 · 『월남 망국사』	· 황현, 『매천야록』 · 정교, 『대한계년사』	· ⬚_____², 「독사신론」 : 대한매일신보에 연재, 민족주의 사학 정립 · 박은식: 조선 광문회 조직

3 예술과 종교

1) 문학·예술

신소설	신체시	번역 문학	연극
· 『혈의 누』(만세보) · 『금수회의록』	· 최남선: 『해에게서 소년에게』	· 성경, 『천로역정』, 『걸리버 여행기』 『로빈슨 표류기』	· 원각사: 최초의 서양식 극장 (은세계 공연)

2) 종교

천주교	· 프랑스와 수교(1886) 이후 박해 철폐, 신앙의 자유 허용 → 고아원, 양로원 건립 · 경향신문 간행 · 의민단 조직(만주, 무장 투쟁)
개신교	미국과 수교 이후 전래 → 학교, 병원 건립 및 문물 전파
⬚_____³	동학 → 천도교(손병희, 1905) / 만세보 발간
⬚_____⁴	단군 신앙: 나철, 오기호 등이 창시(1909) / 간도·연해주로 이동, 무장 투쟁 전개
유교	⬚_____⁵, 유교구신론: 양명학의 실천 유교 강조(대동 사상)
불교	**한용운, 『조선불교유신론』**: 불교의 혁신과 자주성 회복 주장

정답 **1** 국문 연구소 **2** 신채호 **3** 천도교 **4** 대종교 **5** 박은식

1. [　　　　1　] p.216

슬프다! 돌이켜 전일을 생각하면 사나이의 위력으로 여편네를 누르려고 구설을 빙자하여 여자는 안에 있어 밖의 일을 말하지 않으며 오로지 밥하고 옷 짓는 것만 알라 하니 어찌하여 신체수족이목이 남자와 다름없는 한 가지 사람으로 깊은 방에 처하여 다만 밥과 술이나 지으리오. 도금에 구규를 진폐하고 신학을 시행함이 우리도 옛것을 버리고 새것을 따라 타국과 같이 여학교를 설시하고 각각 여아들을 보내어 각항 재주와 규칙과 행세하는 도리를 배워 일후에 남녀가 일반 사람이 되게 할 차.

2. [　　　2　] **설립** p.217

덕원(원산) 부사 정현석이 장계를 올립니다. 신이 다스리는 이곳 읍은 해안의 요충지에 있고 아울러 개항지가 되어 소중함이 다른 곳에 비할 바가 못 됩니다. 개항지를 빈틈 없이 운영해 나가는 방도는 인재를 선발하여 쓰는 데 달려 있고, 인재 선발의 요체는 교육에 있습니다. 그러므로 학교를 설립하여 연소하고 총명한 자를 뽑아 교육하고자 합니다.

3. [　　　3　] **설립** p.217

문·무관, 유생 중에 어리고 총명한 자 40명을 뽑아 입학시키고 벙커와 길모어 등을 교사로 초빙하여 서양 문자를 가르쳤다. 문관으로는 김승규와 신대균 등 여러 명이 있고, 유사로는 이만재와 서상훈 등 여러 명이 있었다. 사색당파를 골고루 배정하여 당대 명문 집안에서 선발하였다.

– 『매천야록』

4. [　　　　4　] **반포 (2차 갑오개혁)** p.217

교육은 국가를 보존하는 근본이다. 이제 짐은 정부에 명하여 전국에 학교를 세우고 인재를 길러 새로운 국민의 학식으로써 국가 발전을 이루고자 한다. 그대들 국민은 충군하고 애국하는 마음으로 덕(德)·체(體)·지(智)를 기를지어다. …… 왕실의 안전이 국민의 교육에 달려 있고, 국가의 부강도 국민의 교육에 달려 있다.

5. [　　　5　] p.217

우리는 첫째, 편벽되지 아니한 고로 무슨 당에도 상관이 없고, 상하귀천을 달리 대접하지 아니하고, 모두 조선 사람으로만 알고, 조선만을 위하여 공평히 인민에게 말할 터인데, 우리가 서울 백성만 위한 것이 아니라 조선 인민을 위하여 무슨 일이든지 대언하여 주려함. 우리는 바른대로만 신문을 할 터인 고로, 정부 관원이라도 잘못하는 이 있으면 우리가 말할 터이요, 탐관오리들을 알면 세상에 그 사람의 행적을 펴일 터이요, 사사로운 백성이라도 무법한 일을 하는 사람을 찾아 신문에 설명할 터임. 또 한쪽에 영문으로 기록하기는 외국 인민이 조선 사정을 자세히 모른즉, 혹 편벽된 말만 듣고 조선을 잘못 생각할까 보아 실상 사정을 알게 하고자 하여 영문으로 조금 기록함.

6.

                 6 p.218

영국인 베델이 서울에 신문사를 창설하여 이를 대한매일신보라고 하고, 박은식을 주필로 맞이하였다. …… 각 신문사에서도 의병들을 폭도나 비류(匪類)로 칭하였지만 오직 대한매일신보는 의병으로 칭하며, 그 논설도 조금도 굴하지 않고 일본인의 악행을 게재하여 들으면 들은 대로 모두 폭로하였다.

7.

       7 **, 유교구신론** p.219

무릇 동양의 수천 년 교화계(敎化界)에서 바르고 순수하며 광대 정미하여 많은 성인이 뒤를 이어 전하고 많은 현인이 강명(講明)하는 유교가 끝내 인도의 불교와 서양의 기독교와 같이 세계에 대발전을 하지 못함은 어째서이며, 근세에 이르러 침체 부진이 극도에 달하여 거의 회복할 가망이 없는 것은 무슨 까닭이뇨. …… 그 원인을 탐구하여 말류(末流)를 추측하니 유교계에 3대 문제가 있는지라. 그 3대 문제에 대하여 개량(改良) 구신(求新)을 하지 않으면 우리 유교는 흥왕할 수가 없을 것이며 …… 여기에 감히 외람됨을 무릅쓰고 3대 문제를 들어서 개량 구신의 의견을 바치노라.
　　　－ 서북학회 월보

정답 **1** 여권통문 **2** 원산학사 **3** 육영공원 **4** 교육입국조서 **5** 독립신문 **6** 대한매일신보 **7** 박은식

해커스공무원

gosi.Hackers.com

PART 7

일제 강점기

01 일제의 식민 통치

🔗 해커스공무원 임진석 眞한국사 기본서: p.356

1 1910년대 무단 통치

무단 통치	· **실시 목적**: 조선 식민지 내 강압적 분위기 조성 · **통치 방식**: 무력에 의한 강압 통치 · _____¹ **설치**: 식민 통치 최고 기관 / **총독**, 정무총감(행정), 경무총감(치안) 　- 총독 임명(초대-데라우치): 일본 국왕에 직속된 관직, 일본 의회와 내각의 통제 × · _____² **운영**: 친일파로 구성된 자문 기관, 3·1 운동 이전까지 정식 소집 ×
정치	· _____³ **실시**: 헌병 경찰이 민간인 통제, 즉결 처분권 행사 · 경찰범 처벌 규칙, _____⁴ **제정** · 언론·출판·집회·결사의 자유 박탈: 신문 폐간, 민족 단체 해산 · 공포 정치: 일반 관리와 학교 교원들이 제복과 칼 착용 · **1차 조선 교육령**(1911~1922): 차별적 학제 운영 / 우민화 교육 실시
경제	_____⁵ **(1910)** · _____⁶ : 회사 설립 시 총독부 허가 필요 → 한국인 자본 성장 억제 · **결과**: 한국인의 민족 자본 성장 억제 _____⁷ **(1912~1918)** · 근대적 토지 제도 확립 표방, 토지 약탈과 총독부 재정 확보 목적 · _____⁸ **(1908)**: 약탈 토지 관리 · _____⁹ : 절차 복잡 → 미신고 토지 ↑ · 지주의 _____¹⁰ 인정, 소작 농민의 관습적인 _____¹¹ , 소작권, 공유지 입회권 등은 부정 · **결과**: 총독부 지세 수입 증가, _____¹² 증가, 농민 몰락 **삼림령(1911)·어업령(1911)·광업령(1915)·식산 은행령(1918)** 산업 통제, 자원 약탈, 금융 장악 **전매제** 인삼, 소금, 담배 전매 → 총독부 재정 확보

2 1920년대 문화 통치(민족 분열 통치)

| 문화 통치 | ·배경: [13] (1919) 이후 통치 방식 변화 필요성 |
| | ·통치 방식: 문화 통치를 표방 → 실상은 민족 분열 통치([14] 양성) |

	· [15] 실시: 실제로는 경찰 수 ↑
	· [16] 제정(1925)
	·문관 총독 임명 가능: 실제로는 문관 총독 임명 되지 않음
정치	·언론·출판·집회·결사의 자유 허용: 조선일보·동아일보 발행, 그러나 신문 검열 ↑, 기사 삭제·정간·폐간 자행
	· [17] (평의회, 협의회) 시행: 친일 인사 임명
	·2차 조선 교육령(1922~1938): 한국인·일본인 동일한 학제 적용, 조선어 필수 과목화 → 교육 기회 확대 표방, 그러나 한국인의 고등 교육은 제한됨

경제	**회사령 폐지(1920)**
	회사 설립을 [18] 로 전환, 일본 자본 투자 ↑(흥남 질소 비료 공장 등 설립)
	관세 철폐(1923)·신은행령(1928)
	일본 상품에 대한 관세 철폐, 일본 자본의 지배 체제 강화
	[19] (1920~1934)
	·일본 산업화로 본토 식량 부족 → 한국 내 쌀 생산량을 증대시켜 일본으로 수탈 목적
	· [20] 량 < [21] 량: 부족분은 만주산 값싼 잡곡으로 충당
	·증산 비용(시설 개선 명목) [22] 이 부담: 소작 쟁의 확대
	·**결과**: 소작농과 화전민 증가, 농민 몰락

정답 **1** 조선 총독부 **2** 중추원 **3** 헌병 경찰제 **4** 조선 태형령 **5** 회사령 **6** 허가제 **7** 토지 조사 사업 **8** 동양 척식 주식회사 **9** 기한부 신고제 **10** 소유권 **11** 경작권 **12** 소작농
13 3·1 운동 **14** 친일파 **15** 보통 경찰제 **16** 치안 유지법 **17** 지방 자치제 **18** 신고제 **19** 산미 증식 계획 **20** 증산 **21** 수탈 **22** 농민

PART 7 일제 강점기 | 01 일제의 식민 통치 **225**

3 1930~1940년대 민족 말살 통치

민족 말살 통치	·**배경**: 세계 [23] (1929) → 일본은 군국주의 정책으로 대응 → [24] (1931), [25] (1937), [26] (1941) ·[27] **제정**(1938): 조선의 인적·물적 자원을 전쟁에 동원, 사상 통제		
정치	·[28] **정책**: 내선일체 강조, 황국 신민 서사 암송, 궁성 요배, 신사 참배, 창씨 개명 강요 ·**민족 정신 말살**: 우리 말과 글 사용 금지, 한글 신문 폐간 ·**사상 통제**([29] -1936, [30] -1941) ·**3·4차 조선 교육령**(1938, 1943): 한국어 사용 금지, 한국사 교육 금지		
경제	·[31] **정책**(1931~1945): 한국을 군수 공장으로 활용(중공업 투자, 주로 북부 지방) ·[32] **정책**(1931~1937): 한국을 일본 산업의 원료 공급지화(남부 면화 재배, 북부 양 사육) ·[33] (1932~1940): 경제 대공황의 위기 무마 수단, 농촌 통제 ·**전시 수탈 정책**		

		1938~1940	1941~1945
	물자	·산미 증식 계획 재개 ·공출 제도([34]), 식량 배급제 실시	·공출 제도([35]) 실시 ·식량 배급제 확대
	인력	·지원병제, [36] 실시 ·위안부	·학도 지원병제, [37] , [38] 근무령 실시

02 1910년대 민족 운동

🔗 해커스공무원 임진석 眞한국사 기본서: p.363

1 1910년대 국내 민족 운동

의병 투쟁	신민회	
·만주, 연해주로 이동 ·마지막 의병장: 채응언	안악 사건 → 105인 사건(데라우치 총독 암살 미수 조작) → 신민회 해산(1911)	

[ ]¹ (호남)	[ ]⁴ (대구)	
·고종의 밀지, [ ]² 조직 ·[ ]³ 표방: 의병장, 유생 가담 ·국권 반환 요구서 작성	·[ ]⁵ 계열 + [ ]⁶ 계열 통합(박상진·김좌진 등 중심 조직) ·[ ]⁷ 수립 추구 / 의연금, 군자금 모금 ·친일파 색출·처단 활동	

조선 국권 회복단	조선 국민회	
·경북 유생, 3·1 운동 참여, 임정에 군자금 전달 ·파리 강화 회의에 제출할 독립 청원서 작성	·평양, 군자금 모금 ·대조선 국민 군단의 국내 지부	

송죽회	선명단	자립단
평양에서 결성된 여성 단체	일제 요인 암살 목적으로 결성	함경도에서 기독교인 중심으로 조직

2 1910년대 국외 독립운동

1) 만주 지방

서간도	·기반: [ ]⁸ ·[ ]⁹ 주도 ·단체: [ ]¹⁰, [ ]¹¹, [ ]¹² ·군사: 서로 군정서 조직 ·교육: 신흥 강습소(신흥 중학교, 신흥 무관 학교로 발전) 설립
북간도	·기반: [ ]¹³, [ ]¹⁴ ·단체: [ ]¹⁵ (대종교, 서일), [ ]¹⁶ ·군사: 북로 군정서 조직 ·교육: 서전서숙(이상설), 명동 학교(김약연)
북만주	기반: 밀산부 – 한흥동(이상설)

정답 1 독립 의군부 2 임병찬 3 복벽주의 4 대한 광복회 5 의병 6 애국 계몽 운동 7 공화정 8 삼원보 9 신민회 10 경학사 11 부민단 12 한족회 13 용정촌 14 명동촌 15 중광단 16 간민회

2) 기타 지방

연해주	· 기반: [17] / · 군사: 13도 의군 · 단체: [18], [19] (권업신문) / [20] (권업회가 발전, [21]-대통령, 이동휘-부통령) / 전로 한족회 중앙 총회 → 대한 국민 의회 / 한인 사회당(이동휘, 한국 최초 사회주의 단체) · 1937년 소련의 중앙아시아 강제 이주 정책으로 한국인 교민 피해(홍범도 등)
중국	단체: 동제사, 대동 보국단(신규식·박은식), 신한 혁명당(이상설·신규식), [22] (여운형·김규식, 파리 강화 회의에 김규식 파견)
일본	단체: 조선 청년 독립단
미주	· 단체: [23] (외교 활동, 군자금 모금, 안창호·박용만·이승만), [24] (박용만, 하와이), 흥사단(안창호, 샌프란시스코) → 수양 동우회(1922, 국내 지부) · 교육: 숭무 학교(멕시코)

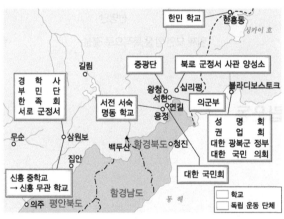

▲ 국외 독립운동 기지의 건설

정답 **17** 신한촌 **18** 성명회 **19** 권업회 **20** 대한 광복군 정부 **21** 이상설 **22** 신한청년당 **23** 대한인 국민회 **24** 대조선 국민 군단

03 3·1 운동과 대한민국 임시 정부의 수립

🔗 해커스공무원 임진석 眞한국사 기본서: p.367

1 3·1 운동

1) 사건의 배경

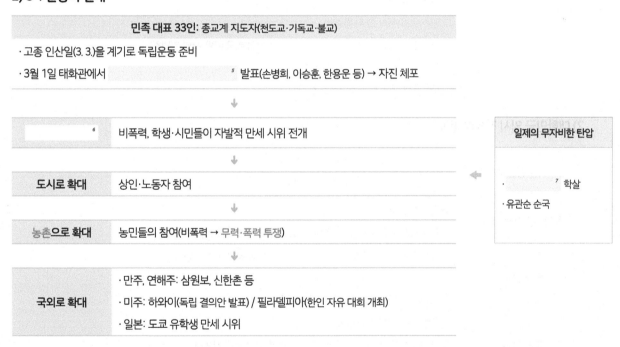

파리 강화 회의		
·윌슨: _____ ¹ 주장	_____ ³ (1917) 상하이, 조소앙 등	고종 서거 (1919.2)
· _____ ² 의 김규식 파견	_____ ⁴ (1919) 일본, 유학생(조선 청년독 립단)	일제 독살설 유포

2) 3·1 운동의 전개

민족 대표 33인: 종교계 지도자(천도교·기독교·불교)

· 고종 인산일(3. 3.)을 계기로 독립운동 준비
· 3월 1일 태화관에서 _____ ⁵ 발표(손병희, 이승훈, 한용운 등) → 자진 체포

↓

_____ ⁶	비폭력, 학생·시민들이 자발적 만세 시위 전개

↓

도시로 확대	상인·노동자 참여

↓

농촌으로 확대	농민들의 참여(비폭력 → 무력·폭력 투쟁)

↓

국외로 확대	· 만주, 연해주: 삼원보, 신한촌 등 · 미주: 하와이(독립 결의안 발표) / 필라델피아(한인 자유 대회 개최) · 일본: 도쿄 유학생 만세 시위

일제의 무자비한 탄압

· _____ ⁷ 학살
· 유관순 순국

3) 3·1 운동의 결과

일제 식민 통치 방식 변화	무단 통치(헌병 경찰 통치) → _____ ⁸ 통치
독립운동 지도부 필요성 ↑	_____ ⁹ 수립
타 국가 민족 운동에 영향	중국의 5·4 운동 / 인도의 비폭력·불복종 운동
국내 무장 단체 출현	천마산대, 보합단, 구월산대 등 독립군 부대 결성

정답 **1** 민족 자결주의 **2** 신한청년당 **3** 대동 단결 선언 **4** 2·8 독립 선언 **5** 기미 독립 선언서 **6** 탑골 공원 **7** 제암리 **8** 문화 **9** 대한민국 임시 정부

2 **대한민국 임시 정부**

1) 설립 과정

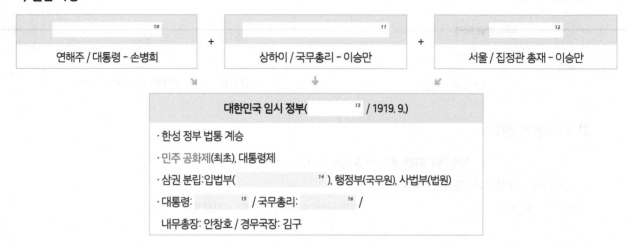

[____ 10]	[____ 11]	[____ 12]
연해주 / 대통령 - 손병희	상하이 / 국무총리 - 이승만	서울 / 집정관 총재 - 이승만

대한민국 임시 정부([____ 13] **/ 1919. 9.)**

· 한성 정부 법통 계승

· 민주 공화제(최초), 대통령제

· 삼권 분립: 입법부([____ 14]), 행정부(국무원), 사법부(법원)

· 대통령: [____ 15] / 국무총리: [____ 16] /

  내무총장: 안창호 / 경무국장: 김구

2) 대한민국 임시 정부의 활동

비밀 행정망	· [____ 17] (국내에 명령 전달, 자금 조달) · [____ 18] (정보 수집·분석, 통신 기관)
독립운동 자금 마련	· 애국 공채 발행 · 이륭 양행(만주 단둥), 백산 상회(부산) 등을 활용하여 자금 운반
외교 활동	· 파리 위원부: 외무총장에 김규식(파리 강화 회의에 청원서 제출) 임명 · [____ 19] : 이승만 중심 · 초기 주력한 분야, but 성과를 거두지 못함
군사 활동	· 군무부, 육군 무관 학교 설립 · 직할 부대(만주): 광복군 사령부, 광복군 총영, 육군 주만 참의부 · 상하이에 위치 → 만주 무장 독립군을 직접 지도하는 데는 제약
문화 활동	· [____ 20] 발간 · 사료 편찬소 설치 → 『한·일 관계 사료집』 간행

정답 **10** 대한 국민 의회 **11** 대한민국 임시 정부 **12** 한성 정부 **13** 상하이 **14** 임시 의정원 **15** 이승만 **16** 이동휘 **17** 연통제 **18** 교통국 **19** 구미 위원부 **20** 독립신문

230 해커스공무원학원·공무원인강 **gosi.Hackers.com**

PART 7 시크릿 핵심 사료 읽기 [01 일제의 식민 통치~03 3·1 운동과 대한민국 임시 정부의 수립]

1. [　　　　　]¹ 통치 (경찰범처벌규칙) p.224

제1조 다음의 각호에 해당하는 자는 구류 또는 과료에 처한다.

2. 일정한 주거 또는 생업 없이 이곳 저곳 배회하는 자
8. 단체 가입을 강요하는 자
14. 신청하지 않은 신문, 잡지, 기타의 출판물을 배부하고 그 대금을 요구하거나 억지로 그 구독 신청을 요구하는 자
20. 불온한 연설을 하거나 또는 불온 문서, 도서, 시가(詩歌)를 게시, 반포, 낭독하거나 큰 소리로 읊는 자
21. 남을 유혹하는 유언비어 또는 허위 보도를 하는 자

2. [　　　　　]² p.224

제1조 3월 이하의 징역 또는 구류에 처하여야 할 자는 그 정상에 따라 태형에 처할 수 있다.
제6조 태형은 태로서 볼기를 치는 방법으로 집행한다.
제11조 태형은 감옥 또는 즉결 관서에서 비밀리에 집행한다.
제13조 본령은 조선인에 한하여 적용한다.

3. [　　　　　]³ p.224

제1조 회사의 설립은 조선총독의 허가를 받아야 한다.
제2조 조선 외에 있어서 설립한 회사가 조선에 본점 또는 지점을 설치하고자 할 때에도 조선총독의 허가를 받아야 한다.
제5조 회사가 본령 혹은 본령에 의거하여 발표되는 명령이나 허가의 조건에 위반하거나 또는 공공의 질서, 선량한 풍속에 반하는 행위를 하였을 때에는 조선총독은 사업의 정지·금지, 지점의 폐쇄 또는 회사의 해산을 명할 수 있다.

4. [　　　　　]⁴ p.224

제4관 토지 소유자는 조선 총독이 정하는 기간 내에 주소·씨명, 명칭 및 소유지의 소재, 지목, 자번호, 사표, 등급, 지적, 결수를 임시 토지 조사국장에게 신고하여야 한다. 단, 국유지는 보관관청이 임시 토지 조사국장에게 통지해야 한다.
제6관 토지의 조사 및 측량을 할 때, 조사 및 측량 지역 내의 2인 이상의 지주로 총대를 선정하고, 조사 및 측량에 관한 사무에 종사하게 할 수 있다.
제17관 임시토지조사국은 토지대장 및 지도를 작성하고 토지의 조사 및 측량에 대해 사정으로 확정한 사항 또는 재결을 거친 사항을 이에 등록한다.

정답 **1** 헌병 경찰 **2** 태형령 **3** 회사령 **4** 토지 조사 사업

5. [_____5] p.225

국체를 변혁하는 것을 목적으로 결사를 조직하는 자 또는 결사의 임원, 그의 지도자로서의 임무에 종사하는 자는 사형, 무기 또는 5년 이상의 징역 또는 금고에 처한다. ······ 사유재산제도를 부인하는 것을 목적으로 결사를 조직하는 자, 결사에 가입하는 자, 또는 목적수행을 위한 행위를 돕는 자는 10년 이하의 징역 또는 금고에 처한다.

6. [_____6] p.226

1. 우리는 황국 신민이다. 충성으로써 군국(君國)에 보답한다.
2. 우리들 황국 신민은 서로 믿고 아끼고 협력하여 단결을 공고히 한다.
3. 우리들 황국 신민은 괴로움을 참고 몸과 마음을 굳세게 하는 힘을 길러 황도(皇道)를 선양한다.

7. [_____7] p.226

제4조 정부는 국가 총동원상 필요할 때는 칙령이 정하는 바에 따라 제국 신민을 징용하여 총동원 업무에 종사하게 할 수 있다. 단, 병역법의 적용을 방해하지 않는다.

제8조 정부는 전시에 국가 총동원상 필요할 때는 칙령이 정하는 바에 따라 물자의 생산·수리·배급·양도·기타의 처분, 사용·소비·소지 및 이동에 관하여 필요한 명령을 내릴 수 있다.

8. [_____8] **강령** p.227

1. 부호의 의연 및 일본인이 불법 징수하는 세금을 압수하여 무장을 준비한다.
2. 만주에 사관 학교를 설치하여 독립 전사를 양성한다.
3. 중국, 러시아 등에 의뢰하여 무기를 구입한다.
4. 무력이 준비되는 대로 일본인 섬멸전을 진행하여 최후 목적을 달성한다.

9. [_____9] p.229

융희 황제가 삼보(영토, 인민, 주권)를 포기한 경술년(1910) 8월 29일은 즉 우리 동지가 삼보를 계승한 8월 29일이니, 그 동안에 한순간도 숨을 멈춘 적이 없음이라. 우리 동지는 완전한 상속자니 저 황제권 소멸의 때가 곧 민권 발생의 때요, 구한국의 마지막 날은 즉 신한국 최초의 날이니······

10. [10] p.229

1. 본 단은 한일합병이 우리 민족의 자유의사에서 나오지 아니하고 우리 민족의 생존발전을 위협하고 동양의 평화를 요란케 하는 원인이 된다는 이유로 독립을 주장함.
2. 본 단은 일본의회 및 정부에 조선민족대회를 소집하여 대회의 결의로 우리 민족 운명을 판결할 기회를 요구함.
3. 본 단은 만국회의에 민족자결주의를 우리 민족에게 적용하기를 요구함.

11. [11] p.229

오등(吾等)은 자(玆)에 아(我) 조선의 독립국임과 조선인의 자주민임을 선언하노라. 차(此)로써 세계만방에 고하야 인류 평등의 대의를 극명하며 차로써 자손만대에 고하야 민족자존의 정권을 영유케 하노라.

12. 대한민국 임시헌장 ([12]) p.230

신인 일치(神人一致)로 중외 협응(中外協應)하야 한성에서 의를 일으킨 이래 30여 일에 평화적 독립을 3백여 주에 광복하고, 국민의 신임으로 완전히 다시 조직한 임시정부는 항구 완전한 자주독립의 복리로 아(我) 자손 여민(子孫黎民)에 세전(世傳)하기 위하여 임시 의정원의 결의로 임시헌장을 선포하노라.
제 1조 대한민국은 민주공화제로 함.
제 2조 대한민국은 임시정부가 임시의정원의 결의에 의하여 이를 통치함.
제 3조 대한민국의 인민은 남녀 귀천 및 빈부의 계급이 무(無)하고 일체 평등함.
제 4조 대한민국의 인민은 종교·언론·저작·출판·결사·집회·신서(信書)·주소이전·신체 및 소유의 자유를 향유함.
제 5조 대한민국의 인민으로 선거권이 유(有)한 자는 선거권 및 피선거권이 유(有)함.

정답 **5** 치안 유지법 **6** 황국 신민 서사 **7** 국가 총동원령 **8** 대한 광복회 **9** 대동 단결 선언 **10** 2·8 독립 선언 **11** 기미 독립 선언 **12** 대한민국 임시 정부

04 1920년대 국내 실력 양성 운동과 쟁의 활동

🔗 해커스공무원 임진석 眞한국사 기본서: p.371

1 실력 양성 운동(민족주의 계열 주도)

⁷ (1920년대 초~1930년대 말)

- **배경**: _____² 철폐 후 일본 자본 진출↑
- 민족 자본 기업: 경성 방직 주식회사, 평양 고무신 공장·메리야스 공장
- 조선 물산 장려회(_____³, 조만식) / 자작회, 토산 애용 부인회
- "내 살림 내 것으로", "조선 사람 조선 것으로"
- **한계**: 국산품 가격↑ ⇨ _____⁴ 계열의 비판

▲ 물산 장려 운동

⁵ (1920년대 초)

- **배경**: 고등 교육 필요성↑
- 조선 민립 대학 기성회 조직, 모금 운동(이상재 등)
- "한 민족 1천만이 한 사람 1원씩"
- **실패**: 가뭄, 홍수 등으로 중단 → 좌절, 일제는 회유책으로 _____⁶ 설립

문맹 퇴치 운동(1920년대 말 ~ 1930년대)

- 문자 보급 운동(1929): 조선일보, "아는 것이 힘, 배워야 산다."
- 브나로드 운동(1931): 동아일보, "민중 속으로"

◀ 브나로드 운동

2 민족주의 계열의 분열

자치론 확산
· 일제 지배를 인정하는 _____⁷ 등장
· _____⁸ (동아일보 - 「민족적 경륜」1924), 최남선, 최린 등
· 일제 허용 범위에서 자치권 획득을 주장(민족 개량주의 운동)
· 친일 세력으로 변모

→

[결과]
민족주의 분열
→ 타협파 / 비타협파

3 사회주의의 확산과 쟁의 활동

농민 몰락	사회주의 사상(신사상) 유입
토지 조사 사업 + 산미 증식 계획	· 1920년대 청년·지식인 중심 확산 · **사회주의 단체**: 서울 청년회(1921), 조선 청년 총동맹(1924), 조선 학생 과학 연구회(1925), 조선 공산당(1925) · **일제의 사회주의 탄압**: ⁹ (1925) 공포

↓

농민 운동(소작 쟁의)	노동 운동(노동 쟁의)
· ¹⁰ (1923): 소작료 인하 요구 · **사회주의와 결합**: 조선 농민 총동맹(1927) ⇩ · **1930년대**: 혁명적, 적색 운동으로 발전	· **사회주의와 결합**: 조선 노동 총동맹(1927) · ¹¹ (1929): 노동 조건 개선 요구, ¹² 의 지원 ⇩ · **1930년대**: 혁명적, 적색 운동으로 발전

PART 7
일제 강점기 해커스공무원 임진석 ★한국사 시크릿 노트

정답 **1** 물산 장려 운동 **2** 회사령 **3** 평양 **4** 사회주의 **5** 민립 대학 설립 운동 **6** 경성 제국 대학 **7** 타협적 민족주의 **8** 이광수 **9** 치안 유지법 **10** 암태도 소작 쟁의 **11** 원산 총파업
12 신간회

05 1920년대 학생 운동과 신간회의 결성

해커스공무원 임진석 眞한국사 기본서: p.375

1 6·10 만세 운동과 광주 학생 항일 운동

6·10 만세 운동(1926)
· **발단**: ____¹ 서거 → 3·1 운동 재현 시도, 사회주의 계열과 민족주의(천도교) 세력이 연대하여 시위 계획 + ____² 들이 주도(조선 학생 과학 연구회)
· **결과**: ____³ 와 ____⁴ 협력 계기 마련

↓ (1927, 신간회 설립)

광주 학생 항일 운동(1929)
· **발단**: 6·10 만세 후 반일 감정↑ + 일본 학생의 한국 여학생 희롱 사건
· 한국·일본 남학생 충돌 → 일제 경찰의 편파적 태도 → 학생 시위 → 전국적 투쟁으로 발전
· 광주 지역 독서회 중심 시위 → 전국 확산(식민지 교육 제도에 대한 반발)
· ____⁵ 의 진상 조사단 파견: ____⁶ 개최 시도 → 일제의 진압으로 무산
· 3·1 운동 이후의 최대 항일 민족 운동

2 민족 유일당 운동과 신간회

1) 신간회 설립 배경: 민족 유일당 운동

국내	국외
비타협적 민족주의와 사회주의의 연대 움직임 : ____⁷ 결성, ____⁸ 발표(1926)	· 한국 독립 유일당 북경 촉성회 결성 · 3부 통합 운동(만주)

2) 신간회

성격	· ____⁹ 단체 / 일제 강점기 최대 규모의 ____¹⁰ 적 민족 운동 단체 · 민족 유일당 운동의 결과물: '____¹¹' + '____¹²' 연합(좌·우 합작)
활동	· 전국 순회 강연 활동 · 노동·농민 운동 지원('원산 노동자 총파업' 지원 / '갑산군 화전민 학살 사건' 진상 규명) · ____¹³ 에 조사단 파견, ____¹⁴ 개최 시도 : 전국적 항일 운동으로 확산 추진, 일제에 사전 발각되어 ____¹⁵
해소	· 이후 활동 방향이 온건한 쪽으로 전환: ____¹⁶ 계열의 타협적 움직임 · ____¹⁷ 자들의 비판 + 코민테른의 노선 변화: 사회주의자 중심으로 해소 주장 가결(1931)

정답 1 순종 2 학생 3 민족주의 4 사회주의 5 신간회 6 민중 대회 7 조선 민흥회 8 정우회 선언 9 공개 10 합법 11 비타협적 민족주의 12 사회주의 13 광주 학생 항일 운동 14 민중 대회 15 실패 16 민족주의 17 사회주의

06 1920년대 국외 민족 운동

🔗 해커스공무원 임진석 眞한국사 기본서: p.378

1 대한민국 임시 정부

1) 대한민국 임시 정부의 분열 배경

다양한 노선 대립	외교 독립론([1]), 무장 투쟁론([2]), 실력 양성론([3]) 등
자금난, 인력난	[4] 와 [5] 의 파괴
[6] 청원서	이승만이 미국 정부에 위임 통치 청원 제출 → 외교론에 대한 무장 투쟁론자들의 비판

2) 국민 대표 회의

[7] (1923)					결과
[8]	vs	[9]	vs	[10]	· 성과 없이 회의 결렬
· 신채호, 박용만		· 안창호, 이동휘		· 김구	· 창조파 등 이탈, 분열
· 해산 후 새로운 정부 수립 주장		· 개조 후 존속 주장		· 현행 임시 정부 유지 주장	· 이승만 탄핵, [11] 2대 대통령 추대
					· 이후 헌법 개정, 침체

3) 대한민국 임시 정부의 헌법 변천

	연도	정부 형태	정부 수반	활동의 중점
제1차	1919	[12] 중심제	이승만 → 박은식	민족 운동 통합과 국제 외교
제2차	1925	국무령 중심의 [13]	이상룡·이동녕 등	임시 정부의 침체 극복 노력
제3차	1927	국무 위원 중심 [14] 체제	집단 체제	좌우 통합
제4차	1940	[15] 중심 체제	김구	대일·대독 선전 포고
제5차	1944	[16] , [17] 지도 체제	김구, 김규식	광복 대비, 좌우 통합

정답 1 이승만 2 이동휘 3 안창호 4 연통제 5 교통국 6 위임 통치 7 국민 대표 회의 8 창조파 9 개조파 10 유지파 11 박은식 12 대통령 13 내각 책임제 14 집단 지도 15 주석 16 주석 17 부주석

2 1920년대의 의열 활동(의열단)

의열단		
	· **결성:** ___[18] 등이 만주 길림에서 조직(1919)	
	· **활동 지침:** 「조선혁명선언」(___[19], 1923)	
	· 식민지 기관 파괴, 일제 고위 관리 및 친일파 암살(5파괴, 7가살), 공약 10조	
	· 계급타파, 토지평균 강조	
	· ___[20] (아나키즘), 민중 폭력 **혁명** 유도	
	[주요 활동]	
	___[21]	부산 경찰서(1920)
	___[22]	밀양 경찰서(1920)
	___[23]	조선 총독부(1921)
	오성륜 · 김익상	황포탄 의거(다나카 저격 시도, 1922)
	___[24]	종로 경찰서(1923)
	___[25]	도쿄 궁성 이중교(1924)
	___[26]	식산은행, 동양 척식 주식회사(1926)
	· ___[27] 입학(1926)	
	· **조선 혁명 간부 학교 설립**(1932): 조직적 투쟁 준비	
기타	· **강우규:** 사이토 총독에 폭탄 투척(1919)	
	· **조명하:** 대만에서 일본 천황의 장인 암살(1928)	

3 | 1920년대 만주에서의 무장 독립 전쟁

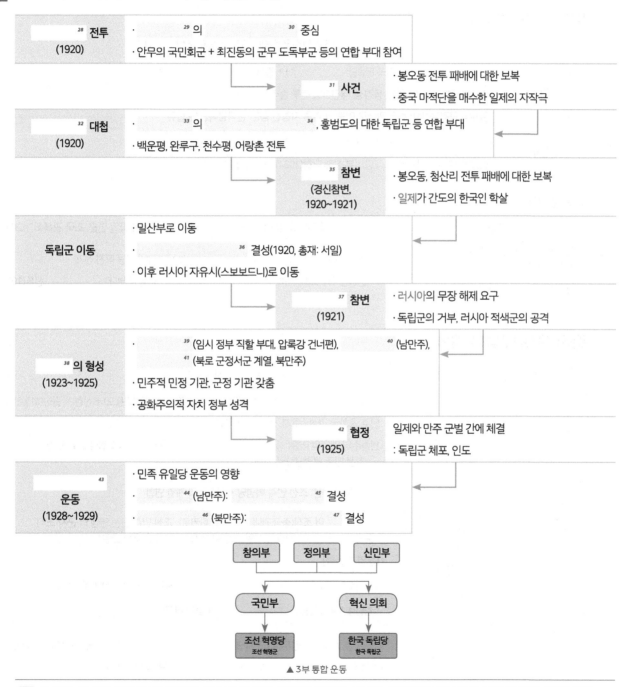

__28 **전투** (1920)	· __29 의 __30 중심 · 안무의 국민회군 + 최진동의 군무 도독부군 등의 연합 부대 참여
__31 **사건**	· 봉오동 전투 패배에 대한 보복 · 중국 마적단을 매수한 일제의 자작극
__32 **대첩** (1920)	· __33 의 __34, 홍범도의 대한 독립군 등 연합 부대 · 백운평, 완루구, 천수평, 어랑촌 전투
__35 **참변** (경신참변, 1920~1921)	· 봉오동, 청산리 전투 패배에 대한 보복 · 일제가 간도의 한국인 학살
독립군 이동	· 밀산부로 이동 · __36 결성(1920, 총재: 서일) · 이후 러시아 자유시(스보보드니)로 이동
__37 **참변** (1921)	· 러시아의 무장 해제 요구 · 독립군의 거부, 러시아 적색군의 공격
__38 **의 형성** (1923~1925)	· __39 (임시 정부 직할 부대, 압록강 건너편), __40 (남만주), __41 (북로 군정서군 계열, 북만주) · 민주적 민정 기관, 군정 기관 갖춤 · 공화주의적 자치 정부 성격
__42 **협정** (1925)	일제와 만주 군벌 간에 체결 : 독립군 체포, 인도
__43 **운동** (1928~1929)	· 민족 유일당 운동의 영향 · __44 (남만주): __45 결성 · __46 (북만주): __47 결성

참의부　정의부　신민부

국민부　　혁신 의회

조선 혁명당 (조선 혁명군)　　한국 독립당 (한국 독립군)

▲ 3부 통합 운동

정답 18 김원봉 19 신채호 20 무정부주의 21 박재혁 22 최수봉 23 김익상 24 김상옥 25 김지섭 26 나석주 27 황포(황푸) 군관 학교 28 봉오동 29 홍범도 30 대한 독립군 31 훈춘 32 청산리 33 김좌진 34 북로 군정서군 35 간도 36 대한 독립 군단 37 자유시 38 3부 39 참의부 40 정의부 41 신민부 42 미쓰야 43 3부 통합 44 국민부 45 조선 혁명당 46 혁신의회 47 한국 독립당

07 1930~1940년대 민족 운동

해커스공무원 임진석 眞한국사 기본서: p.383

1 만주에서의 독립군과 항일 유격 투쟁

1) 한·중 연합 작전 전개

	배경: ___¹ (1931), 만주국 수립(1932) → 중국 내 반일 감정 ↑
북만주	· ___² (한국 독립당, ___³) + 중국 ___⁴ · 쌍성보, 경박호, 사도하자, 동경성, 대전자령 전투 승리 · 일제의 공격을 받아 중국 관내로 이동 → 이후 지청천 등은 '한국광복군'에 합류
남만주	· ___⁵ (조선 혁명당, ___⁶) + 중국 ___⁷ · 영릉가, 흥경성 전투 승리 / · 양세봉 살해 당함(1934) → 이후 세력 약화

2) 항일 유격 투쟁

배경		동북 인민 혁명군(1933)		동북 항일 연군, 조국 광복회(1936)
· 만주 사변 이후 사회주의 주도로 추수, 춘황 투쟁 전개 · 항일 유격 투쟁으로 발전	→	· 중국 공산당과 연합 · 민생단 사건으로 위축	→	· 국내 진공 작전 전개 · 김일성 부대: ___⁸ 전투(1937)

2 중국 관내 의열단 계열

대일 전선 통일 동맹(1932)	의열단 + 한국 독립당 + 조선 혁명당 + 한국 동지회 등
___⁹ (1935)	· 의열단(___¹⁰) + 한국 독립당(조소앙) + 조선 혁명당(최동오) + 신한 독립당(지청천) 등 · 민주 공화국 건설 / 토지, 생산 기관 국유화 추진 · 민족주의 계열의 이탈(___¹¹ , ___¹² → 이후 '한국 독립당'으로 합류) → 조선 민족 혁명당으로 개편
___¹³ (1937)	좌익계 통일 전선: 조선 민족 혁명당 + 사회주의 계열 연합
___¹⁴ (1938)	· ___¹⁵ 이 조직(중국 관내 최초, 우한 한커우), '조선 민족 전선 연맹'의 군사 조직 : 중국 ___¹⁶ 정부의 지원 → 정보 수집, 포로 심문, 후방 교란 · [분열과 변화] 사회주의 계열: 조선 의용대 ___¹⁷ (1941): 중국 화북 지역 이동 / 호가장 전투(1941) 김원봉 계열의 이탈: ___¹⁸ 에 합류(1942)
___¹⁹ (1942)	· ___²⁰ / 위원장: 김두봉 / 군사 조직: ___²¹ (조선 의용대 화북 지대 개편) · 중국 팔로군(___²²)과 연합 / 광복 후 북한 정권 수립에 참여

3 1930~1940년대 대한민국 임시 정부 계열

1) 한인 애국단

결성 배경
·대한민국 임시 정부의 위축
·만보산 사건 이후 중국 내 반한 감정 ↑ ⇨ 항일 운동 침체 극복 목적, ²³ 가 ²⁴ 조직(1931)
활동 내용
· ²⁵ (1932, ²⁶ 폭살 시도): 일제는 이를 빌미로 ²⁷ 을 일으킴
· ²⁸ (1932, 상하이 ²⁹ 전승 축하식에 폭탄 투척) : 장제스, "중국 백만 대군도 못한 일을 한국 용사가 단행하였다."
결과
중국 국민당 정부의 지원을 이끌어냄 → 한·중 연합군 결성

↓

이후
일제 탄압↑: 임시 정부는 상하이를 떠나, 이동(1932~1940)

▲ 대한민국 임시 정부의 이동

---

2) 각 계열 통합과 한국광복군 활동

중국 관내의 상황(1930년대)

· 한국 독립당 결성(1930): 이동녕, 안창호, 조소앙(임정 지원)

· _____ [30] 결성(1935, 민족 혁명당 합류 x): 김구, 독자 노선(임정 유지 목적)

· _____ [31] (1937): 민족 혁명당 탈당 세력 규합

↓

[32] (1940)	[37] 창설, 헌법 개정
· 한국 국민당([33]) + 한국 독립당([34]) + 조선 혁명당([35]) · 임시 정부 [36] 에 정착(1940)	· 한국광복군(1940) 창설: 총사령관 [38] · [39] 주석 선출(4차 개헌, 1940) · 김구 주석, [40] 부주석 선출(5차 개헌, 1944)

↓

대한민국 임시 정부 건국 강령(1941)

· _____ [41] 에 기초함([42])

 – 정치 균등: 민주 공화정, 보통 선거제 / 경제 균등: 토지·산업 국유화 / 교육 균등: 의무 교육, 무상 교육

↓

한국광복군의 이후 활동

· 일본에 선전 포고 / 연합국 일원으로 대일전 참전

· 김원봉의 _____ [43] 일부 세력 합류(1942)

· 중국 국민당 정부와 연합

· _____ [44] 과 미얀마·인도 전선에 참전(1943, 포로 심문·암호 해독)

· _____ [45] 과 _____ [46] 계획(OSS와 협력): 국내 정진군 편성(1945), 일본 항복으로 실행 x

---

정답 **30** 한국 국민당 **31** 한국 광복 운동 단체 연합회 **32** 한국 독립당 **33** 김구 **34** 조소앙 **35** 지청천 **36** 충칭 **37** 한국광복군 **38** 지청천 **39** 김구 **40** 김규식 **41** 삼균주의 **42** 조소앙 **43** 조선 의용대 **44** 영국 **45** 미국 **46** 국내 진공 작전

1. [_____1] p.234

우리가 우리의 손에 산업의 권리 생활의 제일 조건을 장악하지 아니하면 우리는 도저히 우리의 생명·인격·사회의 발전을 기대하지 못할지니 …… 우리 조선 사람의 물산을 장려하기 위하여 조선 사람은 조선 사람이 지은 것을 사서 쓰자. 비록 우리 재화가 남의 재화보다 품질상 또는 가격상으로 개인 경제상 다소 불이익이 있다 할지라도 민족 경제의 이익에 유의하여 이를 애호하며 장려하여 수요하며 구매하지 아니치 못할지라.

2. [_____2]의 물산장려운동 비판 p.234

이 운동의 사상적 도화수가 된 것은 누구인가? 저들의 사회적 지위로 보나 계급적 의식으로 보나 결국 중산 계급임을 벗어나지 못하였으며, 적어도 중산 계급의 이익에 충실한 대변인인 지식 계급 아닌가. …… 실상을 말하면 노동자에게는 …… 말할 필요가 없는 것이다. …… 그네는 자본가 중산 계급이 양복이나 비단 옷을 입는 대신 무명과 베옷을 입었고, 저들 자본가가 위스키나 브랜디나 정종을 마시는 대신 소주나 막걸리를 먹지 않았는가? …… 이리하여 저들은 민족적, 애국적 하는 감상적 미사(美辭)로써 눈물을 흘리면서 저들과 이해가 전연 상반한 노동 계급의 후원을 갈구하는 것이다.

3. [_____3] p.234

유감스러운 것은 우리에게 아직도 대학이 없는 일이라. 물론 관립대학도 조만간 개교될 터지만 …… 우리 학문의 장래는 결코 일개 대학으로 만족할 수 없다. 그처럼 중대한 사업을 우리 민중이 직접 영위하는 것은 오히려 우리의 의무이다.
민중의 보편적 지식은 보통 교육으로 능히 수여할 수 있으나 심원한 지식과 심오한 학리는 고등 교육에 기대하지 아니하면 불가할 것은 설명할 필요도 없거니와 사회 최고의 비판을 구하며 유능한 인물을 양성하려면 최고 학부의 존재가 가장 필요하도다.

4. [_____4], 민족적 경륜 (자치론) p.234

그러면 지금의 조선 민족에게는 왜 정치적 생활이 없는가? 일본이 조선을 병합한 이래로 조선에게는 모든 정치활동을 금지한 것이 첫째 원인이다. …… 지금까지 해 온 정치적 운동은 모두 일본을 적대시하는 운동뿐이었다. 이런 종류의 정치 운동은 해외에서나 할 수 있는 일이고, 조선 내에서는 허용되는 범위 내에서 일대 정치적 결사를 조직해야 한다는 것이 우리의 주장이다.   - 동아일보

5. [_____5] 격문 p.236

1. 조선 민중아! 우리의 철천지원수는 자본·제국주의 일본이다. 이천만 동포야! 죽음을 각오하고 싸우자! 만세 만세 조선 독립 만세.
2. 조선은 조선인의 조선이다! 학교의 용어는 조선어로! 학교장은 조선 사람이어야 한다! 동양 척식 주식회사를 철폐하라! 일본인 물품을 배척하다!
3. 8시간 노동제를 실시하라! 동일 노동 동일 임금! 소작제를 4·6제로 하고 공과금은 지주가 납부한다! 소작권을 이동하지 못한다! 일본인 지주의 소작료는 주지 말자!

정답 **1** 물산 장려 운동 **2** 사회주의 **3** 민립 대학 설립 운동 **4** 이광수 **5** 6·10 만세 운동

6. [6] p.236

학생, 대중이여 궐기하라! 검거된 학생은 우리 손으로 탈환하자. 언론·결사·집회·출판의 자유를 획득하라. 식민지 노예 교육 제도를 철폐하라. 조선인 본위의 교육 제도를 확립하라. 용감한 학생, 대중이여! 최후까지 우리의 슬로건을 지지하라. 그리고 궐기하라. 전사여 힘차게 싸워라.

7. [7] **(민족유일당 운동)** p.236

민족주의 세력에 대하여는 그 부르주아 민주주의적 성질을 분명히 인식함과 동시에 과정상의 동맹자적 성질도 충분하게 승인하여, 그것이 타락되지 않는 한 적극적으로 세휴하여 대중의 개량적 이익을 위해서도 종래의 소극적인 태도를 버리고 싸워야 할 것이다.

8. [8] **강령** p.236

1. 우리는 정치·경제적 각성을 촉진함
2. 우리는 단결을 공고히 함
3. 우리는 기회주의를 일체 부인함

9. [9] **해소** p.236

창립 당시는 소위 민족적 단일한 정치 투쟁 단체로 이 회가 필요했지만 그 후 본회의 통일적 운동의 발자취를 돌아보면 너무나 막연하여 종잡을 수 없음을 통감하지 않을 수 없다. 따라서 최근 본회의 근본 정신인 비타협주의를 무시하고 합법 운동으로 방향을 전환하려는 민족적 개량주의자가 발호해 온 것이 심히 유감된 일이며, 이는 본회의 근본적 모순으로부터 온 당연한 귀결이라고 할 수 있지 않겠는가. 그렇다면 …… 본회를 해소하는 것은 당연하다고 생각한다.

10. [10] **소집 (대한민국 임시정부)** p.237

국민의 대단결, 이것은 오늘날 독립 운동의 성패의 갈림길이며, 우리 운동의 절실한 문제는 오직 여기에서 해결할 것이다. 이에 본 주비회(籌備會)는 시세의 움직임과 민중의 요구에 따라 과거의 모든 착잡한 문제를 해결하고 미래의 완전하고 확실한 방침을 세워서, 우리들의 독립 운동이 다시 통일되어 조직적으로 진행되도록 하고자 한다. 이에 국민대표 회의 소집 사항도 주비하여 책임을 지고 성립시킨 것이다.

11. 신채호, 「 [11] **」(의열단 지침)** p.238

내정 독립이나 참정권이나 자치를 운운하는 자 누구이냐? 너희들이 '동양평화', '한국 독립 보전'등을 담보한 맹약이 먹도 마르지 아니하여 삼천리 강토를 집어 먹힌 역사를 잊었느냐? …… 우리는 '외교', '준비' 등의 미련한 꿈을 버리고 민중 직접 혁명의 수단을 취함을 선언하노라. 조선 민족의 생존을 유지하자면 강도 일본을 내쫓을 지며, 강도 일본을 내쫓을 지면 오직 혁명으로써 할 뿐이니, 혁명이 아니고는 강도 일본을 내쫓을 방법이 없는 바이다. …… 민중은 우리 혁명의 대본영이다.

12. [____12____] p.239

제2조 중국 관헌은 각 현에 통고하여 재류 조선인이 무기를 휴대하고 조선에 침입하는 것을 엄금한다. 이를 어긴 자는 체포하여 일본 관헌에 게 인도한다.

제3조 불령선인 단체는 해산하고 소지한 무기는 몰수하고 무장을 해제한다.

제4조 일본 관헌에서 지명한 불령단 수령은 중국 관헌에서 신속히 체포하여 인도하다.

13. [____13____] **(지청천)** p.239

1. 한·중 양군은 최악의 상황이 오는 경우에도 장기간 항전할 것을 맹세한다.
2. 중동 철도를 경계선으로 서부 전선은 중국이 맡고, 동부 전선은 한국이 맡는다.
3. 전시의 후방 전투 훈련은 한국 장교가 맡고, 한국군에 필요한 군수품은 중국군이 공급한다.

14. [____14____] **조직(김구)** p.241

당시 정세로 말하자면, 우리 민족의 독립사상을 떨치기로 보나, 만보산 사건, 만주 사변 같은 것으로 우리 한인에 대해 심히 악화된 중국인의 악감정을 풀기로 보나, 무슨 새로운 국면을 타개할 필요가 있었다. 그래서 우리 임시 정부에서 회의한 결과 한인애국단을 조직하여 암살과 파 괴 공작을 하되, 돈이나 사람이나 내가 전담하고, 다만 그 결과를 정부에 보고하도록 위임을 받았다. - 『백범일지』

15. [____15____] **창설(대한민국 임시정부)** p.242

대한민국 임시정부는 1919년 정부가 공포한 군사 조직법에 의거하여 중화민국 총통 장개석 원수의 특별 허락으로 중화민국 영토 내에서 한 국광복군을 창설함을 선포한다. 중화민국 국민과 합작하여 우리 두 나라의 독립을 회복하고자 공동의 적인 일본 제국주의자들을 타도하기 위 하여 연합군의 일원으로 항전을 계속한다.

16. 조소앙, [____16____] p.242

개인과 개인을 균등하게 하는 길은 무엇인가. 그것은 정치의 균등화요 경제의 균등화요 교육의 균등화이다. 보통 선거제를 실시하여 정권에의 참여를 고르게 하고 국유제를 실시하여 경제 조건을 고르게 하며 국비에 의한 의무 교육제를 실시하여 교육 기회를 고르게 함으로써 국내에서 의 개인과 개인 사이의 균등 생활을 실현하는 것이다.

정답 **6** 광주 학생 항일 운동 **7** 정우회 선언 **8** 신간회 **9** 신간회 **10** 국민 대표 회의 **11** 조선 혁명 선언 **12** 미쓰야 협정 **13** 한국 독립군 **14** 한인 애국단 **15** 한국광복군 **16** 삼균주의

08 일제의 식민지 문화 정책

🔗 해커스공무원 임진석 眞한국사 기본서: p.389

1 일제의 교육 정책

1차 조선 교육령 (1911~1922)	· 한국인 학제 ____[1] (보통학교 4년) · 우민화 교육: 낮은 수준 실업 교육 강조 · 사립 학교 규칙, 서당 규칙 제정: 민족 교육 통제
2차 조선 교육령 (1922~1938)	· 한국인·일본인 학제 ____[2] (보통학교 6년): 실질적 차별은 존재 · 조선어 필수 과목화 · 경성 제국 대학 설립
3차 조선 교육령 (1938~1943)	· 조선어 ____[3] 과목화 · 황국 신민화 교육 실시 · 보통학교 → ____[4] → 국민학교
4차 조선 교육령 (1943~1945)	· 한국인 교육 연한 ↓(국민학교 4년, 전쟁 동원 목적) · 한국어, 한국사 교육 금지

2 일제의 식민 사관

식민 사관	일선 동조론, 타율성론, 정체성론, 당파성론
한국사 왜곡	조선사 편수회, 청구 학회

정답 **1** 차별 **2** 동일화 **3** 선택(수의) **4** 심상소학교

09 민족 문화 수호 운동 – 역사 연구

해커스공무원 임진석 眞한국사 기본서: p.391

1 민족주의 사학

_____1	· '혼' 강조 · 『_____²』: '나라는 형체, 역사는 정신' · 『_____³』(1920): 근대사
_____4	· '낭가' 사상 · 『독사신론』, 『을지문덕전』, 『이순신전』 · 『_____⁵』: '아와 비아의 투쟁' · 『_____⁶』: '묘청의 난은 조선 역사 1천년간 제1대사건'
정인보	· '얼' 강조 · 조선사 연구, 광개토 대왕릉비 해석
문일평	· '조선심' 강조 · 『한미 관계 50년사』
안확	붕당 연구 → 붕당 정치에 대한 긍정적 인식, 일제 식민 사학의 당파성론 비판
_____7 운동 (1930년대)	· 정약용 서거 99주년(1934) 기념 · **주요 인물**: _____⁸, _____⁹, _____¹⁰ · 조선 세종의 업적, 조선 후기 실학에 주목

2 기타

_____¹¹ 사학	· 사회주의, 유물 사관에 기초 · 일제 식민 사학의 정체성론 비판 · 보편적으로 발전(세계사적 일원론)하는 역사 법칙 강조 · _____¹²: 『조선사회경제사』, 연합성 신민주주의
_____¹³ 사학	· _____¹⁴ 결성, 『진단학보』 발간 · 손진태, 이병도 · 실증적인 문헌 고증 강조
신민족주의 사학 (좌·우 갈등의 극복, 해방 후)	· **안재홍**: 고대사 연구, 『조선상고사감』 / 「신민족주의와 신민주주의」 · **손진태**: 민속학 연구, 『조선민족사개론』

정답 1 박은식 2 한국통사 3 한국독립운동지혈사 4 신채호 5 조선상고사 6 조선사연구초 7 조선학 8 정인보 9 문일평 10 안재홍 11 사회 경제 12 백남운 13 실증주의
14 진단 학회

10 민족 문화 수호 운동 - 국어 연구와 종교·예술계의 활동

해커스공무원 임진석 眞한국사 기본서: p.392

1 국어 연구

_____¹ (1921)	'가갸날' 제정 → '한글날' / 잡지: 『한글』 간행
_____² (1931)	·한글 맞춤법 통일안, 표준어 제정 노력 / ·『우리말 큰사전』 편찬 시도 ·조선어학회 사건(1942)으로 해체, 『우리말 큰사전』 편찬 중단 → 1957년 완간

2 종교 활동

천도교	천주교
·소년 운동 전개(방정환) / ·잡지: 『개벽』, 『신여성』, 『어린이』 발간	·민중 계몽 운동 전개 / ·만주 무장 단체: 의민단 조직
대종교	불교
만주 무장 투쟁: 중광단, 북로 군정서군 결성	조선 불교 유신회 결성(한용운)
개신교	원불교
신사 참배 거부 운동 전개	박중빈 창시, 생활 개선 운동 전개

3 예술 활동

문학	1910년대	· _____³, 「무정」 / ·최남선
	1920년대	·동인지 간행 활발 ·사회주의: _____⁴, 카프(프로) 문학 ·민족주의: 국민 문학 운동 / 한용운, 「님의 침묵」
	1930~1940년대	·순수 문학 ·저항 문학: 윤동주, 이육사, 심훈 등 ·친일 문학: 최남선, 이광수
연극	·신파극 유행 ·극예술 협회, 토월회, 극예술 연구회	
영화	나운규: _____⁵ (1926)	
음악	안익태: 한국 환상곡(1936)	
체육	손기정: 베를린 올림픽 금메달(1936)	

정답 1 조선어 연구회 2 조선어 학회 3 이광수 4 신경향파 5 아리랑

11 일제 강점기의 사회 모습

🔗 해커스공무원 임진석 眞한국사 기본서: p.395

1 각종 사회 운동

¹ 운동	청년 운동	³ 운동	여성 운동
· ___² 계열 방정환 중심 · 어린이날 제정(1923) · 잡지 『어린이』 발간	· 식민지 교육 철폐 요구, 사회주의 연계 · 조선 청년 총동맹(1924)	· ___⁴ 차별: 호적에 '도한', 붉은 점 · 사회적 차별 철폐 운동, 진주에서 시작 · 조선 형평사(1923)	· 여성 계몽 운동, 남녀 평등 주장 · ___⁵ 조직 (1927, 신간회의 자매 단체)

2 사회 구조의 변화

농민	노동자	도시화
· 소작농, 화전민 증가 · 도시 빈민으로 몰락	· 1930년대 공업화 정책으로 증가 · 도시 빈민 형성	· 일본의 수탈 기지화: 군산, 목포 성장 · 식민지 공업화: 함흥, 청진 성장

3 생활상의 변화

의생활	주거 생활
· 1920년대: ___⁶, ___⁷ 등장 · 1940년대: 일제가 국민복, 몸뻬 강요(전시 체제)	· 북촌(한국인), 남촌(일본인) · 도시 빈민: 토막촌 형성 · 노동자 주택 문제 → 영단 주택 건립

정답 1 소년 2 천도교 3 형평 4 백정 5 근우회 6 모던 보이 7 모던 걸

1. ☐ **¹ 조선교육령** p.246

제8조 보통 학교는 아동에게 국민 교육의 기초인 보통 교육을 시행하는 곳으로서, …… 도덕 교육을 시행하며 국민으로서 성격을 양성하여 그 생활에 필수적인 보통의 지식과 기능을 전수한다.

제9조 보통학교의 수업 연한은 4년으로 한다. 단 지방 실정에 따라 1년을 단축할 수 있다.

2. ☐ **² 조선교육령** p.246

제2조 국어를 상용하는 자의 보통 교육은 소학교령, 중학교령 및 고등여학교령에 의함.

제3조 국어를 상용치 아니하는 자에 보통 교육을 하는 학교는 보통학교, 고등보통학교 및 여자고등보통학교로 함.

제5조 보통학교의 수업 연한은 6년으로 함. 보통학교에 입학하는 자는 연령 6년 이상의 자로 함.

제7조 고등보통학교의 수업 연한은 5년으로 함. 고등보통학교에 입학하는 자는 수업 연한 6년의 보통학교를 졸업한 자 또는 조선 총독이 정하는 바에 의하여 이와 동등 이상의 학력이 있다고 인정된 자로 함.

3. ☐ **³ 조선교육령** p.246

제1조 소학교는 국민 도덕의 함양과 보통의 지능을 갖게 함으로써 충량한 황국 신민을 육성하는데 있다.

제13조 심상 소학교 교과목은 수신, 국어(일어), 산술, 국사, 지리, 이과, 직업, 도화이다. 조선어는 수의 과목으로 한다.

4. ☐ **⁴ , 『한국통사』** p.247

옛 사람이 이르기를 나라는 없어질 수 있으나 역사는 없어질 수 없다고 하였으니, 그것은 나라는 형체이고 역사는 정신이기 때문이다. 이제 한국의 형체는 허물어졌으나, 정신만이라도 오로지 남을 수 없는 것인가. 이것은 한국통사를 저술하는 까닭이다.

5. ☐ **⁵ , 『조선상고사』** p.247

역사란 무엇이뇨. 인류 사회의 아(我)와 비아(非我)의 투쟁이 시간부터 발전하며 공간부터 확대하는 심적 활동의 상태의 기록이니, 세계사라 하면 세계 인류의 그리되어 온 상태의 기록이며, 조선사라 하면 조선 민족의 그리되어 온 상태의 기록이다.

6. ☐ **⁶ , 얼** p.247

누구나 어릿어릿하는 사람을 보면 '얼'이 빠졌다고 하고, 멍하니 앉은 사람을 보면 '얼'하나 없다고 한다. '얼'이란 이같이 쉬운 것이다. 그런데 '얼'하나 있고 없음으로써 그 광대 용맹함이 혹 저렇기도 하고 그 잔루 구차함이 이렇기도 하다. ─「5천 년간 조선의 얼」

7. 사회 경제 사학 ([7   ]) p.247

o 우리 조선의 역사적 발전의 전 과정은 가령, 지리적 조건, 인종학적 골상, 문화 형태의 외형적 특징 등 다소의 차이는 인정되더라도, 외관적인 소위 특수성은 다른 문화 민족의 역사적 발전 법칙과 구별되어야 하는 독자적인 것이 아니며, 세계사적·일원론적인 역사 법칙에 의하여 다른 제 민족과 거의 동일한 발전 과정을 거쳐 온 것이다.

o 조선 민족의 발전사는 그 과정이 아시아적이라고 하더라도 사회 구성의 내면적 발전 법칙 그 자체는 오로지 세계사적인 것이며, 삼국 시대의 노예제 사회, 통일 신라기 이래의 동양적 봉건 사회, 이식 자본주의 사회는 오늘날에 이르기까지 조선 역사의 단계를 나타내는 보편사적인 특징이다.

8. 영화 [8   ] (나운규, 1926) 줄거리 p.248

영진은 전문학교를 다닐 때 독립만세를 부르다가 왜경에게 고문을 당해 정신이상이 된 청년이었다. 한편 마을의 악덕 지주 천가의 머슴이며, 왜경의 앞잡이인 오기호는 빚 독촉을 하며 영진의 아버지를 괴롭혔다. 더욱이 딸 영희를 아내로 준다면 빚을 대신 갚아줄 수 있다고 회유하기까지 하였다. …… 오기호는 마을 축제의 어수선한 틈을 타 영희를 겁탈하려 하고 이를 지켜보던 영진은 갑자기 환상에 빠져 낫을 휘둘러 오기호를 죽인다. 영진은 살인혐의로 일본 순경에게 끌려가고, 주제곡이 흐른다.

9. [9   ] 설립 취지문 p.249

공평은 사회의 근본이고 애정은 인류의 본령이다. 그런 고로 우리들은 계급을 타파하고 모욕적 칭호를 폐지하며 교육을 장려하여 아등도 참다운 인간이 되기를 기하고자 한다. 그것이 본사(本社)의 주지(主旨)이다.

10. [10   ] 와 [10   ] p.249

혈색 좋은 흰 피부가 드러날 만큼 반짝거리는 엷은 양말에, 금방 발목이나 삐지 않을까 보기에도 조마조마한 구두 뒤로 몸을 고이고, 스커트 자락이 비칠 듯 말 듯한 정강이를 지나는 외투에 단발 혹은 미미가쿠시(당시 유행하던 머리모양)에다가 모자를 푹 눌러 쓴 모양 …… 분길 같은 손에 경복궁 기둥 같은 단장을 휘두르면서 두툼한 각테 안경, 펑퍼짐한 모자, 코 높은 구두를 신고 …….　　　　　－『별건곤』 모년 12월호

해커스공무원

gosi.Hackers.com

PART

8

현대

01 광복과 해방 공간

🔗 해커스공무원 임진석 眞한국사 기본서: p.400

1 광복 이전 연합국의 합의

[ ]¹ 회담(1943. 11.)	[ ]² 회담(1945. 2.)	[ ]³ 선언(1945. 7.)
· 미, 영, 중 참여	· 미, 영, 소 참여	· 미, 영, 중, 소 참여
· 카이로 선언 발표: 한국의 독립 최초 결의	· [ ]⁵, 대일 전쟁 참전 결정	· 카이로 선언 재확인
→ '[ ]⁴ 에 독립'	· 38도선, [ ]⁶ 문제 논의	· 일본의 무조건 항복 요구

2 광복 전후의 건국 준비 활동

1) 광복 이전의 건국 준비 활동

대한민국 임시 정부(중국 충칭 / 김구)

조선 독립 동맹(중국 화북 지방, 사회주의 / 김두봉)

조선 건국 동맹(국내 / 여운형)

➡ **공통점**: [   ]⁷ 수립 목표

→ 광복 (1945. 8. 15.)

2) 조선 건국 준비 위원회(국내)

조선 건국 준비 위원회(1945. 8. 15.)
· 조선 건국 동맹을 모체로 조직
· 일제에 요구 조건: 정치범·경제범 석방, 3개월 식량 확보 요구
· 좌·우익 합작(중도): [   ]⁸ + [   ]⁹
· 치안대 조직, 과도기에 국내 관리
· [   ]¹⁰ 선포(1945. 9. 6.): 이승만 주석, 여운형 부주석으로 추대

3 분단과 미 군정의 출범

1) 분단의 시작

북: 소련 군정	38도선	남: 미 군정
	일본군 무장 해제를 구실로 주둔, 전후 한반도 관리	

2) 미 군정 출범과 정당의 대립

[   ]¹¹ 출범(1945. 9. 9.)
· 맥아더 포고문: 한국의 기존 모든 단체를 부정, 친일 세력을 활용한 통치

⬇

정당 수립과 대립			
좌익	중도 좌익	중도 우익	우익
· **조선 공산당**: 박헌영	· **조선 인민당**: 여운형	· **국민당**: 안재홍	· [ ]¹² : 송진우, 김성수, 조병옥
· **조선 신민당**: 백남운		· 김규식	· **한국 독립당**: 김구
			· [ ]¹³ : 이승만

4 신탁 통치 문제와 좌·우 합작 운동

1) 모스크바 3국 외상 회의와 찬·반탁 운동

¹⁴ (1945. 12.)	

¹⁵ 수립 +	¹⁶ 설치 +	¹⁷ 협의(미국 주장, **4개국이 최대 5년**)

↓

반탁	¹⁸ (이승만, 김구, 한민당)	비상 국민 회의: 김구, 이승만
찬탁	¹⁹ (조선 공산당, 조선 인민당)	초기 반탁 → 찬탁으로 선회(민주주의 민족 전선)

2) 1차 미·소 공동 위원회의 결렬

1차 ²⁰ (1946. 3.)	

²¹ (모스크바 회의 지지 세력만 참여시킬 것) vs	²² (모든 단체 참여시킬 것) → 결렬

↓

좌·우익의 대립

· **좌익**: 조선 정판사 위조 사건(1946. 5.), 총파업(1946. 9.)
· **우익**: ²³ '정읍 발언'(1946. 6.) - 남한 단독 정부 수립 주장

↓

좌·우 합작 운동

· 중도 좌파(²⁴) + 중도 우파(²⁵)
· 좌·우 합작 위원회 결성(김구·이승만·조선 공산당 세력은 참여 ×, 1946. 7.)
· ²⁶ 발표(1946. 10.)

좌·우 합작 7원칙(좌: 5원칙 + 우: 8원칙)
· 모스크바 3국 외상 회의 ²⁷ , 좌·우 합작 민주 정부 수립
· 미·소 공동위원회 속개 요청 / 토지 개혁 추진, 친일파 처벌 추진
미 군정 지지
· 남조선 과도 입법 의원(1946. 12. 의장: ²⁸)
· 남조선 과도 정부(1947. 5. 민정 장관: ²⁹)

· **실패**: 미 군정의 지지 철회(1947, '   ³⁰ 독트린-냉전 시작' 영향) /
   김구, 이승만·한국 민주당, 조선 공산당 세력의 불참 /   ³¹ 암살(1947. 7.)

정답 **1** 카이로 **2** 얄타 **3** 포츠담 **4** 적당한 시기 **5** 소련 **6** 신탁 통치 **7** 민주 공화국 **8** 여운형 **9** 안재홍 **10** 조선 인민 공화국 **11** 미 군정 **12** 한국 민주당 **13** 독립 촉성 중앙 협의회 **14** 모스크바 3국 외상 회의 **15** 임시 정부 **16** 미·소 공동 위원회 **17** 신탁 통치 **18** 우익 **19** 좌익 **20** 미·소 공동 위원회 **21** 소련 **22** 미국 **23** 이승만 **24** 여운형 **25** 김규식 **26** 좌·우 합작 7원칙 **27** 지지 **28** 김규식 **29** 안재홍 **30** 트루먼 **31** 여운형

PART 8 현대 해커스공무원 임진석 眞한국사 시크릿 노트

02 대한민국 정부 수립

⊘ 해커스공무원 임진석 眞한국사 기본서: p.404

1 대한민국 정부 수립 과정

1) UN의 한반도 문제 처리

2차 미·소 공동 위원회(1947. 5.)
· 미국 vs 소련 ⇨ 결렬 ⇨ 미국, 한반도 문제   ᵗ 으로 이관(1947. 9.)

↓

UN의 한반도 문제 처리(1947~1948)
· UN 총회: ² 구성 + 남북한 총선거 + 미·소 양군 철수 결정(1947. 11.) ⇨ 소련 거부
·   ³ : 선거 가능한 지역(남한 지역만의 총선거 결정, 1948. 2.)
⇨ 단독 정부 수립 지지(⁴, 한국 민주당) vs 반대(⁵, 김규식)

↓

남북 협상 추진(협상에 의한 남·북한 총선거 추진, 1948. 4.)
·   ⁶, '삼천만 동포에게 읍고함' 발표(1948. 2.)
⇨ 평양에서   ⁷ 개최(김구, 김규식 + 김일성, 김두봉) → 사실상 실패

2) 남·북 단독 정부 수립

⁸ (1948. 5. 10.)
· 남북 협상파, 공산주의계 불참
· 최초 보통, 평등 선거
· 임기   ⁹ 의 국회의원 선출
·   ¹⁰ 이상 남녀에게 선거권 부여
·   ¹¹, 북한 지역 제외
· 제헌 헌법 공포(1948. 7. 17.)

정부 수립 반대 운동
· 좌익: ¹² (제주 양민 피해, 1948. 4.)
· 우익: 김구 암살(1949)

↓

대한민국 정부 수립(1948. 8. 15.)
·   ¹³ 대통령, 이시영 부통령 선출
· 북: 조선 민주주의 인민 공화국(1948. 9. 9.) 수립

반공 정책(정부 수립 이후)
· 여수·순천 반란 사건(1948. 10. 19.)
· 국가 보안법 제정(1948. 12.)
· 국민 보도 연맹 조직(1949. 6.)

↓

UN 총회 승인(1948. 12.)
· 한반도의 유일한 합법 정부로 공인

2 제헌 국회의 활동(1948~1950)

¹⁴ (1948. 9.)	· 반민족 행위 특별 조사 위원회 구성 · 이승만 정부의 방해: 국회 프락치 사건 · 실제 처벌×, 공소 시효 만료로 실패(1949)
¹⁵ (1949. 6.)	· 유상 매입·유상 분배 원칙으로 농지 분배 · _____ ¹⁶ 육성 목적, 지주 전호제 폐지 · 남한 내 공산화 방지 역할, 지주제 소멸
¹⁷ (1949. 12.)	일제의 몰수 재산을 민간에 불하 → 새로운 민간 자본 형성

정답 1 UN 2 UN 한국 임시 위원단 3 UN 소총회 4 이승만 5 김구 6 김구 7 남북 협상 8 5·10 총선거 9 2년 10 21세 11 제주도 12 제주 4·3 사건 13 이승만 14 반민족 행위 처벌법 15 농지 개혁법 16 자영농 17 귀속 재산 처리법

03 6·25 전쟁

🔗 해커스공무원 임진석 眞한국사 기본서: p.407

1 발발 배경

국외	북한	남한
· 미군 철수 / 중국 공산화 · _____¹ : 미국이 태평양 방위선에서 한국·대만 제외(알류산~일본~오키나와~필리핀)	· 조선 의용군(중국) → 북한 인민군 편입 · 김일성이 소련의 지원 약속받음	· 좌·우익 충돌 · 이승만 계열의 총선 패배
	38도선 근처, 크고 작은 교전 발생	

2 전쟁의 발발과 초기 양상(1950~1951)

북한의 남침 (1950. 6.)	· 전쟁 개시, 3일 만에 서울 함락 · 낙동강 전선까지 밀림

↓

_____² 파병	· 미국의 요청으로 UN 안전 보장 이사회 소집 · UN군 파병 결정

↓

_____³ (1950. 9.)	· 서울 탈환 · 압록강까지 진출

↓

_____⁴ 참전	· 흥남 철수 작전(1950. 12.) · 서울 재함락, 1·4후퇴, 국민 방위군 사건, 평택 ~ 삼척선까지 후퇴

↓

재반격과 전선 고착화	· 서울 재수복 · 휴전선 인근 전선 고착화

↓

휴전 제의	· _____⁵ 이 휴전 공식 제의(1951)

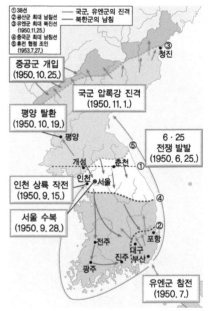

▲ 6·25 전쟁 당시 전선의 이동

3 전쟁 장기화, 휴전(정전) 협정(1951~1953)

	공산 측	미국(UN) 측	대한민국
협상 쟁점	포로의 본국 송환	포로의 자유 의사 송환	· 휴전 협상 참석 ×
휴전	**휴전 협정(1953. 7.): UN, 중국, 북한** · 비무장 지대(DMZ), 휴전선 설정 · 중립국 감시 위원국 규정: 스웨덴, 스위스, 체코, 폴란드 · _____[6] : 자유 의사 송환 + 중립국 선택 규정		· 휴전 반대 · _____[7] 석방 (1953. 6., 휴전 협정 체결 직전)
이후	➡ _____[8] 체결 (1953. 10.): 주한 미군 주둔		

4 전쟁의 결과

물적·인적 피해	· 전 국토 초토화, 산업 시설의 파괴 · 인명 피해, 분단의 고착화
사회 의식적 측면	· 공동체 의식 약화 · 서구 문화의 유입

정답 **1** 애치슨 선언 **2** UN군 **3** 인천 상륙 작전 **4** 중국군 **5** 소련 **6** 포로 **7** 거제 반공 포로 **8** 한·미 상호 방위 조약

1. [1   ] p.254

루즈벨트 대통령, 장개석 대원수, 처칠 수상은 …… 한국민이 노예적인 상태에 놓여있음을 상기하면서 한국을 적당한 시기에 자유롭고 독립적인 국가로 만들 것을 굳게 다짐한다. 이러한 목적을 실현하기 위하여 세 연합국은 일본과 싸우고 있는 다른 국가들과 보조를 맞추어 가면서 일본의 무조건 항복을 받아내는데 필요한 진지하고도 장기적인 군사 행동을 지속적으로 감행해 나갈 것이다.

2. [2   ]이 일제에 제시한 요구 사항 p.254

1. 전국적으로 정치범과 경제범을 즉시 석방할 것
2. 3개월 간의 식량을 확보해 줄 것
3. 치안유지와 건국 운동을 위한 모든 정치운동에 대하여 절대로 간섭하지 말 것
4. 학생과 청년을 훈련, 조직하는 일에 간섭하지 말 것
5. 노동자와 농민을 건국 사업에 동원, 조직하는 일에 간섭하지 말 것

3. [3   ] 강령 p.254

조선 전 민족의 총의(總意)를 대표하여 이익을 보호할 만한 완전한 새 정권이 나와야 하며 이러한 새 정권이 확립되기까지의 일시적 과도기에 있어서 본 위원회는 조선의 치안을 자주적으로 유지하며 …… 아래와 같은 강령을 내세운다.
ㅇ 우리는 완전한 독립 국가 건설을 기함.
ㅇ 우리는 전 민족의 정치적, 경제적, 사회적 기본 요구를 실현할 수 있는 민주주의 정권 수립을 기함.
ㅇ 우리는 일시적 과도기에 있어서 국내 질서를 자주적으로 유지하며 대중 생활의 확보를 기함.

4. [4   ] 포고문 (맥아더 포고문) p.254

제1조 북위 38도선 이남의 조선 영토와 조선 인민에 대한 통치의 모든 권한은 당분간 본관의 권한 하에 시행한다.
제2조 정부 등 모든 공공 사업 기관에 종사하는 유급·무급 직원과 고용인, 그리고 기타 중요한 제반 사업에 종사하는 자는 별도의 명령이 있을 때까지 종래의 정상 기능과 업무를 수행할 것이며, 모든 기록 및 재산을 보호, 보존하여야 한다.

5. [5   ] 결정 p.255

ㅇ 조선을 독립국가로 재건설하며 그 나라를 민주주의적 원칙하에 발전시키는 조건을 창조하고 가급적 속히 장구한 일본의 조선통치의 참담한 결과를 청산하기 위하여 …… 임시 조선 민주주의 정부를 수립할 것이다.
ㅇ 조선 임시정부 구성을 원조할 목적으로 먼저 그 적의한 방책을 고출하기 위하여 남조선 합중국 관구, 북조선 소련 관구의 대표자들로 공동 위원회가 설치될 것이다.
ㅇ 공동위원회의 제안은 최고 5개년 기간의 4개국 후견의 협약을 작성하기 위하여 미, 영, 소, 중 제국 정부의 공동 짐작에 이바지하도록 임시 조선정부와 협의한 후 제출되어야 한다.

6. [6   ], 정읍 발언 p.255

이제 우리는 무기 휴회된 미·소 공동 위원회가 재개될 기색도 보이지 않으며, 통일 정부를 고대하나 여의케 되지 않으니, 우리는 남방만이라도 임시 정부, 혹은 위원회 같은 것을 조직하여 38 이북에서 소련이 철퇴하도록 세계 공론에 호소하여야 할 것이니 여러분도 결심하여야 할 것입니다.

7. [7   ] p.255

10월 4일 좌·우 대표가 회담한 결과 좌측의 5원칙과 우측의 8원칙을 절충하여 7원칙을 결정하였다.
1. 조선의 민주 독립을 보장한 3상회의 결정에 의하여 남북을 통한 좌우 합작으로 민주주의 임시정부를 수립할 것
2. 미·소 공동위원회의 속개를 요청하는 공동 성명을 발표하게 할 것
3. 토지개혁에 있어서 몰수, 유조건 몰수, 체감매상 등으로 토지를 농민에게 무상으로 분여하며, 시가지의 기지 및 대건물을 적정 처리하며, 중요 산업을 국유화하며, 사회노동법령 및 정치적 자유를 기본으로 지방자치제의 확립을 속히 실시하며, 통화 및 민생문제 등을 급속히 처리하며, 민주주의 건국 과업 완수에 매진할 것
4. 친일파, 민족반역자를 처리할 조례는 본 합작위원회에서 입법기구를 제안하여 입법기구로 하여금 심의, 결정하여 실시하게 할 것

8. [8   ], 「삼천만 동포에게 읍고함」 p.256

한국이 있어야 한국 사람이 있고, 한국 사람이 있고야 민주주의도 공산주의도 또 무슨 단체도 있을 수 있는 것이다. …… 지금 독립 정부의 수립이 당장에 가망 없다고 해서 단독 정부를 세울 수는 없는 것이다. …… 나는 통일 정부를 세우려다가 38도선을 베고 쓰러질지언정 일신의 구차한 안위를 위해서 단독 정부를 세우는 일에는 가담하지 않겠노라.

9. [9   ] (제헌의회) p.257

제1조 일본 정부와 통모하여 한일합병에 적극 협력한 자, 한국의 주권을 침해하는 조약 또는 문서에 조인한 자 및 모의한 자는 사형 또는 무기 징역에 처하고. 그 재산과 유산의 전부 혹은 2분지 1 이상을 몰수한다.
제2조 일본 정부로부터 작위를 받은 자 또는 일본 제국의회의 의원이 되었던 자는 무기 또는 5년 이상의 징역에 처하고, 그 재산과 유산의 전부 혹은 2분지 1 이상을 몰수한다.
제3조 일본 치하 독립운동자나 그 가족을 악의로 살상 박해한 자 또는 이를 지휘한 자는 사형, 무기 또는 5년 이상의 징역에 처하고 그 재산의 전부 혹은 일부를 몰수한다.

10. [10   ] (제헌의회) p.257

제2조 본 법에서 귀속 재산이라 함은 …… 대한민국 정부에 이양된 일체의 재산을 지칭한다. 단, 농경지는 따로 농지 개혁법에 의하여 처리한다.
제3조 귀속 재산은 본 법과 본 법의 규정에 의하여 발하는 명령이 정하는 바에 의하여 국용 또는 공유재산, 국영 또는 공영 기업체로 지정되는 것을 제외하고는 대한민국의 국민 또는 법인에게 매각한다.

정답 1 카이로 선언 2 여운형 3 조선 건국 준비 위원회 4 미 군정 5 모스크바 3상 회의 6 이승만 7 좌·우 합작 7원칙 8 김구 9 반민족 행위 처벌법 10 귀속 재산 처리법

04 이승만 정부와 장면 내각

🔗 해커스공무원 임진석 眞한국사 기본서: p.410

1 이승만 정부(1공화국)

제헌 헌법(1948)
· 대통령 _____ ¹ / 4년 중임

_____ ² (1948. 5. ~ 1950. 5.)
· 반민족 행위 처벌법, 농지 개혁법, 귀속 재산 처리법 제정
· 2대 국회의원 선거(총선, 1950. 5.): 무소속↑, 남북 협상파 참여
· 6·25 전쟁(1950~1953) 발발
· 개헌 추진: 자유당 창당(1951), 부산 정치 파동(1952)

↓

1차(³) 개헌(1952)
· 대통령 ____ ⁴
· 국회 양원제(실제 구성 ×)

· 2대 대통령 선거(1952): 이승만 당선(재선)
· 6·25 전쟁 휴전(1953. 7.)

↓

2차(⁵) 개헌(1954)
· 헌법 공포 당시 (초대)대통령 → 중임 제한 철폐

3대 대통령 선거(1956)
· 민주당 _____ ⁶ 선전(못살겠다 갈아보자) → 선거 전 사망
· 결과: 무효표 20% / 부통령 민주당 장면 당선 / 조봉암 선전
· _____ ⁷ (1958, 이후 _____ ⁸ 사형), 2·4 파동(신국가 보안법)
· _____ ⁹ 폐간(1959)

_____ ¹⁰ (1960)
3·15 부정 선거
· 민주당 대통령 후보 조병옥이 선거 전 사망 · 자유당 부통령 후보인 이기붕 당선을 위한 부정 선거 자행
↓
· 마산, _____ ¹¹ 에 대한 항의 시위 → _____ ¹² 사망
· _____ ¹³ 주도, 전국 확산, _____ ¹⁴ 들이 시국 선언 발표, 이승만 하야

▲ 4·19 혁명 당시의 모습

2 장면 내각(2공화국)

허정 과도 정부: 4·19 혁명 후의 혼란 수습 위해 수립, 3차 개헌 준비	
3차 개헌(1960)	· 총선 실시 ⇨　　　　　　¹⁷ 승리
·　　　　　　¹⁵ (의원 내각제) · 국회　　　　　　¹⁶ (민의원, 참의원)	· 대통령 윤보선, 국무총리 장면 선출 ⇨ 장면 내각 수립

↓

장면 내각	
4차 개헌(1960)	**장면 정부의 정책**
·3·15 부정 선거 사범 처벌	· 경제 개발 계획: 수립 O, 시행 × ·　　　　　　¹⁸ 실시 → 박정희 정부 시기 폐지 → 이후 부활
	· 학생 운동, 노동 운동, 통일 논의 활발
	· 민주당 내부 분열(구파, 신파)

정답　**1** 국회 간선제　**2** 제헌 국회　**3** 발췌　**4** 직선제　**5** 사사오입　**6** 신익회　**7** 진보당 사건　**8** 조봉암　**9** 경향신문　**10** 4·19 혁명　**11** 3·15 부정 선거　**12** 김주열　**13** 학생　**14** 교수
15 내각 책임제　**16** 양원제　**17** 민주당　**18** 지방 자치제

05 박정희 정부

🔗 해커스공무원 임진석 眞한국사 기본서: p.412

1 5·16 군사 정변과 박정희 정부(3공화국)

군정기	· _____ [1] (1961) : 군사 혁명 위원회 조직 ⇨ 혁명 공약 발표 ⇨ 장면 내각 총사퇴 · _____ [2], 중앙정보부 조직

↓

5차 개헌(1962) · 대통령제(4년 중임), 직선제 · 국회 단원제	· 민주 공화당 창당(1963) ⇨ 5대 대통령 선거, 박정희 당선(1963) · _____ [3] 시행, 경공업 육성 정책(1·2차: 1962~1971) **한·일 국교 정상화** · 김종필·오히라 비밀 각서 · 굴욕 외교 반대 시위 발생(_____ [4], 1964) · _____ [5] 체결(1965) · 베트남 파병(1964~1973) ⇨ _____ [6] (1966) · 6대 대통령 선거(1967): 박정희 승리, 재선 · **북한의 군사 도발**: _____ [7] 사건(1968. 1. 21.), 푸에블로호 납치 사건(1968), 　　　　　　　　　울진·삼척 공비 침투 사건(1968) · 반공 정책 전개: _____ [8] 신설, 국민 교육 헌장 선포(반공 교육 강조), 주민등록증 발급

↓

6차 개헌 (3선 개헌, 1969) · 대통령 3선 가능	· _____ [9] 분신 사건(1970) · 7대 대통령 선거(1971): 박정희 3선, 신민당 _____ [10] 패배 · 광주 대단지 사건 발생(1971)

2 유신 체제(4공화국)

등장 배경	· _____ [11] (닉슨 독트린, 냉전 완화), 7·4 남북 공동 성명(1972)

↓

7차 개헌(_____ [12], 1972) : "한국적 민주주의" 표방 · 대통령 6년 연임제 · 간선제: _____ [13]	· 중화학 공업 육성 정책(3·4차 경제 개발 5개년 계획) · 수출 100억 달러 달성, 1·2차 석유 파동 · 정부의 민주화 운동 탄압과 유신 체제에 대한 저항

대통령 권한 ↑
· 국회의원 1/3 임명권
· 국회 해산권, _____ [14] 권

탄압	저항
· 김대중 납치 사건(1973) · 민청학련 사건, 2차 인혁당 사건 · 장준하 의문사(1975)	· 개헌 청원 100만인 서명 운동(1973) · _____ [15] 선언 발표(1976)

· _____ [16] (1979) → 김영삼 의원 제명

· _____ [17] (1979. 10.)

· 10·26 사태(1979) → 최규하 대통령 선출

정답 **1** 5·16 군사 정변 **2** 국가 재건 최고 회의 **3** 경제 개발 5개년 계획 **4** 6·3 시위 **5** 한·일 기본 조약(한·일 협정) **6** 브라운 각서 **7** 청와대 습격 **8** 향토 예비군 **9** 전태일 **10** 김대중 **11** 탈냉전 **12** 유신 헌법 **13** 통일 주체 국민회의 **14** 긴급 조치 **15** 3·1 민주 구국 **16** YH 무역 사건 **17** 부·마 항쟁

PART 8 현대 | 05 박정희 정부 **265**

06 전두환 정부와 6월 민주 항쟁

해커스공무원 임진석 眞한국사 기본서: p.415

1 전두환 정부(5공화국)

신군부 등장 (전두환, 노태우)	· _____¹ (1979, 신군부 정권 장악) → 서울의 봄(1980)
	_____² (1980)
	· 신군부, 비상 계엄 발동 → 학생·시민, 계엄 철회 요구 · 신군부, _____³ 확대, 광주에 공수 부대 투입 → 광주, _____⁴ 조직, 무장 · 신군부, 강경 무력 진압
	· _____⁵ 설치
	· 통일 주체 국민회의에서 전두환 대통령 선출(1980)

↓

| 8차 개헌(1980)

· 대통령 _____⁶
· 간선제: _____⁷ | · 8차 개헌 → 대통령 선거인단, 전두환 대통령 선출(1981)
· 정의 사회 구현 표방
· **강경책**: _____⁸ 운영, 언론사 통폐합, 보도 지침 마련
· **유화책**: 3S정책(_____⁹), 교복 자율화, 야간 통행 금지 해제 |

2 6월 민주 항쟁(1987)

6월 민주 항쟁(1987)
· _____¹⁰ 개헌 운동 → _____¹¹ 고문 치사 사건
· _____¹² 조치 → _____¹³ 사망 → 6월 민주 항쟁
· _____¹⁴ 선언 → 9차 개헌(1987)

정답 1 12·12 사태 2 5·18 민주화 운동 3 5·17 비상 계엄 4 시민군 5 국가 보위 비상 대책 위원회 6 7년 단임제 7 대통령 선거인단 8 삼청 교육대 9 프로 스포츠 10 직선제
11 박종철 12 4·13 호헌 13 이한열 14 6·29 민주화

266 해커스공무원학원·공무원인강 gosi.Hackers.com

07 민주화 이후의 정부

🔗 해커스공무원 임진석 眞한국사 기본서: p.418

등장 배경	6월 민주 항쟁(1987)

↓

9차 개헌 (현행 헌법, 1987) · 대통령 [blank] [1] · 대통령 [blank] [2] · 헌법 재판소 신설	노태우 정부 (1988~1993)	· [blank] [3] → 3당 합당으로 여대야소로 변화 · [blank] [4] 개최(1988) · 지방 자치제 부분 실시(1991) · [blank] [5] 정책(공산권 국가와 수교) · 남북한 UN 동시가입(1991), 남북 기본 합의서 채택(1991)
	김영삼 정부 (1993~1998)	· [blank] [6] 정부 · [blank] [7] (1993), 재산 공개 제도(1995) · [blank] [8] 전면 실시(1995) · [blank] [9] : 총독부 건물 철거, 전두환·노태우 구속, 하나회 척결 · 시장 개방, OECD 가입(1996) → [blank] [10] 발생(1997)
	김대중 정부 (1998~2003)	· [blank] [11] 정부, 최초로 평화적 여·야 정권 교체 · [blank] [12] 극복(금모으기 운동, 노사정 위원회 조직) · 국민 기초 생활 보장법(2000) · 햇볕 정책, 금강산 관광 시작(해로) · 제1차 남북 정상 회담 개최(2000) → 6·15 남북 공동 선언
	노무현 정부 (2003~2008)	· 참여 정부, 권위주의 청산 · 행정 수도 이전 시도, 대통령 탄핵 소추(최종 기각) · 제2차 남북 정상 회담 개최(2007) → 10·4 남북 공동 선언
	이명박 정부 (2008~2013)	박근혜 정부 (2013~2017) · 문재인 정부 (2017~2022)

정답 1 5년 단임제 2 직선제 3 여소야대 4 서울 올림픽 5 북방 외교 6 문민 7 금융 실명제 8 지방 자치제 9 역사 바로 세우기 10 외환 위기 11 국민의 12 외환 위기

1. 서울대 문리대 [　　　1　　　] 선언문 p.262

상아의 진리탑을 박차고 거리에 나선 우리는 질풍과 같은 역사의 조류에 자신을 참여시킴으로써 이성과 진리, 그리고 자유의 대학정신을 현실의 참담한 박토(薄土)에 뿌리려 하는 바이다. …… 나이 어린 학생 김주열의 참시(慘屍)를 보라! 그것은 가식 없는 전제주의 전횡의 발가벗은 나상(裸像)밖에 아무 것도 아니다. …… 보라! 우리는 기쁨에 넘쳐 자유의 횃불을 올린다. 보라! 우리는 캄캄한 밤의 침묵에 자유의 종을 난타하는 타수(打手)의 일익(一翼)임을 자랑한다.

2. [　　2　　] · [　　2　　] 메모 각서 p.264

1. 일제 35년간 지배에 대한 보상으로 일본은 3억 달러를 10년간 걸쳐서 지급하되 그 명목은 '독립축하금'으로 한다.
2. 경제협력의 명분으로 정부 간의 차관 2억 달러를 3.5%, 7년 거치 20년 상환이라는 조건으로 10년간 제공하며, 민간 상업차관으로 1억 달러를 제공한다.
3. 위와 같은 조건으로 훗날 한국의 식민지 보상 요구는 일체 거절한다.
4. 독도 문제를 국제 사법 재판소에 이관한다.

3. [　　　3　　　] p.264

제1조 한국에 있는 국군의 장비 현대화 계획을 위하여 수년 동안 상당량의 장비를 제공한다.
제3조 베트남 공화국에 파견되는 추가 병력을 완전 대치하는 보충 병력을 무장하고 훈련하며, 소요재정을 부담한다.
제4조 수출 진흥의 전 부문에 있어서 대한민국에 대한 기술 원조를 강화한다.
제5조 1965년 5월에 대한민국에 대하여 이미 약속한 바 있는 1억 5천억 달러 AID 차관에 추가 하여 …… 대한민국의 경제 발전을 지원하기 위하여 AID 차관을 제공한다.

4. [　　　4　　　] p.265

제39조 제1항 대통령은 통일 주체 국민 회의에서 토론 없이 무기명 투표로 선거한다.
제40조 제1항 통일 주체 국민 회의는 국회의원 정수의 1/3에 해당하는 수의 국회의원을 선거한다.
제47조 대통령의 임기는 6년으로 한다.

5. [　　　5　　　] p.266

우리는 왜 총을 들 수밖에 없었는가? 그 대답은 너무나 간단합니다. 너무나 무자비한 만행을 더 이상 보고 있을 수만 없어서 너도나도 총을 들고 나섰던 것입니다. 본인이 알기로는 우리 학생들과 시민들은 과도정부의 중대 발표와 또 자제하고 관망하라는 말을 듣고 학생들은 17일부터 학업에, 시민들은 생업에 종사하고 있습니다. 그러나 정부당국에서는 17일 야간에 계엄령을 확대 선포하고 일부 학생과 민주인사, 정치인을 도무지 믿을 수 없는 구실로 불법 연행했습니다. 이에 우리 시민 모두는 의아해했습니다. 또한 18일 아침에 각 학교에 공수부대를 투입하고 이에 반발하는 학생들에게 대검을 꽂고 "돌격, 앞으로"를 감행하였고, 이에 우리 학생들은 다시 거리로 뛰쳐나와 정부당국의 불법처사를 규탄하였던 것입니다.

6. | *6* | p.266

오늘 우리는 전 세계 이목이 우리를 주시하는 가운데 40년 독재 정치를 청산하고 희망찬 민주국가를 건설하기 위한 거보를 전국민과 함께 내딛는다. 국가의 미래요 소망인 꽃다운 젊은이를 야만적인 고문으로 죽여놓고 그것도 모자라서 뻔뻔스럽게 국민을 속이려 했던 현 정권에게 국민의 분노가 무엇인지 보여주고, 국민적 여망인 개헌을 일방적으로 파기한 4·13 폭거를 철회시키기 위한 민주 장정을 시작한다.

7. | *7* | p.266

첫째. 여야 합의 하에 조속히 대통령 직선제 개헌을 하고 새 헌법에 의한 대통령 선거를 통해서 88년 2월 평화적인 정부이양을 실행하도록 해야겠습니다.
둘째. 직선제 개헌이라는 제도의 변경뿐만 아니라 이의 민주적 실천을 위하여는 자유로운 출마와 공정한 경쟁이 보장되어 국민의 올바른 심판을 받을 수 있는 내용으로 대통령 선거법을 개정하여야 한다고 봅니다.

8. | *8* | **정부 – 금융실명제** p.267

저는 이 순간 엄숙한 마음으로 헌법 제76조 제1항의 규정에 의거하여, 금융실명 거래 및 비밀보장에 관한 대통령 긴급명령을 반포합니다. …… 금융실명제에 대한 우리 국민의 합의와 개혁에 대한 강렬한 열망에 비추어 국회의원 여러분이 압도적인 지지로 승인해 주실 것을 믿어 의심치 않습니다. 친애하는 국민 여러분, 드디어 우리는 금융실명제를 실시합니다. 이 시간 이후 모든 금융거래는 실명으로만 이루어집니다. 금융실명제가 실시되지 않고는 이 땅의 부정부패를 원천적으로 봉쇄할 수가 없습니다.

정답 **1** 4·19 **2** 김종필·오히라 **3** 브라운 각서 **4** 유신 헌법 **5** 5·18 민주화 운동 **6** 6월 민주 항쟁 **7** 6·29 선언 **8** 김영삼

08 미 군정과 이승만 정부의 경제 정책

🔗 해커스공무원 임진석 眞한국사 기본서: p.420

1 미 군정의 경제 정책

미 군정 (1945~1948)	·극심한 인플레이션, 원자재와 소비재 부족, 미곡 수집령(1946) · ___¹ : 토지 관리 기구 → 중앙 토지 행정처로 개편 ·**정부 수립 직후**: 한·미 원조 협정 체결(1948. 12.)

2 이승만 정부의 경제 정책 · 상황

1) 농지 개혁의 실시

농지 개혁법 (1949년 제정, 1950년 시행)	비교		북한	남한
		관련 법	토지 개혁법(1946)	___² (1949)
		대상 토지	모든 토지	농지 한정(임야 제외)
		시행 원칙	무상 몰수, 무상 분배	___³, ___⁴
		소유 상한선	5정보	3정보
	상환 방법	·**지주**: 연평균 수확량의 150% 5년간 상환(지가 증권 발급) ·**농민**: 매년 수확량의 30%씩 5년간 분할 상환		
	결과	·시행 지연 → 지주, 토지 사전 처분 → 상당량 토지가 대상에서 제외 · ___⁵ 소멸, 자영농 증가 / ___⁶ 육성 목적 → 실패 ·남한 내 공산화 방지 역할		

2) 삼백 산업의 발달

___⁷	· ___⁸ 의 설탕, 밀가루, 면화 무상 원조 ⇨ 제분, 제당, 면방직 산업(소비재) 발전 ·1950년대 후반, 미국의 무상 원조 중단(유상 차관 전환)

정답 **1** 신한 공사 **2** 농지 개혁법 **3** 유상 매입 **4** 유상 분배 **5** 지주 전호제 **6** 산업 자본가 **7** 삼백 산업 **8** 미국

09 박정희 정부의 경제 정책

🔗 해커스공무원 임진석 眞한국사 기본서: p.421

1 경제 개발 5개년 계획

1) 1960년대

1·2차 경제 개발 5개년 계획	·장면 정부 시도 ⇨ 박정희 정부 본격 시행
	·대외 지향 수출 주도형 _____ [1] 육성
	·사회 간접 자본 건설: 울산 정유 공장(1964), _____ [2] (1970)
	·저임금, 저곡가 정책 → 도시 문제, 농촌 문제 발생

2) 1970년대

3·4차 경제 개발 5개년 계획	·대외 지향 수출 주도형 _____ [3] 공업 육성 : 수출 자유 지역(마산, 이리) / 포항 제철소, 울산 조선소 등 건설
	· _____ [4] 달성(1977)

▲ 100억불 수출의 날 표지판(1977)

2 새마을 운동과 1970년대 경제 상황

_____ [5]	1970년 이후 피폐해진 농촌 경제를 현대화, 생활 개선
경제 위기	· _____ [6] (오일 쇼크): 1차(1973~1974), 2차(1978~1980) − 1차: 중동 건설 사업 진출로 외화를 획득하는 등 극복 노력 − 2차: 국제 수지 악화 → 유신 체제 몰락에 영향을 줌

정답 1 경공업 2 경부 고속 도로 3 중화학 4 수출 100억 달러 5 새마을 운동 6 석유 파동

10 1980년대 이후의 경제 정책

해커스공무원 임진석 眞한국사 기본서: p.422

1 1980년대의 경제 정책

_____¹	저유가, 저달러, 저금리 ⇨ 최대 호황(80년대 중후반)
시장 개방 문제	선진국의 시장 개방 압력↑ ⇨ 우루과이 라운드(UR) 협상 시작

2 1990년대 이후의 경제 정책

시장 개방의 확대	· _____² 타결(1994, 김영삼 정부) · 세계 무역 기구(WTO) 출범(1995, 김영삼 정부) · 경제 협력 개발 기구(____³) 가입(1996, 김영삼 정부)
_____⁴ 발생과 극복 (1997~2001)	· 국제 통화 기금(IMF)에 금융 지원 요청(1997, 김영삼 정부) **외환 위기의 극복** 금모으기 운동, 노사정 위원회 조직 ⇨ IMF 체제 종결(2001, 김대중 정부)
신자유주의 체제	· 국가 간 _____⁵ (FTA) 체결 확대(노무현 정부 이후)

11 현대의 사회 변동

해커스공무원 임진석 眞한국사 기본서: p.423

1 인구와 사회 구조의 변화

1) 인구 변동

1950년대	전후 베이비 붐 → 인구 증가
1960년대	'덮어놓고 낳다보면 거지꼴 못 면한다.'
1970년대	'아들 딸 구별 말고 둘만 낳아 잘 기르자'
1980년대 이후~현재	출산율 감소 → 저출산, 고령화 문제 대두

2) 산업화와 도시화

1960년대 이후 산업화	→	도시화(이촌향도), 도시 문제의 야기, 핵가족화

2 각종 사회 운동의 전개

노동 문제	1970년대	[1] 분신 사건(1970), [2] (1979)
	1980년대	[3] 이후 노동·시민 운동 증가, 국민 연금제 도입, 의료 보험제 마련
	1990년대 (김대중 정부)	민주 노총 결성, 전교조 합법화, 여성부 신설, 국민 기초 생활 보장법
농촌 문제	1960년대	혼분식 장려
	1970년대	새마을 운동, [4] 개발(쌀 자급)
	1980년대	농산물 시장 개방 → 농촌 타격
	1990년대	쌀 시장 개방

정답 1 전태일 2 YH 무역 사건 3 6월 민주 항쟁 4 통일벼

12 현대 문화의 변화와 발전

🔗 해커스공무원 임진석 眞한국사 기본서: p.426

1 교육 정책의 변화

미 군정	미국식 교육 제도 도입: _____ [1] 학제
이승만 정부	국민(초등)학교 의무 교육제 시행
박정희 정부(3공화국)	_____ [2] 제정(반공 이념), 중학교 무시험 제도 실시
박정희 정부(유신 체제)	고교 평준화 정책 시작
전두환 정부	과외 금지, 대학교 졸업 정원제 시행
김영삼 정부	대학교 수학 능력 시험 실시, 국민학교 → 초등학교 개칭
김대중 정부	중학교 의무 교육 확대 실시

2 문화의 변화

서구 문화 수용	언론	대중 문화
소설 「자유부인」(1954)	전두환 정부: _____ [3] (언론 통제)	1990년대 이후 한류

정답 1 6·3·3 2 국민 교육 헌장 3 보도 지침

13 북한사

🔗 해커스공무원 임진석 眞한국사 기본서: p.428

1 북한 정권의 수립

건국 준비 위원회(1945)
평남 건국 준비 위원회 결성(조만식)

소련 군정(1945)
· 소련군: 인민 위원회 조직, 북조선 5도 행정국 수립
· 좌익 세력의 권력 장악

북한 정권 출범 과정
· 북조선 임시 인민 위원회 결성 → ___¹ 제정(1946. 3.): 토지의 무상 몰수, 무상 분배
· 북조선 노동당(1946. 8.) ⇨ 북조선 인민 위원회(1947. 2.) ⇨ 조선 민주주의 인민 공화국(1948. 9.)

2 북한 정권의 변천

1) 김일성 중심 체제 형성

정권 초기 집단 지도 체제
· 소련파, 남로당계,   연안파, 갑산파, 김일성파

6·25 전쟁 전후	· 소련파, 연안파 일부 숙청
	· 남로당계 제거
___² 사건 (1956)	· 소련파, 연안파 제거
	· 김일성 중심 권력 체제 기반 확립

2) 시기별 변천

1950년대 ~ 1960년대	· 중공업 우선 정책, 천리마 운동 전개(1958), 토지 국유화
	· 갑산파 제거(1967), 4대 군사 노선 채택
1970년대 ~ 1980년대	· 사회주의 헌법(1972. 12. 주체사상 공식화): 국가 주석제 도입
	· 김정일 후계 체제 구축: 3대 혁명 소조 운동(1973)
	· ___³ 제정(1984): 외국인 투자 유치 시도, 부분 개방
	· 공산권 국가 붕괴(1980년대 말 ~ 1990년대 초) → 우리식 사회주의 출현
1990년대 이후	· 나진·선봉 자유 무역 지대 설치(1991), 합작법(1992)
	· 김일성 사망(1994) → 유훈 통치, 고난의 행군
	· 김정일 권력 승계(1998, 국방 위원장): 선군 정치
	· 경제 특구, 개성 공단 설치
	· 김정은 권력 승계: 3대 세습

정답 1 토지 개혁법 2 8월 종파 3 합영법

3 북한의 대남 도발

(1968. 1. 21.)	푸에블로호 납치 사건 (1968)	울진·삼척 무장 공비 침투 사건(1968)
판문점 도끼 만행 사건 (1976)	아웅산 묘역 테러 사건 (1983)	대한항공(KAL)기 폭파 사건 (1987. 11.)
북핵 위기 (1994)	강릉 잠수함 침투 사건 (1996)	1, 2차 연평 해전 (1999, 2002)
대청 해전 (2009)	천안함 피격 사건 (2010)	연평도 포격 사건 (2010)

14 통일을 위한 노력

🔗 해커스공무원 임진석 眞한국사 기본서: p.431

1 1950~1960년대의 통일 정책

1950~1960년대	·**이승만 정부**: 반공, 북진 통일론 주장 / 평화 통일론을 주장한 조봉암 사형
	·**장면 정부**: 경제 우선, 후 통일 / 통일 논의↑
	·**박정희 정부**: 경제 우선, 후 통일 / 반공 강화

2 1970년대의 통일 정책

1970년대	·**배경**: 닉슨 독트린 이후 ___¹ (데탕트), 평화 공존 분위기 조성
	·남북 적십자 회담(1971)
	² (1972. 7.): 최초로 남과 북이 채택한 비공식 합의
	·**7·4 남북 공동 성명**: ___³ (통일의 3대 원칙)
	· ___⁴ 설치, 서울–평양간 직통 전화 가설
	·남북 모두 독재 체제 강화에 이용 (남: 유신 체제 / 북: 사회주의 헌법)
	⁵ (1973): 남북 UN 가입 제안

3 1980년대 이후의 통일 정책

전두환 정부	·민족 화합 민주 통일 방안(1982)
	·대남 수해물자 지원(북, 1984)
	·최초 남북 ___⁶ 고향 방문(1985)
노태우 정부	· ___⁷ (1988): 북한을 경쟁 상대가 아닌 협력의 대상으로 파악
	·한민족 공동체 통일 방안(1989): 자주·평화·민주의 3원칙
	·남북 고위급 회담(1990~1992)
	⁸ (1991): 최초로 남과 북이 채택한 공식 합의
	·남북 고위급 회담 → 남북한 ___⁹ 동시 가입(1991) → 남북 기본 합의서(1991) → 한반도 ___¹⁰ 공동 선언(1991)
	·**남북 기본 합의서**: 잠정적 특수 관계, 상호 불가침

정답 **1** 탈냉전 **2** 7·4 남북 공동 성명 **3** 자주, 평화, 민족 대단결 **4** 남북 조절 위원회 **5** 6·23 평화 통일 외교 선언 **6** 이산 가족 **7** 7·7 선언 **8** 남북 기본 합의서 **9** UN **10** 비핵화

김영삼 정부	· 3단계 3기조 통일 방안(1993), 민족 공동체 통일 방안(1994): 화해·협력 → 남북 연합 → 통일 국가
	· **북핵 위기**: 북한의 핵 확산 금지 조약(NPT)탈퇴(1993) → 북·미 제네바 합의(1994, 경수로 사업 지원) → KEDO 설치(1995)
	· [___]¹¹ 사망(1994) : 남북 정상 회담 무산, 조문 파동
김대중 정부	· 대북 화해 협력 정책(햇볕 정책) 실시: [___]¹² 해로 관광 시작(1998)
	· 남북 정상 회담(2000, 평양)
	[_____¹³ (2000)]
	· [___]¹⁴ 회담 → 6·15 남북 공동 선언 발표(2000) → [___]¹⁵ 철도 복원· [___]¹⁶ 건립 추진 합의
	· **6·15 남북 공동 선언**: 남측 [___]¹⁷ ≒ 북측 낮은 단계 [___]¹⁸
노무현 정부	· 금강산 육로 관광, 경의선 철도 복원(2003)
	· 2차 남북 정상 회담 → [___]¹⁹ 발표(2007)
이명박, 박근혜 정부	남북 관계의 경색
문재인 정부	판문점 선언(2018)

정답 **11** 김일성 **12** 금강산 **13** 6·15 남북 공동 선언 **14** 남북 정상 **15** 경의선 **16** 개성 공단 **17** 연합제 **18** 연방제 **19** 10·4 남북 공동 선언

PART 8 시크릿 핵심 사료 읽기 [08 미 군정과 이승만 정부의 경제 정책~14 통일을 위한 노력]

1. ☐ [1] (제헌의회) p.270

제1조 본법은 헌법에 의거하여 농지를 농민에게 적절히 분배함으로써 농가 경제의 자립과 농업 생산력의 증진으로 인한 농민 생활의 향상 내지 국민 경제의 균형과 발전을 기함을 목적으로 한다.

제5조 1. 법령 및 조약에 의하여 몰수 또는 국유로 된 농지, 소유권의 명의가 분명치 않은 농지는 정부에 귀속한다.
　　　 2. 농가 아닌 자의 농지, 자경 하지 않는 자의 농지, 3정보를 초과하는 부분의 농지, 과수원 등 다년성 식물 재배 토지를 3정보 이상 자영하는 자의 소유인 다년생 식물 재배 이외의 농지는 정부가 매수한다.

제12조 농지의 분배는 농지의 종목, 등급 및 농가의 능력 기타에 기준한 점수제에 의거하되 1가구당 총 경영 면적 3정보를 초과하지 못한다.

2. ☐ [2] 이 박정희 대통령에게 보낸 편지 p.273

존경하시는 대통령 각하 … 저는 서울특별시 성북구 쌍문동 208번지 2통 5반에 거주하는 22살 된 청년입니다. …… 저희들은 근로기준법의 혜택을 조금도 못 받으며 더구나 2만여 명을 넘는 종업원의 90% 이상이 평균 연령 18세의 여성입니다. …… 저희들의 요구는 1일 14시간의 작업시간을 단축하십시오. 1일 10시간 ~12시간으로, 1개월 휴일 2일을 일요일마다 휴일로 쉬기를 희망합니다. 건강진단을 정확하게 하여 주십시오.

3. ☐ [3] (박정희 정부) p.277

첫째, 통일은 외세에 의존하거나 외세의 간섭을 받음이 없이 자주적으로 해결하여야 한다.
둘째, 통일은 서로 상대방을 반대하는 무력 행사에 의거하지 않고 평화적 방법으로 실현해야 한다.
셋째, 사상과 이념, 제도의 차이를 초월하여 우선 하나의 민족으로서 민족적 대단결을 도모하여야 한다.

4. ☐ [4] (노태우 정부) p.277

남과 북은 분단된 조국의 평화적 통일을 염원하는 온 겨레의 뜻에 따라, 7·4 남북공동 성명에서 천명된 조국 통일 3대 원칙을 재확인하고 …… 쌍방 사이의 관계가 나라와 나라 사이의 관계가 아닌 통일을 지향하는 과정에서 잠정적으로 형성되는 특수 관계라는 것을 인정하고, 평화 통일을 성취하기 위한 공동의 노력을 경주할 것을 다짐하면서, 다음과 같이 합의하였다.
제1장 남북 화해 제1조 : 남과 북은 서로 상대방의 체제를 인정하고 존중한다.
제2장 남북 불가침 제9조 : 남과 북은 상대방에 대하여 무력을 사용하지 않으며 상대방을 무력으로 침략하지 아니한다.

5. ☐ [5] (김대중 정부) p.278

1. 남과 북은 나라의 통일 문제를 그 주인인 우리 민족끼리 서로 힘을 합쳐 자주적으로 해결해 나가기로 하였다.
2. 남과 북은 나라의 통일을 위한 남측의 연합제 안과 북측의 낮은 단계의 연방제 안이 서로 공통성이 있다고 인정하고, 앞으로 이 방향에서 통일을 지향시켜 나가기로 하였다.
4. 남과 북은 경제 협력을 통해 민족 경제를 균형적으로 발전시키고, 사회, 문화, 체육, 보건, 환경 등 제반 분야의 협력과 교류를 활성화하여 서로의 신뢰를 다져 나가기로 하였다.

정답 **1** 농지 개혁법 **2** 전태일 **3** 7·4 남북 공동 성명 **4** 남북 기본 합의서 **5** 6·15 남북 공동 선언

해커스공무원

gosi.Hackers.com

부록 유네스코 세계 유산

1) 석굴암·불국사

- 등록연도: 1995년

2) 해인사 장경판전

- 등록연도: 1995년

3) 종묘

- 등록연도: 1995년

4) 창덕궁

- 등록연도: 1997년

5) 수원 화성

- 등록연도: 1997년

6) 경주 역사 유적 지구

- 등록연도: 2000년

7) 고창·화순·강화 고인돌 유적

- 등록연도: 2000년

8) 조선 왕릉

- 등록연도: 2009년

9) 한국의 역사 마을: 하회와 양동

- 등록연도: 2010년

10) 남한산성

- 등록연도: 2014년

11) 백제 역사 유적 지구: 공주, 부여, 익산

- 등록연도: 2015년

12) 산사, 한국의 산지 승원
: 통도사, 부석사, 봉정사, 법주사, 마곡사, 선암사, 대흥사

- 등록연도: 2018년

13) 한국의 서원
: 소수, 남계, 옥산, 도산, 필암, 도동, 병산, 무성, 돈암

- 등록연도: 2019년

14) 가야 고분군
: 고령 지산동, 김해 대성동 고분 등

- 등록연도: 2023년

15) 제주화산섬과 용암동굴/ 한국의 갯벌
*자연 유산

- 등록연도: 2007년/2021년

02 유네스코 세계 기록유산

1) 『훈민정음(해례본)』

- 등록연도: 1997년

2) 『조선왕조실록』

- 등록연도: 1997년

3) 『불조직지심체요절』(하권)

- 등록연도: 2001년

4) 『승정원일기』

- 등록연도: 2001년

5) 조선 왕조 『의궤』

- 등록연도: 2007년

6) 고려대장경판 및 제경판

- 등록연도: 2007년

7) 『동의보감』

- 등록연도: 2009년

8) 『일성록』

- 등록연도: 2011년

9) 5·18 민주화운동 기록물

- 등록연도: 2011년

10) 『난중일기』

- 등록연도: 2013년

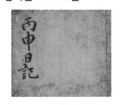

11) 새마을 운동 기록물

- 등록연도: 2013년

12) 한국의 유교 책판

- 등록연도: 2015년

13) '이산가족을 찾습니다' 기록물

- 등록연도: 2015년

14) 조선 왕실 어보와 어책

- 등록연도: 2017년

15) 조선 통신사에 관한 기록

- 등록연도: 2017년

16) 국채 보상 운동 기록물

- 등록연도: 2017년

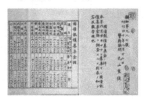

17) 동학 농민 혁명 기록물

- 등록연도: 2023년

18) 4·19 혁명 기록물

- 등록연도: 2023년

2025 대비 최신개정판

해커스공무원

임진석 眞한국사 시크릿 노트

개정 2판 1쇄 발행 2024년 7월 1일

지은이	임진석
펴낸곳	해커스패스
펴낸이	해커스공무원 출판팀

주소	서울특별시 강남구 강남대로 428 해커스공무원
고객센터	1588-4055
교재 관련 문의	gosi@hackerspass.com
	해커스공무원 사이트(gosi.Hackers.com) 교재 Q&A 게시판
	카카오톡 플러스 친구 [해커스공무원 노량진캠퍼스]
학원 강의 및 동영상강의	gosi.Hackers.com

ISBN	979-11-7244-143-2 (13910)
Serial Number	02-01-01

공무원 교육 1위,
해커스공무원 gosi.Hackers.com

해커스공무원

· **해커스공무원 학원 및 인강**(교재 내 인강 할인쿠폰 수록)
· 해커스 스타강사의 **공무원 한국사 무료 특강**
· '회독'의 방법과 공부 습관을 제시하는 **해커스 회독증강 콘텐츠**(교재 내 할인쿠폰 수록)
· 정확한 성적 분석으로 약점 극복이 가능한 **합격예측 온라인 모의고사**(교재 내 응시권 및 해설강의 수강권 수록)